上海财经大学出版社

China and Currency Wars

货币战争背景

中國经濟與應對方略

图书在版编目(CIP)数据

货币战争背景 中国经济与应对方略/占豪著．—上海：上海财经大学出版社，2012.1

ISBN 978-7-5642-1240-7/F·1240

Ⅰ.①货… Ⅱ.①占… Ⅲ.①货币-国际经济关系-研究 ②中国经济-经济政策-研究 Ⅳ.①F821.6

中国版本图书馆CIP数据核字(2011)第236031号

□策　　划　黄　唯
□责任编辑　李宇彤
□封面创意　孟皓博
□封面设计　钱宇辰
□版式设计　钱宇辰
□责任校对　卓　妍　赵　伟

HUOBI ZHANZHENG BEIJING　ZHONGGUO JINGJI YU YINGDUI FANGLÜE

货币战争背景　中国经济与应对方略

占　豪　著

上海财经大学出版社出版发行

(上海市中山北一路369号　邮编200083)

网　　址:http://www.sufep.com

电子邮箱:webmaster@sufep.com

全国新华书店经销

上海华业装璜印刷厂有限公司印刷装订

2012年1月第1版　2025年8月第20次印刷

710mm×1 000mm　1/16　20.5印张　346千字

印数:64 001—64 500　定价:39.00元

序

2008年，自1929年以来最为严重的一次经济危机爆发。从当前的形势来看，这场危机不但没有过去，反而不断深化。关于这一点，从正愈演愈烈的欧洲主权债务危机、2011年以来的中东乱局、利比亚战火和“占领华尔街”运动的蔓延都可以看到，这是世界发展不再平衡、大国博弈的痕迹。

客观上，相比欧债危机，美国自身的债务问题更为严重，只是与美国相比，欧洲缺乏统一的财政和金融体系，也没有准世界货币的美元。即使如此，美国也是依靠不断通过新会计准则、通过贬值美元、通过债务的“扭曲操作”，暂时维持住局面不让危机爆发。最终，美国只有向世界释放流动性、转嫁危机这一条出路，别无他途。这些现实情况，体现在我们面前，就是电视、报纸、网络、广播等媒体每天讨论的都是各种危机、失业、通胀、局部的战争和冲突、资本市场的大幅震荡，等等。

本轮经济危机，其本质是“信用”危机，从2008年金融机构信用危机一直演化到如今的主权国家信用危机。而信用经济体系，恰是1929年发生世界性经济危机之后建立的一个新的经济体系。在这个体系的建立过程中，各个资本大国为了权力争夺、博弈，发动了第二次世界大战。第二次世界大战后，最大的赢家美国成为世界经济“信用体系”游戏规则的制定者，这一体系就是——布雷顿森林体系。

经济学界一直认为，布雷顿森林体系已经随金本位的崩溃而崩溃，这是一个错误的结论。布雷顿森林体系是以世界关贸总协定（世界贸易组织）、世界银行和国际货币基金组织为支柱的，这三大机构至今仍在正常运行，美欧也从未丧失过主导权，又如何得出“布雷顿森林体系崩溃”的结论？但是，信用经济在以美国为首的发达国家过度贪婪、过度消耗的发展过程中，最终走向它的反面，如今已到濒临崩溃的边缘。

道理很简单，人类社会当前已经无法支撑欧美高消耗、高福利的社会运作模式，新兴经济体、欠发达国家的人民也是人，也希望有好的生活。体现在经济层面，就是美国过度虚拟化的经济已使得美元对世界资源的调动能力越来越弱。为了继续稀释自身巨大的债务黑洞以及加强美元的资源调动能力，美国不得不继续印发更多的美元。这种操作，注定是一个悖论。因为，钞票越多，钞票的信用就会越差；而信用越差，危机当然就越深。美国要想在大量印钞的情况下继续保持美元的信用，就必须使用一些手段。譬如，显示强大的军事实力，在其他国家之间制造矛盾或在其他经济体内制造危机，等等。所以，我们可以看到，2009 年奥巴马访华推广美国版的 G2（中美）共管全球被中国拒绝后，中国周边包括东北亚、南海、南亚即出现各种乱局，甚至向中国台湾地区加大出售武器的规模和力度。这些，都是“醉翁之意不在酒”。

笔者可以确认，这一轮世界性的经济危机，不但不会在短期内结束，在未来 10 年内甚至更长时间都会伴随人类世界。1929 年的那次世界性经济危机，最终因为各国矛盾不可调和而酿成人类有史以来最大的战争——第二次世界大战，从危机开始到危机结束耗时近 20 年。这一次危机的规模，从现在的情况看，一点不亚于 1929 年的经济危机，其深远影响在笔者看来也将不亚于那一次经济危机，持续时间应基本与那一次危机相近。鉴于世界大国之间恐怖的核平衡，世界大战再次上演的可能性微乎其微，但各国之间的博弈不会停止，并将在未来 10 年愈演愈烈。

笔者在这里大胆预测，人类社会在未来 10～20 年之间，将发生重大变革，直至酝酿出一个新的游戏规则。这个新的世界游戏规则，仍然无法脱离资本主义，但社会运行方式以及世界的权力一定会有巨大变化，资本主义发展的模式将会获得巨大改进。

进入 2011 年，上半年，有“阿拉伯之春”；下半年，有北约推翻利比亚卡扎菲政权并结果卡扎菲的性命；9 月份，有“占领华尔街”的“美国之秋”运动。如今，“美国之秋”继续向欧洲、澳大利亚、日本、韩国等地区和国家蔓延……这是一个变革的时代，注定会充满着动荡，让很多人感到迷惑甚至找不到未来的方向。

在这样一个动荡的世界中，该如何看待这样的世界，该如何看清这样的世界，又该如何应对这样的世界？本书力求从历史的、全局的、长远的角度，给读者提供一些看懂、看清这个世界和应对这个世界的新思路。当然，这个视角也只是一家之言，笔者尽最大努力让这一家之言给读者呈现对当今世界的不同看法。

本书的创作，源于厨娘的灵感。这个灵感，主要来源于最近两三年来与“战友”们的交流。面对很多“战友”对现实世界的迷惑和疑问，厨娘极力促成笔者写一本针对当前世界现实热点的书，并亲自担任总策划，希望能给“战友”和读者提供一个新的思路。

在爬格子的六十余个日夜里，笔者写稿，厨娘校对，经常熬到凌晨。隔着不足一米宽的走廊，两个人各守着一台电脑，抽空开句玩笑都是奢侈。

虽然辛苦，但难度总体低于《黄金游戏》系列，可以说是一气呵成。本书主要针对现实社会人们关注的热点，总体具有如下特点：

- 知识含量大。内容跨度涉及股市、投资、资本市场、世界经济、中国经济、国际时事、历史等。
- 主要针对当前现实世界的热点问题。从历史、全局、长远的角度分析、推理问题的根源，最大限度剖析未来演绎趋势，并给出应对方略。
- 不附带个人感情，更没有煽情。本书只是站在中国立场，尽量不掺杂个人感情，客观地阐述、剖析问题的来龙去脉。

在这个变革的时代，社会最大的特点之一就是浮躁。浮躁的社会下，人们更喜欢噱头。为了吸引眼球，人们会不遗余力地放大问题，好像天马上就会塌了一样。

针对这些，笔者想说的是，这个世界从来都是有白天也有黑夜，有阳光也有阴影，有善良也有丑恶。社会，就是我们的镜子，我们与人为善，社会就与人为善，社会的总方向是我们每个人力量的合力方向。面对社会的问题，我们不应该只有抱怨，还应该担负起公民的责任。

人，首先应该做好自己的事情，所谓“穷则独善其身”，不给别人添乱就是功德；如果在某些方面不小心成了“达人”，那么就顺带“兼济天下”，做一点与他人有益的事情，也不枉“达人”一回。

一个社会、一个国家，这样做的人越多，那么那里的阳光也就越多，阴暗角落就会越少。社会的发展与进步，正是基于每一个人、每一份的正面力量不断推动。

生活，更需要正面的能量，笔者希望这本书能做到——让你读了不再郁闷！

最后，笔者要特别感谢本书的创意者和特别策划厨娘，非常感谢厨娘的理解、支持和协作，没有厨娘就没有本书的诞生。同时，也非常感谢上海财经大学出版社社长黄磊先生的大力支持。黄磊先生从本书的创意开始就一直跟踪和协调整个运作过程，使得本书以最快的速度问世。感谢本书责任编辑李宇彤女士的勤勉工作，李宇彤编辑在笔者写稿时就开始一篇篇审稿，从而加速了本书的出版进程，使本书如期出版。感谢本书的美术编辑和版式设计钱宇辰先生，他不计其数地反复修改封面设计稿样，使得封面设计能够顺利完成。最后，也特别感谢极具天赋的建筑设计师、为本书和《黄金游戏》系列提供封面创意的孟皓博设计师，他的天才创意和做事认真的态度让人感动。当然，更要感谢的是几十万关心占豪和这本书的“战友”们，是你们的支持让笔者有了继续写作并加速完稿的动力，希望本书不会让你们失望。

占　豪

2011 年 12 月 8 日

目录

第一章

A股十年牛熊（上）

2005年牛市发生、发展各阶段梳理与分析

本章视点

⊙ 是什么促使发生了2001～2005年的大熊市？

⊙ 2005年开始的一轮大牛市主要是由哪些因素主导的？

⊙ A股市场从1 000点到6 124点经历了怎样的市场发展过程？

引言：本篇文章分为上、下两部分。第一部分为2001～2007年行情分析，第二部分是基于行情在2007年10月6 124点见顶后，对接踵而至的一轮惨烈熊市的演绎与分析。紧接其后的一篇文章，是立足当下国际、国内经济形势和政策取向，阐释对未来一轮牛市的影响。

中国股市，由于没有做空机制[①]，赚钱的唯一途径只有做多。牛市就能赚钱，是中国股市的主旋律(据统计，熊市只有万分之一的人赚钱)。正因为如此，中国股市自2001年以来，漫漫熊途四年，也是中国股民"血肉横飞"的四年。中国股民赔得根本不知道自己股市里还有什么，甚至有"远离毒品，远离股市"的说法。很多投资者连自己的股票代码、账户、密码都记不得，所持的股票是在交易、摘牌，还是上了三板，概不关心。没有人愿意提及股市这处让人伤心的地方，就像一个尚未结痂的伤疤，稍微触碰就痛彻心扉。

股市的总体趋势是：

只要国家大趋势向上，股市跌久必涨，涨久必跌。自中国股市开始交易以来，中国经济蒸蒸日上，综合国力不断提升。即使是2001年后的熊市，中国经济和综合国力也不曾停下快速增长的步伐。在这种大背景下，中国股市雄起只是信心问题，或者说是缺少一个契机。

2005年6月3日，沪市大盘跌至998点后，没有再创新低。2005年7月，股市在一片叫骂、质疑、叹息的声音中浴火重生，匪夷所思地在一年多后的2006年底直冲2001年历史高位。这时，投资者们才真正反应过来，原来市场从2005年7月已经开始牛市。

进入2007年，中国股市经历了一段史无前例的投资热潮。行情波澜壮阔、气吞山河，各路专家大跌眼镜，惊动世界上每一个金融投资能够触及的角落。世界各地热钱涌动，暗流中国。疯牛让宏观调控捉襟见肘，在央行、银监会、证监会等部门多次警告无效后，政府不得已使出杀手锏，于是有了2007年5月30日凌晨的"半夜鸡叫"式调控政策。

中国股市这些年来到底发生了什么？是什么使中国股市从一个重病四年、已经完全丧失生气的市场，忽然一夜之间变成世界垂涎的香饽饽，成为流动性最好的市场？

---

① 中国2010年3月推出第一批融资融券试点，2010年4月推出股指期货，2011年8月底开始全面推行融资融券征求意见。如今，A股做空机制正趋于完善。

饮水思源，只有找到问题的源头，才能把握未来的行情，才能在这个充满机遇和风险的市场中游刃有余，不至于错过下一轮牛市。如果本书的分析能够给予大家一些思考，帮助读者更好地驾驭自己那艘投资小舟，在未来大资本市场发展的海洋中赚取自己该得的利益，就是笔者最欣慰的事情。

2001～2005 年政策环境变化对 A 股市场的影响

2001 年熊市的政策因素

2001 年，中国股市熊市到来，跌得干脆，一熊四年，跌幅过半。虽然总体来说是制度、监管、整个市场环境等方面积弊所致，但压垮中国股市最后一根稻草的，仍然是决定市场“生死”的政策。

2001 年 4 月 26 日，时任财政部部长项怀诚在京表示，适当减持国有资产方案即将公布。为了不对市场产生太大影响，项怀诚反复强调：国有股减持，绝不可能牺牲现有资本市场繁荣，此乃国有股减持的前提。

2001 年 5 月 9 日，时任财政部副部长楼继伟在上海参加“2001 里昂证券中国投资论坛”时表示，国有股减持规则正在会签，将在完整的相关规则出台后开始进行国有股减持。

2001 年 6 月 12 日，国务院正式发布《减持国有股筹集社会保障资金管理暂行办法》，国有股减持工作正式启动。该办法规定：国有股减持主要采取国有股存量发行的方式。凡国家拥有股份的股份有限公司（包括境外上市的公司）向公共投资者首次发行和增发股票时，均应按融资额的 10％出售国有股，国有股存量出售收入全部上缴全国社会保障基金。

该办法还规定：可以选择少量上市公司进行国有股配售、回购试点，并把涉及国有股减持的协议转让，作为国有股减持的一种特殊方式加以规范，明确国有股东授权代表单位在进行国有股协议转让时，凡发生国有股减持的，均应按转让金额的一定比例上缴全国社会保障基金。

2001 年 6 月，沪深两市总股本约 4 150 亿股。其中，非流通股约 2 650 亿股，国有股约 1 900 亿股，国有股占总股本的比例约 46％；流通股约 1 500 亿股，占总股本的比例为 36％。国有股的占比及总量比整个流通市场还大，这种规模对比，市场投资者人尽皆知。一旦国有股可以市价减持，法人股当然也就可以减持，如此，非流通股总量接近流通股 2 倍，这对市场构成的压力可想而知。

我们知道，在 2005 年股权分置改革以前，中国股市同股不同权。[①] 试想，原来面值 1 元的国有股，若以 10 元、20 元的价格减持，市场凭空增加如此大量股票，接盘的资金量却没有太大变化，趋势岂有不逆转之理？于是，市场恐慌就成为必然。

果然，《减持国有股筹集社会保障资金管理暂行办法》于 2001 年 6 月 12 日出台。隔天，股市创下 2 245 点新高见顶。之后，股指一路下跌。市场的暴跌，致使减持成为不可能完成的任务，证监会不得不在 2001 年 10 月 22 日宣布暂停执行《减持国有股筹集社会保障资金管理暂行办法》。

但是，资本市场玩的就是人气，人气既散，再聚集起来就格外困难。此时，市场人气丧失殆尽，若想再次聚集起来，就不单是政策问题，还需要时间、信心、制度建设等因素。一朝被蛇咬，十年怕井绳，投资者的心理需要修复。

在这种历史背景下，市场一熊四年，股指从 2 245 点直跌至 998 点。事实上，股指的跌幅远不能完全体现个股的跌幅。四年熊市，大部分股票跌幅达 80％～90％，有些甚至达到了 95％。

2005 年牛市的政策因素

中国股市 2005 年以来的牛市，主要基于以下三方面因素：

1. 过度下跌，导致中国股市整体价值被严重低估，中国股市与中国经济的走势严重背离，股市缺的就是信心和一个做多的理由。

2. 股权分置改革打开牛市上涨的空间。

3. 中国经济持续高速增长、人民币升值促使境外资金加速流入 A 股市场。

在这三个因素中，第一个是技术面因素，第二个是政策面的核心因素，第三个是基本面因素。对于 A 股来说，政策依然是最主要的左右力量。那么，为什么说股权分置改革政策能够打开市场空间呢？

第一，发展资本市场对中国来说具有战略意义。同股同权这个问题一直

① 所谓同股同权，是指同一类型的股份应当享有一样的权利。

是阻碍中国资本市场继续发展的巨大羁绊，必须搬开。[1] 基于此，股权分置改革实际上是整个国家发展合力的结果，它是获得最高层面支持且符合事物发展趋势的改革。

第二，为促成股改成功，相关部门开始支持股市发展。时任证监会主席尚福林放话："开弓没有回头箭。"对管理层来说，股权分置改革只能成功，不能失败。在这种背景下，管理层制定了一系列支持股市发展的政策。

股权分置改革的操盘手，时任证监会主席尚福林（图片来源于新华社）

股权分置改革的具体做法是，以非流通股股东向流通股股东支付对价[2]的方式，获得两年后的原非流通股的上市流通权。从规则上我们可以看到，一方面是支付对价，即向流通股股东送股，这当然是对市场有利的一面，也是吸引投资者的一面；但是同样可以看到，股改后必然面临一个更多流通股上市的巨大流通压力，这也是压制市场的一面。

与此同时，我们还可以看到另一个关键元素，那就是时间。非流通股股东

---

① 正是因为股权分置改革的完成，中国股市在短短两三年间市值膨胀 10 倍，这是制度束缚解除后的一个合理爆发。

② 所谓对价，简单点说，就是当事人一方为了获得某种利益，必须向对方支付相应的代价。股权分置改革就是非流通股股东向流通股股东每 10 股支付 3～4 股的股权。

向流通股股东支付完对价股后，有一个两年后才获得流通权的时间限制。这意味着，如果我们买入股票，就可以直接获得支付的对价，而只要我们在两年到期前卖出股票，就不必承担巨大卖盘压力带来的市场风险。有这样的限制，自然会吸引大量机构资金回流市场，冷淡的人气一下子就热火起来。这一细节，是股市重新吸引大资本入市的最大诱惑力。

第三，有了这第一批大机构资金的介入，萧条四年的市场一下子活跃起来。在获利效应的刺激下，中国这个有着巨大储蓄规模且投资渠道过少的国家，投资股票的热潮喷涌迸发，是再正常不过的事情。大量储蓄资金搬家进入股票市场，体现在股票市场上就是证券新开户大增、基金产品热销。

第四，与第三条形成鲜明对比的是，由于新股发行制度方面准备不足，那一时期新股发行根本跟不上。没有足够的企业 IPO（initial public offerings，首次公开发行股票），大量资金只能去炒老股票，巨大的买盘压力致使股价加速上扬。

有这样的市场背景，再加上人民币升值带来大量的境外资金流入，A 股资金供给极其充足，股票供给却异常紧缺，股票成为紧缺商品，价格自然直线上升。关于这一点，笔者在《黄金游戏（一）——从 A 股获利》中强调过，根据市场经济学原理，供需决定价格，如此巨大的资金以如此高的热情投资股票，股价涨速只会越来越快。

接着，我们再来回顾 2005 年开始的历时两年多的牛市。

2005 年的 6 月 6 日，牛市打响发令枪。这一天，股指跌至 998.23 点，创熊途最低，但很快被大量买单拉出一根中阳线。经过紧接着一天的调整后，大盘又拉起一根巨阳。事实上，这一点在当时并没有真正引起人们的注意，只是市场中流传着国家队开始救市的传闻，被形容为“无形之手”。

此时，从技术上还不能确认进入牛市。随着大盘很快又一次逼近 1 000 点，市场一片扼腕，以为这又只不过是一次小反弹而已。随后，市场两次接近千点，两次被拉回，再无创新低的意思。

真正确立牛市的起点，应该是 2005 年 7 月 22 日。因为，自那一天开始，大盘进入上升通道，再也没有接近过千点。从走势上看，最初的力量应该来源于有政策背景的资金，而此后的上涨力量则主要来源于了解并理解政策取向的投资者。

2006 年 10 月，股权分置改革进入尾声，新老开始划断，股改成功。随着股改的结束，很多投资者认为行情也将止步。事实是，中国股市那时才真正解开锁链，牛市刚刚开始起步。自 2006 年中期开始，不到一年的时间，中国股市翻了两倍有余。但这并不是中国牛市的全部，可以这样说，建立大资本市场的宏伟目标，才只走完第一步。

从 1 000 点至 6 124 点的市场节奏

这里，我们把本次牛市从 1 000 点到 6 124 点划分为如下五个阶段：

第一阶段，1 000 点～1 750 点，股改行情阶段；

第二阶段，1 541 点～2 980 点，QFII 主导阶段；

第三阶段，2 541 点～4 000 点，国内机构主导阶段；

第四阶段，4 000 点～4 336 点，散户主导阶段；

第五阶段，3 404 点～6 124 点，公募基金主导阶段。

股改行情阶段

即第一阶段，1 000 点～1 750 点。

此阶段是国家队主导，由先知先觉资金参与的一波行情。也就是说，本波行情源于政策主导，由“无形之手”国家队和先知先觉资金演绎，完成第一波主升浪。

此时，QFII(Qualified Foreign Institutional Investors，合格的境外机构投资者)、国内机构仍是配角，对市场的信心还不是很足。然而，接连呈现的股改行情示范效应让机构逐步认清发展形势，接踵而至的股改财富神话日臻吸引投资者的眼球，新的资本闪亮登场，捧得头彩。这是国家政策、相关人员努力的结果，是中国资本市场发展历史上非常值得肯定的一页。

这一波行情中，获利最多的是国家队与先知先觉者，其次是 QFII、国内机构和极少部分散户。在这个过程中，只要操作策略与机构一致，赚钱相对来说是非常容易的事情。说得更直白一点，投资者在股票相对低位建仓，然后等待股改。一旦股改，股价必然腾飞。因此，投资者购买没有股改的股票，耐心持股就能赚钱。这个阶段赚钱的散户，基本上都是那些老老实实持股的投资者。

QFII 主导阶段

即第二阶段，1 541 点～2 980 点。

此时，QFII 被奉若神明。的确，QFII 在这个阶段建仓的价位非常低，赚得盆满钵满。国内机构的嗅觉没有 QFII 灵敏，让 QFII 占尽先机，业绩远好于国内机构。这段时期，市场拉升的主要是大盘股，大盘股的上涨给个股撑起巨大的上涨空间。这个阶段，最赚钱的是 QFII，其次是国内机构，还有一部分及时参与的普通投资者获利颇丰。

据报道，在接近 3 000 点时，QFII 已经获取数倍利润（这与 QFII 规模有关，当时整体 QFII 规模还较小），开始卖出筹码，并唱空中国股市。它们以为凭借 QFII 的影响力，以及国内部分被收买的专家张嘴忽悠，就可以做空中国股市，但是枉然。因为，还有中国机构，还有政策主导的方向。大趋势既然起来，行情就不会那么轻易结束。果然，在大盘蓝筹纷纷滞涨的时候，个股开始疯狂表现。于是，进入国内机构主导阶段。

国内机构主导阶段

即第三阶段：2 541 点～4 000 点。

此阶段的特点是，个股鸡犬升天。概念股、低价股、ST 股纷纷上涨甚至翻倍，一两倍都算少，上涨数倍的股票比比皆是。巨大的财富效应点燃了国人的投资热情，基金只要发售，不出一个小时必然告罄，认购额度往往达募集额度的数倍，证券新开户热潮一浪高过一浪。

这段时期，个股可谓被国内机构和庄家做到登峰造极的地步，大部分都上涨数倍，十数倍也屡见不鲜。此时，国内机构的业绩好于 QFII，市场关于 QFII 踏空的报道不断见诸报端。虽然，后来 QFII 认错又补仓，但已错过最好的时机，主导权完全控制在国内机构手中。于是，QFII 不时发出不满的声音，国内机构却笑逐颜开。

此阶段，也是散户开始高度参与的时期。国内机构借助多方力量，一举把股指推至 4 000 点附近。这期间，最赚钱的是国内机构，其次是 QFII，而在此阶段初期最早参与以及后来及时参与的普通投资者，也都有不错的盈利。巨大的财富效应，直接导致 4 000 点后的市场疯狂。

散户主导阶段

即第四阶段，4 000 点～4 336 点。

散户主导市场在股票市场比较罕见，只有进入超级狂热时期才会出现这一状况。此阶段基本上是从 4 000 点左右开始，至 4 336 点，在财政部于 2007

年5月30日凌晨突然提高印花税200%时，宣告结束。

该阶段的时间很短，大概只有十来个交易日。但是，却是中国股票历史上迄今为止第一次也是唯一一次由散户主导市场的阶段，历史意义非同一般。

这段时间，是中国投资者参与市场热情的一次大爆发，是中国资本市场自建立以来在国人心目中影响最深远的一次。这一阶段，散户持有股票的比例最高，散户的步伐最一致。可以说，这一页将是奠定后期大牛市的重要阶段性基础(没有这样的热情基础，资本市场不可能做大。可以预见，未来中国股市还会经历这样的浪潮)。虽然，噩梦一样的"5·30"把这种热情碾得粉碎，惨不忍睹，但不可低估甚至磨灭其历史价值和历史意义。这绝对是中国证券史上值得纪念的一页，虽然短暂，但弥足珍贵。因为，这意味着中国人民资本市场意识的觉醒。

这时，QFII已经完全被边缘化，正因为如此，QFII在这个阶段的喊叫近乎歇斯底里。这是因为，如果行情再继续发展，QFII会被彻底边缘化，继而不得不退出以后中国牛市的主流，这样的结果对QFII来说将是毁灭性的事情。从某种意义上说，直接关乎QFII在未来中国资本市场中的地位。没有足够的地位，就无法再从这个市场中进一步瓜分到利益。所以，当时被世界奉若神明的格林斯潘①都被搬出来说道中国股市。

在这一阶段，相关部门如证监会、央行、银监会等负责人均出来提醒市场风险，国内机构已经出掉手中大部分的筹码。3 500点之后的国内机构，差不多都是且战且退。最直接的证明，就是部分基金的收益率在指数不断走高过程中不升反降。除了新入资金规模较大外，更重要的原因就是手中筹码减少。

国内机构本希望在4 000点左右完成出货后，市场会在其作空的情况下走向阶段性调整。但结果市场不但不调整，还因为投资者的疯狂而继续快速上涨，最后，市场的狂热迫使打压市场的政策出台。

可以这样说，整个世界都严重低估了中国人投资意识苏醒的威力，散户的全部意识做多让大盘进入不可控状态。在失去筹码后，QFII歇斯底里："泡沫、泡沫，中国股指太高。"国外的主流媒体都开始刊登中国股市要崩盘的危言耸听的言论。但这一切，挡不住疯牛的继续前行。

失去筹码后，国内机构开始看空股市，接着影响到国内主流经济学家，继

① 格林斯潘，因为其20年的政策为美国和世界种下祸根，是这一轮世界性经济危机最重要的始作俑者之一，这位被奉为"神"的美联储主席也由于这次危机彻底走下神坛。

而影响到政府管理层。结果，宏观调控政策接连出台，但都被狂热的市场理解为利好，管理层的接连警告都被当作耳旁风。QFII声嘶力竭濒临崩溃，国内机构急眼跳脚，相关部门甚为光火。

为什么？因为QFII不想失去中国股市未来的利益，特别是话语权；因为国内机构不能生生踏空行情，这关系到它产品的销售情况；因为政府不能失去市场的主导权。这一切，对过于狂热的市场都有打压的要求。特别是在“打压股市可控制CPI”的利益驱使下，更是如此。在刚刚起步的中国资本市场，过度狂热必然带来巨大风险。这与建立大资本市场的节奏绝对相悖。

于是，调控政策重磅出击。2007年5月30日凌晨，在市场狂热创下历史新高后，财政部高调出台印花税提高200％的杀手锏。这一招可谓击中要害，股市迅速瘫软在政府的调控之下，急速狂跌，几乎让所有投资者发懵，股指5个交易日跌幅达21.5％。

客观地说，国家调控没有错，错的是方式。话说回来，站在当时管理层的角度来说，除了政策手段，手里也没什么其他市场手段可用。更何况，政策手段在中国股市最有效。但是，这也是市场不成熟的表现，未来的各种调控务必通过市场手段逐渐替代政策手段方为上策。当然，这也需要一个市场机制建设过程。

公募基金主导阶段

即第五阶段，3 404点～6 124点。

印花税提高200％，虽然阶段性导致暴跌，极其打压市场人气。但由于技术趋势并未完结，并未抵挡住大势继续上涨。股指在短线跌至3 404点后，经过两个来回的震荡拉锯，于2007年7月开始进入完全由公募基金主导的阶段。

此阶段最大的特点是，基金发行规模非常巨大。由于大盘蓝筹股当时整体估值仍然较低，大量公募基金的资本疯狂吃进大盘蓝筹股。①

那时候，人们购买基金的热潮不亚于前期的股市。很多投资者根本不知道基金是什么就蜂拥抢购，甚至还有人把基金等同于高息存款。更为恐怖的是，有两只基金在申购第一天内就募集到700亿元资金，而它的发行规模实际只有100亿份，超募达6倍。疯狂的投资者拼命申购基金，基金经理在资金的

---

① 此时大盘蓝筹股虽然盘子大，但流通市值还是较小，所以仍然比较容易拉动。

刺激下疯狂大肆购买蓝筹股。于是，蓝筹股涨势疯狂，股指一路加速上扬，直冲 6 000 点。

最终，过热的市场逼得管理层不得已采取"釜底抽薪"之策，直接停发新基金。失去资金支持的股指，在快速冲击 6 124 点后见顶。见顶后的市场，由于内外多重因素的叠加，演绎了一场令人瞠目结舌的暴跌大剧，从 6 124 点直奔 1 664 点，跌幅近七成五。

A股十年牛熊（下）

2008~2011年的市场演绎分析

China and Currency Wars

第二章

本章视点

- ⊙ 华尔街与中国资本市场有什么不同？这种不同会对市场产生什么样的巨大影响？
- ⊙ 是什么促使当局 2007 年开始打压股市？
- ⊙ 沪市暴跌 73％的大熊市都由哪些因素导致？
- ⊙ 为什么 2008 年“救市”行情牛一年熊 N 年？

2007年10月，中国股市在一片疯狂声中涨至6 124点见顶，随后步入漫漫熊途。不夸张地说，自2007年10月开始直到2008年10月，为期一年的熊市演绎得比牛市更为疯狂。两者的区别在于，前者是贪婪赚钱丧失理智的疯狂，后者是惨烈亏损绝望的疯狂。

A股自6 124点见顶，仅一年时间，股指生生跌去73%。如此疯狂惨烈的下跌，究竟源于哪些因素？揭开这些影响市场的因素，有利于投资者在未来的市场分析中找到支点，对研判市场趋势具有战略意义。

为什么市场在2008年10月后走出一轮小牛市？为什么2009年8月份后市场又进入震荡市？等等。这些都需要通过分析搞清楚。如此，投资者才能通过对以往行情的剖析来研判未来的市场走势。

作为2008年股市暴跌的亲历者，笔者几乎每天都关注着市场，并在博客中作出相应分析。博文中的分析难免受当时的视角局限，在此有必要对其作进一步提炼和总结，立足于历史，以多视角的方式分析、研究。

笔者认为，2008年沪市暴跌73%的大熊市，主要源于以下六方面因素。

政策面由支持股市发展转变为打压股市

笔者曾不止一次地强调：中国资本市场的发展与任何国家资本市场的发展都有着根本不同，这与国家制度、历史发展环境密不可分。为使读者清晰地理解这一点，我们先就华尔街的发展和中国股市的发展作一个简单的对比。

华尔街

华尔街发展的时候，美国还只是英国的殖民地。由于英国对美国殖民地的过度压榨（英国也是无奈，虽然是英法战争的赢家，但消耗巨大，必须从殖民地补充给养），导致美国本土资本家的强烈反抗。为维护殖民地自身利益，于是爆发了由殖民地资本家主导、外来势力辅助的美国独立战争（与英国争霸失败的法国，无论在经济还是军事上，都给予美国独立极大的支持）。可以说，美国独立战争主要源于殖民地的资本家与母国的对抗。

成为赢家的资本家们，最终又存在分赃的问题。因此，美国建国后，整体政策仍然是为资本服务。它的政治体制，更像是一个由不同方向资本构成的公司。如今体制虽然完善，本质却没有任何改变。

如此背景下发展起来的华尔街，从开始到中期，随时都处于诸侯争霸状态。没有中央集权，当然没有统一标准，也就没有高于资本权力的政治权力制约，可谓是一个原始且自由的时代。

在那个时代，华尔街的斗争随时出现非常戏剧性的演变。例如，某个大庄家获得某州的法律支持，另一个与之对垒的庄家可能以另外某州相悖的法律与其对抗。那时的美国政坛，更不乏奇怪的现象，貌似卓越的政治人物政见不合时，会以决斗解决问题。乐于此道的第七任总统安德鲁·杰克逊，一生决斗达 100 余次。还有美国开国元勋之一、宪法起草人之一、美国第一任财政部长亚历山大·汉密尔顿，最终死于一次政治斗争歧见下的决斗。这些，都源于美国早先这一批政治家的牛仔特性。

华尔街，就在这种你来我往的斗争中逐渐发展起来。当这种资本的斗争（必然涉及政治斗争）引发的内部矛盾可以通过合作进行外部扩张，或通过技术进步解决时（向外扩张如对墨西哥的侵略，技术进步如美国工业革命），矛盾的双方会彼此妥协一致对外；但是，当这两条途径都无法调和矛盾时，就只能通过内部消化，而这种消化的极端方式，就是战争。美国的南北战争，就是在这种历史背景下爆发的，其根本就是南北资本矛盾不可调和的产物。南方资本要继续维持其南方种植园经济，北方资本则在加速工业化。两者的矛盾不可调和，结果就是以战争来决出胜负。最终，北方胜出，但北方领导者亚伯拉罕·林肯却被刺杀身亡。

源于这样的背景，美国中央政府对资本家的节制力量非常有限。① 华尔街的成长，客观上得益于美国在地缘、政治上均孤悬于欧亚大陆之外。在美国大发展时期，欧洲大陆正在进行“诸侯争霸”，中国已经闭关锁国。美国，可以说是在没有任何外来压力的大环境中“肆意生长”。直到 19 世纪末，美国逐渐成为世界制造业大国，于 20 世纪初成为综合国力最强的国家。

所以我们说，美国资本市场的发展，是在各资本“老大”互相厮杀决出胜负结果之后产生的各种博弈后的游戏规则，是不受任何外来力量干扰以及充分自由博弈、生长的市场。

形象地说，美国的资本市场就像在人迹罕至的地方生长起来的参天大树。美国资本市场，其发展总体不受中央政府制衡力量的左右。这就是为什么直到现在，美国政府都无法有效节制华尔街、甚至在很大程度上受制于华尔街的

---

① 这一点可以从南北战争时，南方各州轻易脱离联邦政府管辖，并发动南北战争就可以看出。

根本原因，也是为什么美联储[①]的权力在某些方面甚至超过总统的根本原因，同样是为什么美国政府政策很大程度上必须服从华尔街利益的根本原因。

如今，美国深陷危机，政治当局和资本方同样存在着很深的矛盾（因为美国当局必须考虑美国民众，但资本家却只需要考虑自己的钱袋）。他们仍然试图联手，通过向外转嫁的方式转嫁自身危机。但是，如果最终这个危机转嫁不出去，政治当局和资本方的矛盾将不可调和，甚至可能因为民意压力而激化。那样的话，政治当局恐怕就要在普通大众与资本方之间作出选择。美国政坛时隔二百多年重生的极右派“茶党”，就是为对冲这种民意压力而产生的所谓自由派“民意”。

中国资本市场

中国资本市场发展中的历史环境、制度环境等与美国华尔街截然不同。对中国来说，根本没有如美国那样充裕的时间让资本市场自由发展。

中国，由于清朝时期仍处于封建社会，资本必然服从于封建政治，哪怕是清末最牛的资本家胡雪岩也是一个红顶商人，与官方合作才能做好生意。政治力量虽然可能受资本影响，但绝不会受其控制。相反，政治力量却可以绝对节制资本。

随着清朝在19世纪末逐渐崩溃，洋买办和民族资本都有所发展，但如胡雪岩这样的民族资本家却功败垂成。最终，中国在清末至民国期间沦为买办资本。包括蒋介石，都是在获得买办资本支持后，才得以稳稳掌控权力。

但是，发展时间不长、树不大根也不深的资产阶级在中国没有获得更进一步的发展，新中国建立后就被彻底铲除。与欧美资本主义国家相比，中国没有如欧美资本主义国家那样根深蒂固的老牌资本家，而且清末至民国期间的资本家多非本土独立成长起来的资本家（清末的本土资本家如胡雪岩被买办资本和官办资本联合绞杀了），而是洋买办出身，中国的政治力量当然不容易被资本所左右。

如今，中国的资本主要由官方资本、半官方资本和最近30年发展起来的民间资本组成和主导，此外，虽然还有境外流入的资本也影响着中国经济，但起不到任何主导作用。中国不像历史上的美国，中央政府对地方政府处于半控制状态。相比美国，中国的国家权力主要集中在中央。

---

① 美联储本质上是一个私营机构，它的股东来自各个资本大鳄的家族资本。

在这种背景下，政治对资本的节制程度不言而喻。基于这样的背景和制度，中国发展资本市场，肯定是基于中国社会主义经济制度下的资本市场，是受中国政治权力节制的资本市场，而非如欧美那样几乎被资本完全掌控的资本市场。在这方面，其实欧美国家和资本一直试图从中国当局手中夺走部分金融和资本市场权力。

中国建立资本市场，当然要受国家政治力量的节制和控制，也只有在这种控制下，中国弱小的资本实力和技术实力才不至于被欧美老牌资本吃掉。也就是说，中国资本市场在尚未成熟的时期，需要在国家的保护伞下生长，当其完善并强大后，才可以走出来与资本大鳄角力。

中国与美国资本市场发展的国际环境也完全不同。当时的美国，孤悬于欧亚大陆之外，没有外敌的纷扰。对于中国来说，数十年前被外敌侵略百余年，满目疮痍。直到现在，世界列强仍然对中国虎视眈眈，国家安全还没有达到不可挑战的程度（这一点，从中国和周边国家的领土争端，以及周边小国对中国的态度就能看出。相比之下，美国本土则安全得多）。在这种情况下，中国不具备任由资本市场随意发展的国际大环境。

鉴于资本主义生产方式的发展规律，作为后进者，中国要想赶上早已完成工业化、城市化发展的发达国家，要补齐数百年的工业生产欠账，就必须以超常规的方式发展。否则，中国永远无法望欧美国家之项背，更别说超越。而超常规的方式，就必须有特殊政策的扶持、保护和控制，用自身的优势弥补缺陷。①

中国资本市场的发展和美国市场的发展还有一个根本性的不同，美国资本市场发展过程中有很多吸取营养的地方（比如大量的移民、极大的资源空间供其开发等），可以说是在不断博弈中促进经济的发展；中国资本市场则相反，由于工业化、城市化、资本化欠债太多，必须首先发展实体经济，然后给实体经济升级，运用资本市场调配资源的能力，补给、促进实体经济发展，如此循环。

如今的美国，必须靠资本市场不断融入外来资本，以维持内部经济运行。

---

① 这种发展模式的先驱是苏联的建立者、伟大的革命家列宁，列宁的理论在苏联已经获得验证之后被斯大林发展。列宁的理论为苏联从一个工业极度落后的农业国快速发展成为强大的工业国奠定了基础。遗憾的是，苏联的社会发展模式没有继续进化，越来越“斯大林主义”的发展模式使得苏联自第二次世界大战之后，基本处于停滞状态。这一发展模式，最终使其如预言的那样：卫星上天，红旗落地。说得难听一点，苏联当时就是缺乏一个“白猫黑猫”的思想，固守其形，停止发展。最终，在与西方的竞争中以失败解体而告终。

而中国，则是在利用资本市场促进实体经济发展，以加速工业化和城市化。正因为如此，中美股市起到的作用也完全不同。

对美国来说，资本市场是经济的心脏；而对中国来说，资本市场只是大动脉。加上中美资本市场各自发展阶段不同，应对市场变化的手段必然也不同。这一点，同样体现在实体经济方面。譬如，2008 年世界金融危机，中国 4 万亿元是以实体经济投资为主导，救的是实体经济；当时的美国，8 000 亿美元的救市计划，主要救的是华尔街的资本机构，8 000 亿美元中有差不多 1 000 亿美元被华尔街金融机构的经理人发了奖金。

如此，读者就能对中国资本市场和美国资本市场有更深层次的认识，也就能理解为什么中国是政策市。在这种大的外部环境下，中国必然是政策市。整个历史背景、发展阶段以及制度环境，决定了政权必须且必然要在资本市场发展中节制资本。

在笔者看来，什么时候政权把整个资本市场的制度建设完整、调控市场的市场手段不再捉襟见肘、中国股市逐渐成为中国经济运行的核心或核心之一时，所谓行政、政策手段调控股市的时代也就宣告结束了。

这是因为：政权手里的资本可以顺利通过制度和法规途径（即市场游戏规则）调控市场，已经完善起来的制度和法规本身就会对资本有所节制，当局只要做好监管并控制好手中的资本流向，国家就能节制资本市场。

再回来讨论本条议题。

管理层的态度由支持股市到打压股市的过程，实际从 2007 年上半年就显现端倪。这一点，从 2007 年市场逼近 4 000 点时，各相关职能部门高层不断向市场提示风险就可以看出。真正开始调控，央行最早出手。进入 2007 年，央行收紧货币政策的趋向越来越明显。

2007 年 5 月 30 日前，央行 5 次提高存款准备金率 0.5 个百分点，共 2.5 个百分点；两次提高存贷款基准利率 0.27 个百分点，共 0.54 个百分点。尽管这个调控主要是针对控制通胀和经济过热，但由于股市属于经济的一部分，当然就在考量之列。只是，当时股票市场获利效应太具吸引力，包括储蓄资金、企业资金等都加速向股市流动，调控在股市并未起到应有的作用。

直到股指接近 4 000 点，相关部门开始如坐针毡，加上高层受专家“打压股市可控制 CPI”论调的影响，扼杀股市投资者这一相对少众群体、确保大部分群众利益（控制 CPI，保民生）当然就成为调控首选。

于是，2007 年 5 月 30 日凌晨，证券交易印花税提高 200％的打压股市政策出台。

这一打压政策的出台，可谓是政策面的大变脸，迅速完成由支持资本市场到打压资本市场的转变。资本市场，从这一天起就开始承受政策面的打压。一天不下去，就出台新政策进一步打压，直到趋势逆转。

卡死股市资金供给

我们知道，股票价格取决于资金供给量和股票供给量的对比关系，即《黄金游戏》中强调的“供给决定股价”。当资金供给额大于股票供给额时，市场就涨；反之，市场就跌。

2007 年 5 月 30 日政策面变脸，并未能一步到位控制住高温的市场。经过调整，由于通胀压力导致储蓄搬家的因素继续“发酵”，2007 年 7 月大势再次获得突破并加速上涨。

当时，普通投资者仍然对股票市场给予了很高的期望，储蓄搬家的资金大部分涌入股市，表现在市场层面就是基金销售火爆（一只募集 100 亿元的基金一天超募到 700 亿元的神话就发生在这个时候），证券新开户火爆，直接导致 2007 年下半年的牛市延续到 10 月份。

市场继续疯狂上涨的压力，迫使政策面针对股市的调控升级。

央行方面，自 2007 年 7 月下旬开始，继续大幅提高存款准备金率和存贷款基准利率。[①] 在 5 次提高存款准备金率、4 次提高存贷款基准利率的调控背景下，资金流动开始变得缓慢，流向股市的资金渠道开始枯竭。特别是 2007 年 9 月开始，证监会暂停新基金审批，使得这条最大的市场资金供给通道也被遏制。

最终，市场因为资金供给枯竭在 2007 年 10 月份见顶。

新股 IPO 加速

与资金供给被调控遏制相反，股票的 IPO 速度在相关部门工作流程理顺

① 其间，央行共提高存款准备金率 5 次，其中前四次分别为 0.5 个百分点，第五次为 1 个百分点；下半年共加息 4 次，每次分别加息 0.27 个百分点，共 1.08 个百分点。

后开始加速，特别是大盘股 IPO 的速度加快。

其中，A 股有史以来最大规模 IPO 中国石油在 2007 年 10 月 22 日发布 A 股 IPO 招股意向书和初步询价公告。中国石油的粉墨登场，A 股融资 662.4 亿元，发行价高达 16.7 元/股（2000 年，中国石油公司 H 股发行价仅为 1.28 港元/股）。

如此大规模的募资，对市场本就是巨大的压力。然而，更大的压力还在后面。在机构和媒体的共同炒作下，中国石油开盘价高达惊人的 48.62 元。开盘价就成了最高价。在第 11 个交易日计入指数后，中国石油继续暴跌。如此，中国石油就成为直接做空 A 股的重大推手。

在资金供给大幅减少时，IPO 却不断加速，资金和股票的供求关系日臻失衡。股票供过于求，股价自然跌。这是 6 124 点见顶后的另一个扭转市场的重大力量。

巨大的非流通股解禁预期逆转未来三年的市场供求预期

股权分置改革，是指非流通股股东通过向流通股股东支付对价股权的方式，换取手中所持非流通股的流通权。在本篇文章第一部分中我们已作过阐述：非流通股股东向流通股股东支付对价是股改时即刻支付、支付后马上可以流通的股份，而非流通股股东则需要两年后才开始能够流通，这实际上就让一些大资金可以钻吃对价的空子。当两年到期股价炒高后，这些资金就开始撤离市场。

2005 年 9 月 4 日，中国证监会正式发布并实施《上市公司股权分置改革管理办法》。为达到稳定市场的目的，该办法明确规定，改革后公司原非流通股份的出售限制，即所谓“锁一爬二”规则。

该规则规定：非流通股自获得上市流通权之日起，至少在 12 个月内不得上市交易或者转让。这也就是所谓的“锁一”，即锁定一年为禁售期。在上述期限届满后，持股 5%以上的非流通股股东在 12 个月内出售数量占公司股份总数的比例不超过 5%，在 24 个月内不超过 10%。这就是所谓的“爬二”，即在一年禁售期后的两年内不能全额流通，只能“爬行流通”。

如此，“锁一爬二”的规则，实际上是将股权分置改革全流通的风险制度性滞后。即：目前流通股股东取得非流通股股东支付的对价后不会承担风险，这个风险通过制度转嫁给未来的投资者。这也是为什么笔者当时强调市场有将近两年的时间可以大胆炒作的原因。

结果，与此同步，行情也就持续两年余时间。从 2005 年 9 月 4 日中国证监会正式发布并实施《上市公司股权分置改革管理办法》开始计算，牛市持续两年稍多。

在股票价值普遍被高估的情况下，当资金流入股市被政策遏制时，股票IPO 加速供给，市场的投资者想到"爬二"即将结束，后面的非流通股股东可能要站起来"跑步前进"时，投资者当然会抛弃市场。这种供求严重失衡的预期，直接加速了市场的下跌。某种意义上可以说，这是股指一年跌幅达 73%最重要的罪魁。

次贷危机爆发并在 2008 年演化为全球金融危机

美国次贷危机(subprime crisis)，又称次债危机或次级房贷危机。所谓次贷，即"次级按揭贷款"(subprime mortgage loan)。此处"次"的意思是指信用低、还债能力低的贷款。

次级抵押贷款被美国包装成一个高风险、高收益的行业，是指一些贷款机构向信用程度较差和收入不高的借款人提供的贷款。与传统意义上的标准抵押贷款不同，次级抵押贷款对贷款者信用记录和还款能力要求不高，但贷款利率比一般抵押贷款相应高很多。那些因信用记录不好或偿还能力较弱、被银行拒绝提供优质抵押贷款的人，会申请次级抵押贷款购买住房。

这就意味着，次级贷的收益保障实际上就是寄望于房价不停上涨的投资收益支撑。这是因为，即使贷款人现金流不足以偿还贷款，他们也可以通过房产增值获得再贷款来填补缺口。只要房价上涨保持资金链不断，经济就能在泡沫中"繁荣"。

以美国的经济结构，房价上涨的基础来源于大量外来资本的涌入。美国人的做法是：一方面，通过其他方法吸引他国资本流入；另一方面，将次级贷款包装成理财产品，把风险转嫁给世界各地的金融投资者。但是，当房价持平或下跌时，高额的利率立刻使得整个市场资金链吃紧，随时就会违约。

2001～2005 年，美国房价一直处于升势，美国住房市场的繁荣推助次级贷的发展，而次级贷的发展又刺激房屋需求致房价上涨。2005 年，美国房价开始见顶。2006 年春季，次贷违约逐步显现。2007 年 8 月，次贷形成危机并席卷美国。之后，波及欧盟、日本等世界主要金融市场。再之后，蔓延至中国。从某种意义上说，次贷危机是美国政府和华尔街联合“运作”的一场闹剧，是美国和华尔街极度贪婪的赤裸裸表演。

2007 年，次贷危机席卷美国、欧洲、日本等国家和地区。由于我国通胀压力还未获得有效缓解，统计数据相对滞后于实体经济发展，宏观经济调控政策在 2008 年并未随之进行调整，而是继续收紧。从这一点可以确认，次贷危机初期，我国政策层面并没有给予足够的重视，也没有及时调整宏观经济调控的政策方向。表现在货币政策上，仅 2008 年上半年，央行 5 次提高存款准备金率计 3 个百分点(前面 4 次每次提高 0.5 个百分点，最后一次提高 1 个百分点)。

外围市场的风声鹤唳，A 股自然飘摇欲坠，直线下跌，股指一气滑落至 2008 年 10 月的 1 664 点才止住跌势。

制度缺陷致“恶性圈钱”加速市场下跌

中国平安在 2008 年 1 月 21 日发布公告称：公司 18 日召开的董事会会议，通过规模庞大的再融资计划，拟公开增发不超过 12 亿股 A 股，发行不超过 412 亿元的可转换公司债券。以中国平安 A 股 1 月 28 日收盘价 98.21 元计算，增发 A 股筹集资金将达 1 178.52 亿元，两项再融资，总额达 1 591 亿元左右。

市场的第一反应是：平安的管理层在发疯。当时，A 股市场正处于震荡选择方向当口的关键时刻，一纸公告直接将中国平安股价打到跌停，牵连沪市大盘当天跌幅超过 5%，第二天跌幅更超过 7%。

从技术上说，大熊市在中国平安再融资引起市场暴跌得以确认。之后，由于中国平安再融资并未上报，管理层对此三缄其口。这出闹剧于同年 3 月 5 日被推向极致，中国平安股东会通过再融资方案，市场对此作出的反应是继续下跌。

此闹剧持续上演到当年 5 月才宣告结束，而与 1 月 21 日相比，沪市大盘已跌去近 2 000 点。

之所以称其为闹剧，是因为中国平安上市不到一年就推出巨额融资计划，这种肆无忌惮的想当然关乎相关再融资制度的问题。如果管理层在制度上对上市公司的再融资做出较为严格的规定，也就不会上演这出闹剧了。

中国平安虽然不是拉低 A 股的罪魁祸首，但至少也是重要作用力之一，特别是在方向选择的关口推出这样的方案，其作用如同压死骆驼的最后一根稻草。

“救市”行情为何牛一年熊 N 年

对于 2008 年 11 月至 2011 年 8 月的行情走势，我们也有必要分析和解读，这样，当我们看后面的内容时，就更容易把握未来一轮牛市的行情脉络。

由于市场暴跌，管理层 2008 年 4 月开始将打压股市的政策去除。2008 年 4 月 23 日，财政部决定调整证券（股票）交易印花税税率，由 3‰降至 1‰。但是，此时市场人气已散，再聚起来就格外困难。大幅调降印花税，只博得市场一个快速反弹，昙花一现之后，股市重归下跌之路。

在次贷危机不断深化的大背景下，投资者对未来愈加趋于悲观，股指从 3 000点附近一路下跌，直到 2008 年 10 月，宏观经济政策全面转向，股指才在 1 664点新低后逐渐止跌。到 2008 年下半年，次贷危机开始大幅影响中国出口，引起高层的重新审视。也正是基于此，宏观经济政策在 2008 年 9 月开始试探性转向。10 月，转向速度明显加快。11 月，推出了一系列救市计划。

其中，货币政策方面，2008 年 9 月 15 日、10 月 8 日、11 月 26 日，央行分别 3 次大幅降低存款准备金率 1 个、0.5 个和 2 个百分点；2008 年 9 月 16 日、10 月 9 日、10 月 30 日和 11 月 27 日，央行 4 次降息，前面三次均为 0.27 个百分点，最后一次降息 1.08 个百分点。与此同时，国务院领导各个部门重拳出击。4 万亿元投资计划出台，财政政策改为积极，货币政策改为适度宽松（实际操作过程中为非常宽松），十大产业振兴计划出台。

诸如此类，不胜枚举。一切政策围绕两个字：救市！

此时，世界各国纷纷推出自己的救市计划。这些救市计划中，发展中国家是以投资为主，发达国家则以向金融机构注入流动性为主。这个时期，实体经济虽然仍然悲观，但已经超跌的资本市场却迎来了机会。世界各国股市、国际大宗商品纷纷见底，A 股也在 2008 年 10 月底至 1 664 点调整低点。之后，市场进入一轮为时 10 个月的上涨周期。在这 10 个月中，A 股从 1 664 点涨至

3 478点，升幅超过1倍。

本轮行情，笔者在2008年底就多次作过分析，判断2009年的行情至少有一轮强势反弹，反弹的幅度当时的估算是3 000～3 300点。

之所以如此判断，其核心原因在于以下五点：

1. 中国政策面明显强势做多。在这种背景下，无论它是否针对股市，如此宽松的货币政策，必然有大量资金流入资本市场，股价必然上涨。

2. 股票严重超跌。股指一年时间跌去73%，但中国经济并未崩盘，这显然是一种畸形状态。在宏观经济整体没有系统性风险的情况下，股指跌去73%，至少会有大级别的技术性反弹。

3. 世界各国均以印钞来挽救经济，资本的流动性使得世界各国的资本市场都不缺钱，大量的流动性必然推高市场。

4. 股票政策明显转向。其中最主要的政策有两条：一是财政部决定从2008年9月19日起，对证券交易印花税政策进行调整，由现行双边征收改为单边征收，税率保持1‰。二是自2008年9月11日发审委发布博云新材IPO审核公告后，暂停新股IPO的审核过程；与此同时，上市公司增发、可分离债、配股等都进入停顿状态（暂停IPO一直维持到2009年5月22日，证监会发布《关于进一步改革和完善新股发行体制的指导意见（征求意见稿）》才重启）。

5. 恐慌盘基本出净，大部分个股价格跌去超过七八成，该卖的基本上都已卖掉，套牢的也暂时死心。在这种市场状态下，往往会有意想不到的行情出现，从技术上说这是卖压枯竭、短线资金操作反弹所导致。

实体经济方面，中国是最早复苏的国家之一，也是宏观经济增长最好的国家之一。股市的这一轮反弹，A股是世界资本市场见底最早的市场之一（美股直到2009年3月初才真正见底），但A股也是行情结束最早的市场。美股道指在A股2009年8月见顶后的两年来，整体一直处于升势。欧洲市场整体在最近两年当中也比A股要强势。与A股2009年8月后面两年持续疲弱不同，中国实体经济一直增长良好。

为什么中国实体经济运行平稳且较快增长，而中国股市却陷入两年熊市呢？主要原因有以下五个：

1. 市场扩容速度过快，是市场下跌的首要原因。自从新股IPO重启后，IPO发审速度越来越快。2010年4月行情调整后刚要走好的关键时刻，股指期货推出，同时，楼市调控政策出台，市场应声而落。2010年6月，又推出创业板市场。市场扩容速度越来越快，基本上以每日一只IPO的速度在发行新股，市场供求明显失衡。

2. 对房地产的调控影响到市场信心，特别是对货币紧缩政策的预期，直接影响市场对资金面的预期。

3. 大小非减持压力犹存。

4. 外围市场如欧、美，债务危机依然困扰市场，对 A 股市场构成一定压力。

5. 中小企业缺少资金，房地产企业资金压力加大，使得民间高利贷市场活跃，银行理财产品吃香，很大程度上分流了股票市场上的资金。

以上，我们对 A 股市场 2008～2011 年的行情进行了推演和分析，在此基础上，再去读第三章“中国未来牛市进程及影响因素”，就会对未来行情走势有比较清晰的理解，对整个市场发展逻辑背景有较为清醒的认识，投资者对未来行情的判断也就更为准确。

中国未来牛市进程及影响因素

China and Currency Wars

第三章

本章视点

- ⊙ 中国股市处在什么发展阶段?
- ⊙ 中国股市与中国经济是什么样的发展关系?
- ⊙ 中国未来一轮牛市将如何发生?
- ⊙ 中国未来一轮牛市将由哪些重大因素主导?
- ⊙ 未来牛市会在什么时候开始?
- ⊙ 中国投资者什么时候开始坚决做多中国股市?

中国股市目前处于怎样的发展阶段？它与中国经济发展有着什么样的关系？中国未来一轮牛市如何发生？哪些因素将主导市场？什么时候发生？……这一系列问题，对绝大多数投资者来说恐怕都是一头雾水。如果不搞清楚这些问题，就很难把握住未来的行情。不知其然，自然就不知其所以然。

在第一章和第二章"A股十年牛熊"中，笔者阐释了A股2001～2011年的行情走势与相关影响因素。本章将对中国未来的市场走势及其影响因素进行剖析。如此才能完善读者对股市的研判，使其在操作中真正具有参考意义。

中国股市发展阶段分析

新中国股市，从萌芽至未来真正成熟，笔者将其分为七个阶段。

准备与试验阶段

改革开放初期，中国已出现股份制改革的讨论。早在1980年4月，厉以宁就在劳动人事部"劳动工资座谈会"上谈到股份制理论。当时，对这个问题还存在较大争议，最核心的争议在于两点：

1. 姓"资"还是姓"社"。事实上，这个问题从改革开放初期就一直困扰着中国。直到1992年春节，邓小平同志视察南方时在上海再次强调："不要以为，一说计划经济就是社会主义，一说市场经济就是资本主义，不是那么回事，两者都是手段，市场也可以为社会主义服务。"这一争议才算结束。

2. 股份制与承包制。对这个问题的争议，主要源于当时中国经济整体仍处于计划经济，人们的认识有很大局限。随着经济结构的多元化，这一疑虑逐渐消除。

为使读者更加清晰A股市场的发展历程，有必要先回顾中国股市在试验阶段的重大事件：

1984年7月20日，新中国第一家股份有限公司——北京天桥百货股份有限公司成立，拉开了企业股份制改革的序幕。但采取的方式并非完全股份化，而是有些类似债权的还本付息方式，期限为3年。

1984年11月18日，中国第一股——上海飞乐音响股份有限公司成立，在新中国资本市场上，这无疑是开天辟地的一件事。

1985年，在前面两年加大投资力度带来通胀压力的情况下，央行实行了收紧货币的政策，刺激了企业股份制的需求。

1986 年 9 月 26 日，中国第一个证券柜台交易点在中国工商银行上海信托投资公司静安分公司成立。

1987 年 5 月，深圳发展银行发行股票融资。那时，由于中国人对股票还没有概念，准备发行 39.65 万股，最后只发行了 20 万股，其余的被摊派到几家国有企业。即便如此，最后也只完成了 31.4 万股的发行。

1987 年 9 月 27 日，新中国第一家证券公司——深圳特区证券公司成立。

1988 年初，上市不到一年的深发展每股分红 7 元现金，并每 10 股送 5 股；1989 年初，深发展再次分红，每股分红现金 10 元，并每 10 股送 5 股。深发展发行价为 20 元，投资者若投资 100 股深发展，成本为 2 000 元，两年下来，投资者现金分红 2 200 元，仅分红就收回投资。而投资者手中原持有的 100 股深发展股票，经过扩股后达到 225 股。如此快速的收益对市场是极大的刺激，激发起人们议论股票投资的热潮，这也直接导致 1992 年深圳“8・10”风波。

1990 年 12 月 19 日，上海证券交易所（以下简称“上交所”）成立（其实，深交所起步比上交所要早，两者一直有争风的味道，深交所早于上交所 18 天，即 1990 年 12 月 1 日，在没有领证的情况下“试”开业），时任上海市市长的朱镕基在浦江饭店敲响了上交所开业的第一声锣。

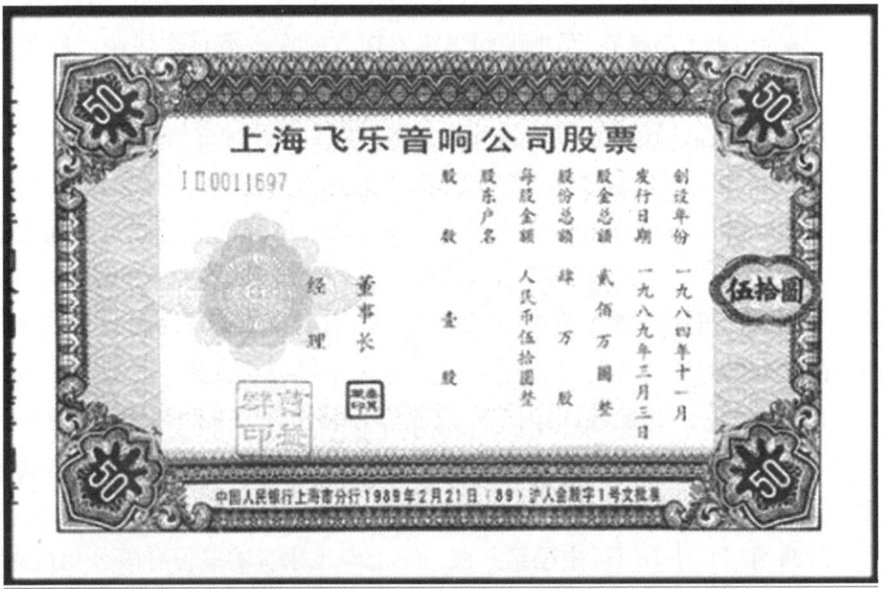

飞乐音响 50 元面值的股票

试运行阶段

自1990年12月19日上海证券交易所成立，中国股市真正进入试运行阶段。

上交所开市后，股市于第二年5月开始加速上涨，涨势持续到1992年5月25日，为时一年。1992年5月21日，沪市突然全面放开股价，大盘直接从前一个交易日的616.99点直接跳空高开至1 269.32点，收盘沪指涨幅高达105%。之后仅3天，股指涨至1 429点后见顶。更为疯狂的是，5只新股涨幅高达25～30倍。随后，中国资本市场步入暴涨暴跌市。

1992年5月26日，沪指见顶后，不到半年时间，跌至386点，跌幅达73%。之后约3个月时间，又从386点一口气涨至1 558.95点，涨幅达3倍。再之后，市场进入为时约两年半的下跌周期，跌至325.89点，跌幅达79%。随后，又上演了一幕一个半月翻两倍的行情。

稳定发展阶段

1995年，中国资本市场发生了一件极其重大的事件："3·27"国债事件。这件事的是非功过这里不予评判，但毋庸置疑，其对资本市场的影响非常重大。

1995年5月18日，相关部门停掉国债期货试点。国债期货市场关闭，A股市场反而成为受益者，大量资本转战证券市场。A股自1995年5月18日，3个交易日涨幅近6成。虽然是昙花一现，但A股市场自此进入一轮稳定的发展阶段。

这一阶段的行情，从1996年1月起步，持续五年半，到2001年6月。在此期间虽然有过较为剧烈的波动，但总体一直呈上涨趋势，股指从512点涨至2 245点。

在此期间，中国资本市场整体发展速度一般，只是与过往相比较为稳健。同时，市场的积弊一直在潜行。到2001年，国有股要市价减持，彻底激发十多年的制度性弊端。

这个时期的特点是：资本市场制度建设整体薄弱，政府不得不随时进行市场干预(这种市场干预，从某种程度上说是一种必然，下文中会有分析)，而过度干预，又直接导致市场运行紊乱。如此，市场发展速度当然相对较慢。由于这种积弊，庄股和内幕交易非常盛行，基本成为除政策以外市场最大的一股主导力量。

制度约束下的瓶颈阶段

与欧美发达国家股市相比，中国股市的性质有着根本不同。这些不同之处，在第一章和第二章“A 股十年牛熊”关于中美股市简单对比中已有阐述。

对中国股市来说，表面上的瓶颈是监管问题。相关法律法规不完善，监管手段非常有限，结果就是黑庄、操纵市场盛行。那时，中国股市连《证券法》都没有，证券市场根本无据可循、无法可依。[①]

相比监管问题，中国股市最根本的问题却是另一个关乎要害的制度性问题——股权制度问题。股权制度问题的遗留源于股市建立初期，出于对国有企业资产流失的担心，管理层对上市公司股权制度采取折中处理的方式。上市公司的资产只有少部分进行流通，上市企业的控股权仍然掌握在国企大股东手里。[②] 这种情况，直接导致上市公司股权分置。

此种股权设计，虽然能规避一些国家改革战略上的冒险，但最终却引发了两个市场恶果：

1. 一股独大，使得企业的经营管理缺乏有效的监督和制约。股市上轻易就能融到数亿资金的巨大诱惑，以致上市公司的大股东们不去考虑如何改善企业经营业绩，而是靠上市大肆圈钱来维系经营。与此同时，上市公司也变成那些对其有绝对控制权的大股东的提款机。在这种背景下的 A 股市场，上市公司被母公司或大股东掏空的现象屡见不鲜。

2. 投资者对上市公司的收购无法在股市上进行。这个制度性的问题，在 20 世纪末越来越凸显，直接影响到国民经济发展和融资效率。于是，2001 年 6 月，管理层强行出台国有股减持办法，但这种不按市场规律办事和过于简单、粗暴的减持方式，直接酿成市场崩溃的惨剧。

市场崩溃，人气散尽，再有任何动作就不像行情好、市场矛盾没有激化的情况下操作起来那么容易。在一个完全悲观的市场环境里，要想解决问题，就必须强制性斩草除根。市场不认可，就根本谈不上发展。正是在这种争论、纠结中，中国股市持续了四年。

在此期间，监管力度明显加强，靠坐庄为生的券商如南方证券、汉唐证券、

---

① 《证券法》于 1998 年 12 月 29 日第九届全国人民代表大会常务委员会第六次会议获得通过。

② 这种处理对股市发展来说，虽然构成制约，但对于改革初期必须小步快走、避免国有资产流失以及防止失控走向不归路来说，仍然起到很重要的作用。

闽发证券、大鹏证券等，均因为资金链断裂后难以为继被清盘；在A股威风八面的“庄股”巨擘“德隆系”也轰然倒塌，雄心勃勃的唐氏兄弟身陷囹圄。大浪淘沙的四年非常惨烈，仅2004年，就有50多只庄股崩盘。自此，“庄股时代”在中国宣告结束。

2004年1月31日，国务院发布《国务院关于推进资本市场改革开放和稳定发展的若干意见》，明确提出“积极稳妥解决股权分置问题”，拉开了中国股权分置改革的大幕。正是这一制度性改革，引发了下一个阶段股市的大爆发。

制度约束解除后的爆发与修正阶段

关于股权分置改革的意义及其对市场走势技术的影响，在第一章和第二章“A股十年牛熊”中已经有详细阐述。但是，从资本市场是宏观经济发展晴雨表的角度来说，A股的这一轮上涨，只能说是我国证券根本制度改革后一次大的恢复性上涨。

这个阶段，A股从2005年6月的998点起步，到2007年10月的6 124点。虽然短期涨幅过头，但这种上涨除了第一章和第二章“A股十年牛熊”中分析的技术因素之外，更重要的因素是：制度变革使中国股市的潜力如井喷一样爆发（政策取向是这种潜力最重要的推手）。

这个过程中，A股的总体规模得到长足发展，市值从2005年的3万多亿元，两年余时间膨胀至30万亿元以上（2007年7月28日突破30万亿元），甚至一度超过40万亿元（其中仅中石油上市时的市值一度达7.1万亿元）。

如此规模的市值，虽然泡沫阶段性比较严重，但也证明中国资本市场经过几年的努力，整体实力已经上了数个台阶。中国股市从对国际资本市场来说无关痛痒，到2007年开始对国际市场产生明显影响。截止到2011年，A股市场的市值位列世界第二，明显影响到世界资本市场。

2007年10月，大盘在6 124点见顶后，经历了一波为时一年、跌幅达73％的暴跌熊市，相关因素在第一章和第二章“A股十年牛熊”中也作过分析，归根结底，这一轮暴跌总体是对上一轮暴涨的修正。这一轮暴跌修正，就像2005～2007年的暴涨一样过了头。就在这一涨一跌间，涌出大量资本泡沫，也散去大量财富。但无论如何，这个爆发和修正，使中国股市开始走向成熟发展阶段。

走向成熟阶段

从 2007 年 10 月的 6 124 点跌至 2008 年 10 月的 1 664 点，中国股市的一轮热潮彻底被浇灭，而中国 A 股也自此进入成熟发展阶段。这个阶段，预计将会持续数年甚至 10 年以上。

在这个过程中，2008 年 10 月至 2009 年 8 月有一轮超跌后的反弹。从 2009 年 8 月至 2011 年 8 月，行情处在供求关系失衡下的盘整。[①] 但无论如何，在 A 股根本的制度性矛盾获得解决和相关法律法规逐渐完善的情况下，A 股必将走向成熟，这只是一个过程问题。其中，就包括截至 2011 年 8 月仍然困扰 A 股供求、很不完善的 IPO 制度的改革。

笔者可以断定，在走向成熟的过程中，仍然会有波澜壮阔的牛市，其发生、发展与主导因素的相关分析将在下文中阐述。

成熟阶段

未来成熟阶段的 A 股，是一个国际化的资本市场，即在人民币可自由兑换下，在资本市场可以自由投资的一个市场。这样的市场与华尔街有些类似，但与华尔街相比，其监管将更严格，它是在政策监管下的一个市场，而非由各个资本大鳄主导。可以肯定，中国不可能如美国那样完全放任华尔街大佬对资本市场的操控。中国资本市场成熟阶段的发达程度，与中国整个国家的综合国力、经济发达程度以及人民币国际化程度密切相关。

可以肯定，普通投资者在此阶段将逐渐退出市场，更多的机构投资者将成为市场的主流和主导，市场结构将会与当前的华尔街有很大程度的相似。由于博弈逐渐趋于市场平衡，投资者短期暴利的机会将不复存在。这个阶段能持续多久，与中国的综合国力、国运密切相关。

那时的资本市场，将成为中国经济的核心之一，或者说根本就是整个经济体的核心。

---

① 2009 年 5 月，IPO 暂停一年重启后，新股发行、市场扩容像发疯一样，导致资金和股票供求关系失衡。在此期间，世界股市涨声一片，只有 A 股跌跌不休。

中国股市与中国经济发展的关系

在第一章和第二章“A股十年牛熊”中，我们阐释了美国和中国在资本市场上的不同及其原因，这里继续阐述A股的发展。

中国股市诞生之初，并不是单纯为解决国有企业改革和脱困问题。事实上，中国经济改革初期，是以西方市场经济模式为蓝本①，股市作为市场经济中不可或缺的组成部分，当然也就成为改革中必不可少的因素。以当时中国各层对股市的理解，搞股市本身就存在很大的实验性质。这一点，早在1980年4月，厉以宁提出的股份制理论就可以说明。

改革开放后，中国经济结构发生巨大变化，从单一的计划经济国有企业体制，演变成为多种经济形式并存的市场经济体制结构。在日趋激烈的市场竞争中，国有企业一贯的行政运作模式已无法适应市场发展，加上背负的历史包袱，国企逐渐在市场竞争中落后于外资、合资和私营企业，大量国有企业只能靠政府不断注入资金输血维系运行，导致承担输血任务的国有银行不堪重负，形成大量坏账。于是，中央政府不得不数次从中央财政资金中拨款救济国有银行，以此维系银行体系的运转。

如此，国有企业非但不能为政府创造收入，反而因为其承担的社会责任和经营的不灵活成为政府的负担，大量国有企业如同躺在政府怀里的婴儿，吞噬着其他经济体创造的社会财富。

由于国有企业仍然是国民经济的支柱，担负着为社会提供主要生产经营和生活资料的角色。于是，把国有企业改革的方向设定为：改变国有企业的所有权属性，变所有权为股权，由国家政府经营改为社会经营。就是在这种大背景下，股份制改革逐步展开。

股市强大的社会融资能力和对上市公司的管理模式要求，客观上为国有企业市场化转型提供了一条捷径。企业借贷银行资金，需要还贷和付息，而通过上市进行融资，却不用还一分钱，大家都是股东，一荣俱荣、一损俱损。这当然减轻了国有银行的贷款压力，也就是给政府减负。要上市，就必须符合上市

① 这种思维直到20世纪90年代后才有所改变，走中国特色的社会主义道路也正是20世纪90年代确立的。

企业的管理模式、进行股份制改革、优化企业的管理结构，在管理上减少了政府的麻烦，政府也得以从国民经济的运营中撤出来。

在这样的背景下，股市就成为国有企业脱困的最佳途径，顺理成章地肩负起这样的使命。于是，一家家国有企业经过股份制改造后，源源不断地挂牌上市。这种使命，实际上是在中国社会经济制度、中国经济发展所处阶段以及资本市场发展动力共同作用下的必然。

中国是以国有经济为主导的社会主义国家，中国股市诞生在一个特殊的历史时期——从计划经济向市场经济转型时期。恰逢国有企业要改革，实现从政府经营向社会经营的历史转变，所有权也经历着一个多元化的过程。在这一系列转变过程中，股市名正言顺地成为国有资产出售股权的交易市场。

中国实体经济在改革开放前已经具有较为庞大的规模，原有的社会主义计划经济制度决定了中国经济基础与股市本无关系。在市场化改革当口，实体经济需要资金，股市就要担负起向实体经济输血的使命，这是当时历史条件下市场化改革的必然。

迄今，股市向实体经济输血的历史使命仍未改变，可以这样说，在中国以投资为主体的实体经济饱和前不可能改变。从某种意义上说，这是历史赋予中国股市的使命，无法摆脱、规避。否则，中国股市就失去了存在的价值和意义。

如此，中国股民在这场经济变革中就是名副其实的被牺牲者。中国股市成立至今 21 年，上市公司超过 2 000 家，从资本市场融资数万亿，企业焕发经营活力，国家经济高速发展，然而，令人遗憾的是没有给予股民相应的回报。绝大部分投资者除了亏损还是亏损。

某种意义上说，中国股市从制度设计上在其发展初期就不利于普通投资者。譬如，早期的上市公司造假圈钱，股改后大小非集中解禁将风险后置，如今过度密集的 IPO 和制度设计缺陷导致市场发行价过高等因素，还有上市公司分红制度不利于普通投资者等，都导致中国股市长期低迷，投资者回报过低。

与股市相反，中国经济改革开放后一直持续高速发展。那么，在经济高速发展的背景下，为什么股市却持续低迷？

如果只看表面，可以有很多答案。但是，综观改革开放，我们会发现，中国改革开放至今，实际上是从计划经济向市场经济转型的一个过程。这个过程中，社会经济正在经历一轮蜕变，其组织结构由原来国家直接拥有，变成国家通过股权方式控制部分国家战略行业中的国有企业，大部分社会经济单元彻底由社会市场进行运作。这种社会经济结构转型，必然需要付出巨大的社会成本。这种成本表现为，在国有企业股份制改革前，主要依赖政府输血；股份制改革后，变成由市场输血。这个市场，就是股市。中国经济市场化转型的综合成本，实际上大部分被股市承担了。在这种情况下，股市不可能给股民带来长期、丰厚的回报。

体现在市场上，我们可以看到，股市濒临死亡时管理层救市，救起来后又拼命融资，市场于是应声再次下跌。如此反复，屡试不爽。这，就是中国股市牛短熊长的根本原因。

历史地看中国的经济发展，中国进行市场化体制改革，必然会经历一个从计划经济到计划经济和市场经济并行、再实现由国家主导下的完全市场经济模式。换句话说，中国整个社会经济单元都需要进行市场化改造。也只有如此，企业才能长期持续发展。股市，毕竟是附着于实体经济的虚拟经济，股市的长远发展，必然系于中国整个社会经济单元市场化改造的完成。这无疑是一个漫长的过程，这一过程必然付出足够巨大的社会成本，而这个成本被历史地分摊给股市。当中国股民长期承受着社会改革的巨大成本时，股市又怎么可能会给投资者带来巨大的收益呢？

过去的已经成为历史，投资者关心的是市场的未来。那么，中国股市未来会给中国投资者回报吗？

在笔者看来，只要市场化改造能够顺利完成，答案是肯定的，而且回报还会很丰厚。从这个角度来说，这个巨大成本也是一种投入。只是，投入的人不一定能收获，收获的却可能是那些之前并没做什么投入的人。前人栽树，后人乘凉，历史的演绎都是如此。从历史的角度来说，中国股市发展 21 年以来的股民都是后来投资者的“先烈”，正是这些老股民的投入，未来将成就中国一大批获利的新股民。

从中国宏观经济发展的角度历史地看股市，中国股市给投资者带来巨大回报的时候，应该是其融资的历史使命结束的时候。到那时，市场回报的可能不只有股民，而是如美国华尔街那样，包括养老、医疗等一系列社会福利都要从资本市场支取。

中国股市如今仍然是向实体经济输血的工具，这一点在中国靠投资拉动主导经济结束前不会有根本性改变。但是，随着消费的增加，资本市场给投资者带来的回报与以前相比会改善很多。

中国未来一轮牛市发展主导因素

我们研究一件事物，一定要观其历史、究其因果，这样才能继往开来进行较为客观和理性的研判。只看过去或者当前的一些表面现象，搞不清来龙去脉以及作用在现象背后的作用力，就只能被表相所惑，对未来事物发展的研判就会失去方向。

研判中国股市未来牛市发展的主导因素，首先一定要观察中国股市过往历史中的重大市场影响因素，方能相对客观地针对未来作出有参考意义的分析。中国股市的重大行情，在过去21年中，总体上具有以下五个特点：

1. 中国股市虽然与欧美股市产生、发展的过程不同，但必然也遵循一个大的市场方向性规律，即随着市场发展、成熟而发展、成熟。在国家向好发展时，股市总体一定是牛市，且以股市为主的资本市场必然成为国家经济的核心或核心之一。

2. 中国历史发展阶段赋予股市的使命，决定了其必然成为中国市场经济转型中的主要承载力量之一。股市每一轮大行情，必然在某种重大政策目标下出现。这一点，在以往的行情中已得到充分验证。而这每一轮行情中，股市几乎都是改革成本的重要承载者。

3. 由于当局对资源整体上具有绝对的支配能力，这种由政策主导下的行情，必然引起资本跟随政策行动。在这种情况下，市场必然出现暴涨暴跌。

4. 既然政策是每一轮行情最重要的主导因素之一，而政策又由政治权力左右，于是，政治上的变化就会对股市产生极其重要的作用。正常情况下，每一届政府的更迭，必然有新的相关经济政策和改革措施出台；每一届新政府上台，随着新政策的落实，对资本市场都会产生巨大影响。

5. 每一轮行情的大涨，都会出现很明显的获利效应，必然会刺激一大批新的投资者介入。但政策目的达到后的暴跌，又会消灭一批投资者，直接导致市场信心的阶段性丧失。因此，A股总是牛短熊长。随着资本市场在国民经济中地位的提高，特别是国际化后，这一现象会有较大程度的改变。

个人认为，中国未来上演的一轮牛市中，决定市场的主导因素有以下四点：

1. 政策做多

根据上述分析，我们知道了中国股市牛短熊长、暴涨暴跌、政策主导市场的原因。在中国经济还没有完全实现市场经济结构转型的情况下，A股市场不可能脱离其帮助中国经济完成结构转型的历史使命。也就是说，政策必然会不断主导市场，市场也将继续在政策的指挥棒下走强和走弱。

因此，未来A股的一轮牛市，最重要的前提条件之一，就是政策必须做多。

2. 中国经济结构的转型

我们知道，中国经济增长主要靠三方面拉动：投资、消费、出口，俗称中国经济的"三驾马车"。中国的GDP中，消费占比过小，仅占36%左右，而在发达国家一般都在60%左右，美国甚至高达70%；投资和出口占比过大，特别是出口占比和消费基本持平。世界主要国家中，只有德国出口占比在中国之上。至于投资，由于中国整体工业化、城市化仍未完成，中西部基础设施仍然落后，投资占GDP中的占比总体健康。

从"三驾马车"的结构占比上看，中国经济显然不平衡，当然就不合理。经济过度依赖出口和投资，直接导致中国宏观经济系统性风险增加。考虑到如今欧美经济有长期陷入滞胀的风险，外围市场未来有萎缩趋势，对外过度依赖的出口型经济难以为继。另一方面，虽然中国投资仍然是拉动经济增长的一个重要引擎，但投资占GDP比例同样为三成，可提高的空间已经有限。

在这种历史条件下，从我国经济结构上看，未来可增长的空间主要在消费，只有增加消费在GDP中的份额，才能通过提振消费来维持经济总体保持较快增长速度。

提振消费与什么有关？当然是收入分配机制。过去十几年，我国收入分配明显倾向于政府、企业主，相比GDP、企业发展速度和税收增长的速度来说，百姓的收入增长差距太大。

诚然，这与中国最近十余年农民进城务工数量庞大、劳动力极其丰富导致劳动力与资方议价能力疲弱有关。但是，自2008年以来，从广东等地接连出现用工荒可以看出，中国人口红利已接近尾声。未来，只要经济运行稳定，劳动力价格必然加速上涨。国家应该顺应趋势，加速提高普通老百姓收入，加速收入分配的合理化，削弱贫富差距继续拉大。因此，中国经济结构转型的关键之一就是调整国民收入分配机制。加速提高中低收入者收入，是经济结构转型的重要一环。

除了上述经济结构转型外，中国还有两个方面需要进行经济结构转型。

一是产业升级：由低附加值产品向高附加值产品升级，由技术含量低的产品向高技术产品升级。

二是区域经济结构调整和战略区域规划：将沿海较为低级的生产企业逐渐向中西部转移，如此就可以在提振中西部经济的同时，加速东部的产业升级，使整个国家经济发展更平衡；同时，在战略上应该根据各区域的实际条件，进行生产功能区划分，避免同业竞争和地区竞争的内耗，提高整个经济的运行效率。

这两个转型中，前者需要国家加大对高科技产业的扶植政策，加速产业升级；后者需要国家从战略高度考量，对东部、中部和西部进行功能区域的划分，使区域经济发展更平衡、更互补。

上述转型，必然会带来大量的市场投资机会。未来的中国股市，必然基于中国宏观经济结构转型。因此，从某种意义上说，中国经济结构转型是中国股市未来主导因素之一。关于这一点，从最近两年市场行情中的热点板块可见一斑。

3. 人民币国际化的进程

中国经济，无论消耗的资源还是巨大的产出，其吞吐量已经排名世界第一，中国已取代美国成为世界第一的制造业大国。而且，这个经济体依然在高速增长中，GDP 成为世界第一，只是迟早的事。

在这种背景下，中国却因为巨大的瓶颈，仍然受制于人。

一方面，中国军事力量还无法完全保障中国获得足够的资源以维持中国经济稳定、高速发展。这一点，从中国依然过度依赖马六甲海峡的海运，以及中国海军仍无法绝对保障中国海上经济安全可以看出。试想，如果中美发生冲突，中国近海防御没有问题，但作为保证进出口的蓝水海军与美国相比还是不可同日而语。这一瓶颈，在几代国防工业科技人员的努力下，如今虽然已经有很大程度的改善，但仍有很长的路要走。

另一方面，中国人民币在国际货币市场的占有率极低，人民币仍然没有什么认可度，不属于国际结算货币，不属于国际储备货币，更不属于投资货币，甚至在中国周边的国家和地区都还没有太高的市场占有率。目前，人民币不过只走到香港特区。如此，直接导致中国外汇储备居高不下，同时中国不得不忍受美元持续贬值之苦以及国际大宗商品价格高涨给宏观经济带来的巨大成本压力。

因此，在中国经济总规模庞大到必须有足够的军事影响力来保证国家宏观经济发展和安全、必须有足够的货币市场占有率保证国家经济发展成果不受侵蚀的情况下，军事现代化加上人民币国际化就成为必需且必然的选项。

就像普鲁士（即德国）铁血首相俾斯麦所说：真理就在大炮的射程范围之内。人民币国际化和军事现代化相辅相成，货币的影响力同样在大炮的射程范围之内，如果政治和军事影响力不能有效到达那个区域，要想实现货币覆盖绝对不可能。如今，准世界货币是美元，美元最重要的支柱之一就是美国的坚船利炮可以到达世界任何一个角落（即使如此，如伊朗仍然放弃了美元作为其石油结算货币）。

当下，世界性货币主要有三种功能：贸易结算、外汇储备和投资。若想成为世界货币，首先必须要让其成为贸易结算货币；成为贸易结算货币后，为了贸易进行顺畅，也就顺理成章成为外汇储备货币；成为储备货币后，不能让货币一潭死水而丧失市场竞争力，就必须给一个投资的地方。

因此，要想成为世界性货币，首先要有足够的国家经济影响力。这一点，中国如今已经做到，作为世界第一制造业大国、世界第一贸易大国，中国已完全具备经济影响力的前提条件。具备这样的条件，要想进入贸易结算领域，就必须有足够的政治和军事影响力，否则谁会相信你的货币？在这个问题上，中国虽然近些年政治和军事力量增长迅速，但仍然有一定差距。

不过，以现在中国政治和军事实力，至少应该成为区域货币。成为结算和储备货币后，还必须有一个渠道回收货币，同时必须有一个投资池子来装载这些货币。以中国实体经济的持续发展空间，这些人民币可以回流到实体经济中进行实体投资。但是，大量资本不可能全部都进入实体，这就必须要有多层次的资本市场和多品种的投资产品与之相配套而让其投资。

如此，股市和人民币国际化就紧密联系在一起，可谓利益攸关。

目前，中国经济正在进行上述三个领域的结构转型。通过以上阐释可以看到，中国经济转型的成本是由股市承担。如此，必然需要大量资本的输入，才可能有牛市。关于这一点，我们可以参考 2009 年 8 月至 2011 年 8 月的行情。世界股市都涨而 A 股不涨，其根本原因在于供求失衡，而供求失衡的原因，就是融资规模过大，资金流入股市的速度跟不上融资的速度。在这种失衡的情况下，要想找到与之匹配的资金来源，促使中国股市进入牛市，非外来资本补血不可。

考虑到金融安全，金融和资本市场都不可随便开放。否则，美联储可以任意发美元水漫中国，直接控制中国的金融市场和资本市场。在这种情况下，对中国来说，只有将自己发出去的人民币收回来放进资本市场才可控、才安全。因此，中国股市牛市的大小和启动时间，都将和人民币国际化进程密切相关。

随着人民币覆盖率越广、市场占有率越大，中国未来的牛市行情也越大；相反，如果人民币国际化失败，中国的所谓牛市可能也就不知道在猴年马月。如果真的国际化失败，中国经济的主导权很可能将落入西方资本之手，即使未来有牛市，也不过是他国掠夺我国的一个过程，其资本市场上涨的成果将不再属于中国。

4. 新一届政府的政策方向

由于中国政治稳定，宏观政策延续性一直很好，改革开放30多年来一直能够致力于发展经济、增强国力（虽然这也产生了很多社会弊端，但总体战略上取得了成功）。与此形成强烈对比的，可以看看邻国日本。日本10年换9个首相，前任首相干了些什么，新任首相可能根本不知道、也不想知道，以致前一任首相的计划在新任首相的任期很可能因为党派利益而废掉。国家战略朝令夕改，国家岂能有方向和前途？与日本相比，中国在政治稳定和政策延续性上做得要好。

中国在宏观经济上，一直执行五年规划，而一届政府的任期也是五年，领导人最长两个任期。根据以往的规律，正常情况下，换届是在一个五年计划的第三年。而每一届政府必然在上一届政府的基础上，继往开来发展经济，与之相配套的新政策和新的发展方向也渐露端倪。

我国整体市场经济结构转型，很大程度上依靠股市进行输血，这种状态在中国经济发展饱和之前还将延续。在这种情况下，只要有大的变革，必然就需要股市输血。而需要股市输血，就必须让股市起来，刺激股市的政策也会相应出台。有政策做多，牛市也就顺理成章。牛市到来，融资规模也就随之上升，当融资规模大到市场无法承担或遇到制度性瓶颈时，也就是熊市的开始……如此轮回。

中国牛市发生时间分析

上述，我们对中国股市进行了详细剖析，包括对未来一轮牛市的主导因素也进行了剖析。接着，我们再分析中国未来一轮牛市发生在什么时间。

中国宏观经济结构转型，实际上自改革开放以来的不同阶段一直在进行，尤其是2008年世界金融危机之后，宏观经济结构转型的方向更加清晰，力度也更大。这一点，从2008年第四季度政府救市后，就有非常明确的方向。

救市，给A股带来一轮为时10个月的大反弹。但之后，陷入截至2011年8月、耗时两年多仍处于调整的纠结局势。显然，A股的大牛市不取决于中国宏观经济结构改革。宏观经济结构改革其目的是融资，但不是提供资金给市场。而牛市到底是否能牛起来，取决于提供给市场的资金是否足够充裕。至少2009年8月至2011年8月，股市资金相比融资规模来说非常不充裕。

综上所述，未来一轮牛市行情的四大主导因素，除经济结构转型这一条外，其他三条决定着未来的牛市起点。也就是说，什么时候政策彻底做多股市，中国股市才会真正开始新一轮牛市。有了这样一个答案，需要判断的就是政策何时做多。

政策何时会做多股市？这一定与上述四个主导因素中的另外两个有关，即人民币国际化进程和政府换届。本届政府，已经将人民币国际化提高到国家战略高度，未来新一届政府一定会沿着这个方向前进。可以这样说，中国在人民币国际化进程上取得重大进展的时候，就是中国新一轮牛市的起步。

虽然不能绝对排除某个突发国际事件直接致使人民币国际化进程加速，但正常情况下，这还需要一定时间的博弈。因为，人民币要国际化至少需要欧元或美元的配合。与美元配合，就是中美进行战略交换，中国某些方面支持美国，美国给中国让出人民币的实力范围。与欧洲的配合，即欧元依托于人民币向美元挑战（在某个层面和区域，还会有俄罗斯的货币卢布），大家互相配合给对方挤出市场空间。在这种博弈方向明确前，人民币虽然需要加速国际化，其速度必然受到限制。

因此，我们需要密切关注人民币国际化进程，关注有关人民币国际化的重大历史事件。

2011年8月16日，李克强副总理高调访港，就是人民币国际化的重要一步。相配套的政策包括：确立香港人民币离岸中心地位，2011年在港发行500亿元人民币债券，RQFII（RMB Qualified Foreign Institutional Investors，是指人民币合格境外投资者，起步金额200亿元人民币。RQFII境外机构投资人可将批准额度内的外汇结汇投资于境内的证券市场），将允许境内企业到港发行人民币债券等（据媒体报道）。

与此同时，证监会也开始针对融资融券常态化和转融通业务向社会征求意见。[1] 这是监管部门在给市场搭建注入资金的通道。但，暂时也只是通道，距离输血还有待时日。这一切，估计都与人民币国际化进程挂钩。

这些新的、需要长期开展的工作，大部分都将落在2013年新一届政府的头上。因此，在把行情结合人民币国际化进程的同时，还要关注相关工作落实与下一届政府工作进程的关系。

根据以往的经验，中国新一轮牛市最可能发生在新一届政府换届后不久。在这之前，更多的是在做各种相关工作的准备。牛市做多的信号是"政策发令枪"的打响。一旦"政策发令枪"打响，就意味着中国牛市的开始，投资者应该在这个时候坚决做多。

---

① 融资融券和转融通都是可以为市场提供巨额资金，转融通可以为市场提供大量可融券的股票。但与融券相比，融资规模更不容易受到限制，因为机构持有的证券保有量与商业银行的货币保有量相比，仍然要小很多。特别是资金，相对限制性更小一些，机构持有的股票转融通给券商，一定有其自身的考量和相应限制。

中国投资市场弊端浅析

第四章

本章视点

- ⊙ 中国股市应从中国石油“操纵案”中吸取什么教训?
- ⊙ 为什么中国移动回归 A 股应缓行?
- ⊙ 为什么银行 QDII 理财产品是“肉包子打狗”?
- ⊙ 投资者该如何选择理财产品?

中国投资市场，还是一个新兴加转型市场，这是证监会对中国目前投资市场的概括。这一点毋庸置疑，特别是新兴市场这一说法非常准确。在这个新兴市场中，充满着各种不完善和不尽如人意的地方，这些弊端在2007年牛市结束后尤为突出。以下四篇文章，针对2007年底至2008年凸显的一系列问题，浅析中国投资市场存在的弊端。这些问题，迄今仍存在。在当前市场，投资者仍然可借鉴、参考。

从“中石油操纵案”中吸取怎样的教训

引言：2007年中国石油上市，从开盘价48.62元跌至30元左右，引起市场关于承发机构有可能操纵股价的讨论。

笔者认为，中国石油上市，无论是对管理层还是对投资者都是很有意义的一课。特别是对投资者来说，当市场疯狂的时候，作为普通投资者，应该保持足够的冷静。在股市，任何疯狂事件的发生，其后都会是一地鸡毛。如果不想成为牺牲品，就需要客观、冷静。

中国石油上市至今，据媒体报道已套牢资金1 000多亿，尤其以“中国石油发行价被操纵案”被媒体踢爆，一时成为关注焦点。缘何偏偏是中国石油？因为它是A股开市以来最大规模的融资企业，是A股上市后最大市值的企业，是中国最赚钱的上市公司。整个市场，原来对中国石油寄予极高期望，寄望它成为市场的稳定剂，并带来更大的牛市，结果到头来反而成为砸盘的祸首。

中国石油IPO的发行价和开盘价到底有没有被操纵，在此不作评论。但从整个过程和市场角度来说，至少有被操纵的嫌疑。通过中国石油的上市，管理层和投资者应该吸取怎样的历史教训呢？

笔者认为，应该从以下几个层面进行反思：

1. 制度层面

瑞银之所以成为“操纵门”的焦点，是因为它的中国石油A股发行承销商身份。瑞银，一方面是中国石油A股的承销商；另一方面，其集团公司旗下的资产管理机构又大量买入中国石油的H股。在中国石油上市前，中国石油H股股价频频走高，这不得不使市场对其买入目的产生联想和怀疑。于是，市场猜测其涉嫌操纵中国石油发行价也就符合逻辑。

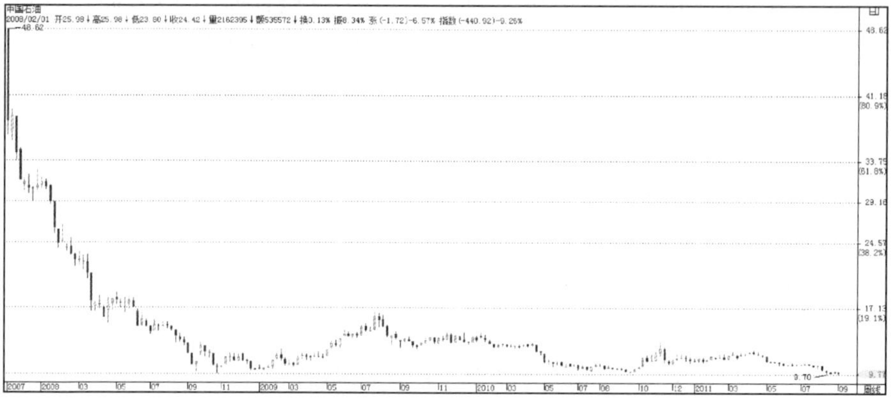

中国石油上市以来的周 K 线走势图

试想，在中国石油 IPO 上市之前，如果在制度上加以约束，相关部门与港监会充分沟通后达成相应的约定，那么是否可以避免这种嫌疑？笔者认为，至少可以避免瑞银以 A 股承销商的身份参与任何可能影响 H 股股价的操作行为。作为管理层，应该在承销制度上做相应的改进，至少在可影响范围之内，尽量做到公平。比如，可以与港监会沟通，限制承销商及其关联机构在承销某一股票规定期限内买入港股上市相对应的股票或关联股票的规模。

另外，股票上市后，上市公司高管对股票价格多次发表言论。在红筹回归过程中，先是中国神华高层对其股价“不满意”后的连续涨停，再是中国石油高层对股价“满意”的大幅下跌。上市公司高层的这些言论，虽对股价不产生绝对直接影响，却极可能被机构利用或被投资者误读，致使不明就里的普通投资者在投资过程中受损。因为，新兴 A 股市场的普通投资者，股市风险意识以及相关知识都非常匮乏。在这种情况下，权威人士的言论经常会影响到普通投资者对个股的选择。否则，管理层也不会将投资者教育作为未来市场工作的重点。

2. 投资者层面

A 股，是证券市场的后来者。作为世界资本市场的新兴市场，无论在制度层面还是投资者素质层面，仍然都处于相对较低的水平。自 2005 年开始牛市，A 股市场投资者以几何级的数量增长，必然造就大量对市场了解甚少的投资者。

中国石油上市一个月后，据报道因为股价暴跌套住千亿以上的资金。根据权威部门公布的相关数据显示，中国石油流通股中，80％多的股份是由中小散户持有。可以说，中国石油上市后，机构赚得盆满钵满，散户却亏得一塌糊涂。散户亏损的原因主要有两个：

一是风险意识淡薄。大部分投资者，都是在市场热烈的时候进入，其中绝大部分投资者对股市一无所知。由于对股市缺乏认识，投资者风险意识淡薄，甚至以为股市根本就没有风险，直到在市场中损失惨重，这才感受到切肤之痛。

二是市场知识匮乏。没有风险意识，投资者就没有了解、学习、研究市场相关知识、技术的动力，整体对市场认知非常匮乏。莫说新进入市场的投资者，那些进入市场数年甚至十数年的资深投资者，也不乏知识匮乏者。知识匮乏，是投资者在证券市场亏损的另一个根本原因。

在中国石油上市之前，笔者曾不止一次强调：如果中国石油的股价开盘超过 30 元，意味着其股价被严重高估；如果中签，就应该坚决卖出，千万不可以高价买入。

结果，中国石油开盘价达 48.62 元，是其发行价的差不多 3 倍。开盘价过高导致的高估值，使得这样的股价不但毫无价值，甚至是充满风险。道理很简单，一个本身价值 10 元的商品被炒到了 50 元，必然就会有一个价值回归的过程，股票也是如此。关于这一点，笔者当时特意提醒投资者与港股的股价进行一个对比。事实证明，中国石油开盘就是最高价，截止到 2011 年 8 月，近四年，中国石油的股价仍然在每股 10 元左右徘徊。

在交易过程中，商品的价值是以价格为市场体现，而价格会随着市场需求的波动而变化。求大于供则价涨，供过于求则价跌。股票是一种虚拟商品，其波动性较其他商品更为快速、剧烈。正常情况下，当价值低估，买方力量会大于卖方力量而价涨；当价值高估，卖方力量会大于买方力量而价跌。中国石油开盘价在 48.62 元，高于大部分机构的估价（机构估价已属高估），当然更高于其实际价值。再考虑到其发行价 16.7 元，因申购而获利丰厚的机构与普通投资者焉有不抛之理。

然而，在这种巨大的风险下，很多普通投资者由于市场知识匮乏，依然飞蛾扑火，损失惨重。这一教训应该引起投资者足够的反思。这还是在市场整体处于牛市当中，假如在熊市（事实上，2008 年的熊市，让持有中国石油的投资者切实感受到什么是真正的股市之痛），结果只会更惨烈（事实证明，市场进入大熊市后，不仅仅是中国石油的股价，包括市场上其他个股都惨不忍睹）。

投资者从中国石油中至少应吸取两条教训：

一是时刻注意市场风险。在股市，风险意识极其重要，这是投资者能否在市场生存的关键。炒股犹如打猎，作为投机者的猎人，要随时保持警惕，倘若一不注意，不但打不到猎物，自己反而成为猎物的盘中餐。

二是加强市场知识学习。只有对市场和技术有充分的了解，才能够应对风云突变的市场，也才能在股市中盈利。贪婪，是盈利的最大敌人。这也和打猎一样，学好技能，是捕捉到猎物的前提。

缓行"中国移动"回归A股

引言：2008年2月份以来，关于中国移动回归A股的各种造势消息满天飞。但是，就当时的市场环境和市场预期来说，非常不适合诸如中国移动这么巨大的企业在A股上市融资。后来的市场走势证明，哪怕中国移动再怎么想发A股，以当时的暴跌市场根本就是徒劳。2008年9月16日，管理层不得不在市场倒逼下暂停IPO发行。之后，中国移动再不提回归A股之事，倒是有传言称，未来国际板开板后，类似中国移动这样的优质红筹股有可能第一批回归国际板。

2008年3月，股市在各种"内忧外患"的作用下大幅走低，沪市大盘指数在4个月内飞流直下2 000点。在此期间，先是蓝筹泡沫为市场诟病，后是以平安为首的个别企业重起"圈钱"之心，导致市场在一片惊恐中抛售；等等。市场行情备受打击，中国股民惨遭血洗。据媒体报道，大量投资者自2007年市场高潮时进入股市以来，本金已亏损近半，惨不忍睹。如此恶劣的市场环境，直接打击了投资者对未来市场走势的信心，投资者对未来长期市场进程的预期被彻底改变。

作为世界最大、盈利能力最强的电信运营商，中国移动无疑是中国最优质的企业之一。从投资角度来说，无论是盈利能力还是发展前景，对投资者都具有巨大的吸引力。[①] 但是，中国石油IPO后走势的前车之鉴，加上当时中国资本市场环境严重恶化，从实际角度考量，中国移动回归A股之路备受困扰。

基于上述情况，笔者认为，根据当时的A股市场环境，中国移动回归A股计划应该缓行。理由如下：

---

① 以中国巨大的人口基数，移动通信的发展空间至今仍非常巨大。巨大的市场发展空间，对投资者来说，如中国移动这样的企业当然极具投资吸引力。

1. 新股IPO发行制度仍存在较大漏洞

新股发行制度，无疑已经成为牛市进程上的一颗毒瘤，其利益输送的本质已经严重影响“三公原则”。中国移动是属于全民所有的国有企业，其快速发展无疑是建立在中国经济快速发展的基础上，发展利益理应属于广大人民群众，任何参与其中的中国A股股民都应该享受到它的发展成果，而不是相反。但是，中国新股发行制度显然不能做到这一点。

最明显的例子就是中国石油，在境外上市时股价极低，上市后，境外投资者获利丰厚，赚得盆满钵满；相反，在A股上市时股价却畸高，使普通投资者巨亏。诸如此类的前车之鉴，还有我国的大型国有银行等股票，哪怕不为中国投资者谋利，至少不应该坑他们。而且，中国股市已经承受不起这样或那样的打击。

2. A股市场正处在信心动摇的关键时期

股市刚经历了一波惨烈暴跌的残酷洗礼，投资者对市场的信心也已极度脆弱，任何风吹草动都可能被市场理解为利空。这个时候，任何大型企业无论是提出再融资计划或进行新股IPO，都是让市场失血的行为，都会对投资者的信心造成沉重打击。何况，中国移动的融资规模估计比中国石油小不了多少。

对于A股市场来说，当务之急是止血和输血，并且，市场信心的恢复需要时间。假如红筹股匆忙回归，可能会被市场误解，再次打击投资者对市场的信心。这无论对资本市场、上市公司或投资者来说，都不是一件愿意看到的事情。特别是对投资者来说，明显很不公平。

3. 对中国移动本身同样不利

一家优质的企业，选择合适的机会上市，对市场是利好，对公司的股价影响也是正面。相反，如果时机选择错误，给市场留下负面的印象，无论对上市公司股价还是对企业未来在资本市场中的发展，都是极为不利的。在这方面，中国石油就是最典型的反面教材（自2008年9月，中国石油股价最近3年都是在10元左右波动）。

2008年，中国移动假如不顾市场情形和投资者感受硬生生地回归A股，可能被市场理解为利空，使股市继续下跌。相对来说，中国移动发行的A股走势也不会好。这样一来，肯定会直接影响其在其他市场的股价，如此出力不讨好的事情，没有任何意义。何况，中国移动企业现金流充足，公司运营和再投资根本不缺钱。

上述理由充分说明，在2008年市场背景下，无论从市场还是投资者的角度，甚至从中国移动本身利益角度考量，中国移动发行A股都不是最佳时机和明智之举。对中国移动来说，选择最佳的回归时机，是公司发展的上上策，也是对市场和中国股民负责的态度（2011年上半年有报道称，中国移动有望成为国际板开板后率先回归的股票）。

理财产品零收益暴露三方面问题

引言：2008年初，银行理财产品大量出现“零收益”，引发投资者不满。个人认为，这里面除了制度和管理上的问题之外，对投资者最大的警示在于如何去看待和选择理财产品，避免在理财产品越来越丰富的情况下不知所措。

2008年，由浦发、民生、深发展等商业银行发售的理财产品“零收益”引发的大声讨，在媒体以及网络上掀起轩然大波。投资者对商业银行理财产品的质疑声、媒体的声讨声以及银行的辩解声不绝于耳。

笔者认为，理财产品零收益暴露了以下三个方面的问题。

1. 商业银行相关人才匮乏，产品设计、配置、理财专业能力不足

2007年，无论是A股还是H股，都经历了一轮不错的牛市行情。作为专业理财机构的银行，在这种行情下给投资者交出收益率为零的答卷，的确让人难以接受。投资者不禁要责问商业银行：你们到底拿我们的钱去干什么了？

事实上，商业银行这里面也是在扮演二传手的角色。银行替投资者选择一组理财产品，意欲通过分散配置达到降低投资风险的目的，同时还能保证收益。只是事与愿违，在股市大涨的情况下，理财产品基本维持零收益，这只能说明一个问题，即银行甄别相关理财产品的能力严重不足。而且，从近几年相关商业银行的运营情况来看，银行体系内的确缺乏投资专业人才的储备。

从另一个方面来讲，商业银行在缺乏相关专业人才的情况下，大量推出各种理财产品，也反映出银行为争夺市场而忽略了对投资者的责任心。对于商业银行本身来说，这种完全不能带来收益的理财产品，必将直接影响其在理财市场的公共形象。丧失客户的信任，对商业银行来说比什么都可怕。当然，对商业银行有利的一面是，当时大家都半斤八两，且外资银行在国内口碑也一样不好。然而，靠吃利差过日子的好时光早晚要结束。未来，银行的理财能力将直接影响到商业银行的长远发展。对急需创新产品来提高收益的银行来说，这种结果无疑使今后理财产品的销售前途蒙受阴影。

打铁还需自身硬。因此，作为期望产品多样化、盈利能力多样化的银行来说，亟须培养相关方面的金融人才，改变理财产品零收益的局面。

2. 相关监管制度的不足

管理层一直提倡银行系统应发挥自主创新精神，使理财产品多样化，尽量提高银行体系内储蓄存款的流动性。但是从监管体系上看，仍存在较大的制度漏洞。

首先，没有关于相关理财产品定期信息披露的制度体系。客户对自己购买的产品情况不了解，也不知道运作状态，信息的不透明直接导致客户的不理解和不信任。商业银行是不是可以每季度对理财产品的收益进行公告，如果达不到某种预期，投资者可赎回产品。

其次，缺少对商业银行理财产品宣传方面的监管。从商业银行理财产品的宣传页上，几乎看不到关于理财产品风险的描述，以及对风险的客观评价等相关内容，更多的是收益率最高可以达到多少等带有误导性的宣传，导致投资客户期望值过高，购买理财产品本身就不理智。

再次，国内资本市场理财产品相对贫乏。假如国内资本市场层次较丰富，投资者可选择的投资渠道就较多，相对来说投资者盲目购买理财产品的几率就较低。相应来说，管理理财产品的理财经理们的选择也就多起来，就不会发生因为没有产品可买而迫不及待地去高位接盘股票或基金的情形。

3. 投资者理财知识的匮乏

在购买理财产品的人群中，有很大一部分人以为购买理财产品与银行存款差不多，并且可以坐收高收益。这种错误的认识，导致大部分人在选择理财产品时不经过深思熟虑，而仅仅凭一时冲动盲目购买。在购买之前也不仔细研究相关合同条款，对理财产品的类型、是否存在风险等都一无所知。

因此，对投资者来说，银行理财产品“零收益”是吃了一堑，但更应该因此而长一智。既然是投资，就存在风险；既然选择做投资，就应该了解其中的风险与机会，判断是否值得投资。投资，绝对不能盲目从众，即使做不到完全专业，至少也要评估风险、未来预期的收益，以及自己是否能够承受等等。

笔者建议：投资者无论购买何种理财产品，都要仔细研究其风险与机会，理性投资。对于购买理财产品来说，最重要的是首先要了解所购买产品的管理人，查看理财产品管理人的历史业绩。管理人水平高，未来收益预期就相对较高，风险相对较小；相反，管理人水平低，未来收益预期就低，风险也就大。

以上，只是针对当前中国投资市场弊端的某几个点进行了点评和分析。

事实上，问题远不止于此。笔者这里再次向读者们提个醒：作任何投资决定之前，一定要先对其有一个全面的了解后再作决策。

银行系 QDII 可投美股

——又一个肉包子打狗有去无回的产物

引言：本部分是针对开闸银行 QDII（Qualified Domestic Institutional Investors，合格境内机构投资者）对美股投资而写的评论。2008 年，次贷危机正在深化，而次贷危机的发生地就在美国。美股在技术上也刚刚确立了三重顶。在这种背景下开闸投资美股，几乎等同于向一只恶狼送食。之后，美股的走势证明了笔者当时的判断，美股在 2008 年 5 月完成反弹后，从 12 800 多点仅用 9 个月就一口气下跌 50%至 6 470 点。

2006 年 8 月，QDII 在万众期待中诞生。但是，不幸的是，QDII 一年多下来几无收获，投资出去的 QDII 大都亏损累累。2008 年 3 月 19 日，民生银行公布非凡理财“港股直通车”QDII 人民币产品由于亏损 50%而将进行清盘的消息。恰逢投资港股并已有 QDII 产品被清盘的背景下，银行系 QDII 可投美股的闸门又打开。笔者在这里只想告诉投资者，这项投资产品由于其先天不足，注定是“肉包子打狗——有去无回”！这是必然！至少三五年内都是如此！

这是因为：

1. 数据表明，自 1926 年以来，美股平均年收益率为 10.4%，若能超过平均年收益率 2 个百分点，则可认为是大丰收。这就意味着，在美国股市浸淫多年的美国机构美股市场年收益率只能达到 10.4%，难怪巴菲特年收益 20%在美国可以成为绝对股神，也难怪麦道夫们的旁氏骗局在美国能大行其道。以当前中国银行系 QDII 在港股的投资水平，置身美国股市必然亏损，绝无胜算。这是“肉包子打狗——有去无回”的原因之一。

2. 2007 年，人民币对美元升值 6.5%，2008 年还会继续升值，机构甚至已经将升值目标幅度调高至 15%。以这样的速度升值，这就意味着，若购买美股或美国股市基金，2008 年的汇兑损失将可能达到 10%以上。鉴于人民币升值的预期，未来的汇兑损失预期基本上就与利润预期对冲。这种情况下，购买这样的理财产品还不如直接将资金存定期更划算。因为，这种收益不过是预期收益，定期存款则是固定收益。如此高的汇兑损失预期，以中国银行系统的境外资本市场投资能力，基本上不可能在完成汇率损失对冲的情况下，还能保持高盈利。这是“肉包子打狗——有去无回”的原因之二。

3. 美国股市，当时正遭受次贷危机困扰，何时能够走出泥潭尚不可知。根据美国金融机构的现状，投资美股的年收益率肯定将低于平均年收益率，甚至可能因为美股大跌而遭遇大幅亏损。中国银行系 QDII 理财产品，在连咫尺之遥的香港股市都玩不好的情况下，去风险更大的美国股市玩，短期内能够盈利才让人觉得奇怪。让不会跑的孩子去开车，后果可想而知。这是“肉包子打狗——有去无回”的原因之三。

综上所述，笔者以为，银行系 QDII 若投美股，不到一年半将会有被清盘者，其惨状将不亚于港股 QDII 产品。投资者应该还记得，中国各大商业银行推销的境外货币理财产品，投资者几乎全部赔钱。

笔者以为，冒着年亏损至少 15％以上的风险去博几乎没有收益的理财产品，行为愚蠢之极。在港股 QDII 出海之前，笔者曾不止一次强调绝无赚钱可能，事实果然如此。在此，笔者依然断言，QDII 短期内绝无赚钱可能，那些都是给美国人送钱。

同时，笔者以为，有港股 QDII 的前车之鉴，投资者也应该对风险有一个清晰的认识。若对此仍然认识不清，那赔钱只能当作是交学费。

近些年，境外投资者到中国投资几乎没有赔钱的，只是赚钱的多少不同而已，根据笔者统计，绝大部分盈利幅度都远好于国内机构。相反，我们国家出去投资多半亏损累累。中国国家主权基金中投公司，投资黑石亏损约一半；中国平安投资富通亏损百分之二三十；就连最近的港股 QDII 都被清盘了。在中国，投资理财还能相信谁？

笔者一直强调，无论炒股还是理财，都要靠自己，靠别人基本等于送钱。中国这些机构的理财水平，不一定比普通投资者好到哪里去。不同的是，机构有一个相对专业的分析团队，能得到一些普通投资者得不到的信息。但到底是否真具有理财能力，需要投资者观察其历史投资效益如何。若真想理财，投资者还是要找相关的好书细心研读，通过一定的实战训练，对资本市场有了一定的了解后，再考虑如何从资本市场理财、赚钱。除此，别无他法。

第五章

驳GMO公司《中国的红色警报》研究报告

China and Currency Wars

本章视点

- ⊙ GMO 如何会发这样“无厘头”的报告?
- ⊙ 经济危机都是怎么演绎和发生的?
- ⊙ 经济危机有哪些不为人知的“潜规则”?
- ⊙ 经济增长是一个什么样的故事?
- ⊙ 什么导致市场狂热?
- ⊙ 腐败与繁荣之间是一个什么样的关系?
- ⊙ 宽松的货币政策和固定的汇率是罪魁吗?
- ⊙ 信贷增长和金融结构与危机之间有什么样的关系?

GMO 发布此报告的目的

2010 年 3 月 23 日，美国著名投资公司波士顿 GMO(Grantham，Mayo，Van Otterloo & Co. LLC)发布《中国的红色警报》研究报告。2010 年 4 月 2 日，此文在中国互联网上被广泛转载并引发热烈讨论。

波士顿 GMO(Grantham，Mayo，Van Otterloo & Co. LLC)以价值投资闻名，但其煞费苦心发布一篇关于中国的研究报告却缺少技术含量，令人大跌眼镜。准确地说，该文不能称为研究报告，而是一篇片面、刻意唱空中国的“新闻分析”。一方面，缺少支撑此“报告”的数据；另一方面，缺乏严密的逻辑性。在不具备充分数据和合理逻辑的前提下，结论自然就很荒谬。但是，就这样一篇报告，却被中国媒体大肆渲染。在这种情况下，有必要对这种荒谬报告给出的结论予以驳斥，以正视听。

看到此研究报告，笔者只有一个感觉：号称美国著名投资机构的报告水平不过如此。同时，心中也疑虑陡升。逻辑如此不堪，且缺乏相关数据依托的报告，竟然被很多中国媒体当作重磅头条，甚至还被评论为“真知灼见”。作为一个中国人，至少不应该被人出卖还替人数钱。

该报告的核心内容，不过是揭示当前中国发展中存在的一些问题(莫说国家，哪一个人在生长、发展中不存在问题)，标榜其过去所谓的经验(这种经验也是被砍头去脚，况且历史经验本身就有局限性)，罗列一系列试图影响中国当局政策的迷魂药。

综观该报告，无非试图起到四方面作用：

1. 通过舆论制造，阻挠世界范围长期投资资本向蒸蒸日上的中国经济流入。

2. 避免在美国境内的、已经在汇率价格上被套的长期投资资本加速从美国经济体中流出。

3. 引导世界增量长期投资资本向美国流入(当然流入的目的地之一就有 GMO 公司的账户)。

4. 通过发布危言耸听的报告，引起中国媒体和相关部门的注意。

站在 GMO 公司利益的立场上，此报告还有两个目的：

一是为此前没有在中国开展业务以及对中国的错误判断向股东们辩解。2008 年，GMO 主席曾经对中国经济极不看好，但事实是，中国经济在危机后率先复苏。

二是哗众取宠，希望能在中国找到合作业务的空间，以不再错下去。这一点，就像有些国家为了和中国建立联系，先使用手段引起中国的注意和反馈，然后再通过所谓的互相理解和沟通达到其目的，声东击西也。

这的确很搞笑，也很矛盾。但，这搞笑和矛盾背后，有一点是肯定的，无论从哪方面，此报告对 GMO 来说都是有利可图的。哪怕缺少数据支撑、缺少合理的逻辑，发布这样的报告，对 GMO 来说都有现实意义。只是报告中的这些罗列，既经不起推敲，也经不起揭底。

经济危机是怎么发生的

为了让读者对世界经济形势、中国经济形势以及未来世界格局变化有一个更高层次的认识，我们有必要对这个所谓的美国著名投资机构的报告作一番剖析与驳斥。

该报告第一节：识别投机狂热和金融危机。报告给出最近 3 个世纪以来著名泡沫的十大特征。但是，它仅仅只是强调特征，并未给出背后的根源。如果只根据这些所谓的特征判断，就犹如一咳嗽就认定是感冒一样荒谬。

为了弄清经济危机是如何产生的，我们必须对经济危机作一个非西方庸俗经济学式的简单描述，它与西方庸俗经济学教科书有本质区别。西方庸俗经济学不会把其干坏事的方式公示于众，却把利于他们干坏事的逻辑写在书里。如果被此逻辑给逻辑，结果必然是左右挨耳光。20 世纪 80 年代的日本、1997 年的亚洲金融危机，皆是此逻辑下的产物。

投机狂热、金融危机和经济危机，它们产生的机制不同，但根源基本相同，大致可以分为内生性和外生性两种。

内生性危机

所谓内生性危机，即由一国或一个区域经济体本身在发展过程中，投资领域、金融领域、经济领域出现问题导致的危机。这种危机，一般是由于市场惯性以及经济结构失调后调整不及时导致。

譬如，如果一国或一个区域的经济结构过于单一，若其依靠的单一领域出现意外，经济体抗风险能力差，必然导致经济或金融体系出现危机。这和我们投资时把“鸡蛋”放在一个篮子里带来的系统性风险没有什么本质区别。在世界范围的经济危机中，这种例子不胜枚举。

2008 年，冰岛是第一个在危机中破产的国家。这是因为，冰岛国家产业主要靠渔业和旅游业，经济危机的发生，对这两个产业打击严重。同时，冰岛的经济过度虚拟化，截止到 2008 年 6 月 30 日，其银行资产竟达到 GDP 的 8 倍。如此产业单一的国家，如此虚拟过度的资产，其抗风险的能力当然会非常弱。

当然，冰岛是一个特殊的例子。对于一般国家来说，若在某单个或几个领域过度投资，直接导致某几个单一领域的产能过剩，当产能无法有效消化，必然导致资本郁结。资本最重要的就是流动，一旦资本在经济领域中无法健康流动，就意味着资源调动失灵；资源调动失灵的情况下，最终必然就会导致经济或金融危机。

还有另外一种产生内生性危机的方式。若一个国家、区域或企业，在需要进行产业、技术、管理、资本等升级或更新换代时，却迟迟无法获得相应的升级或更新换代，以致憋在某个规模级别上，当这个级别的经济发展动力耗尽，必然导致金融危机或经济危机（在企业层面，同样会发生企业发展危机甚至倒闭。这一点，是美国、日本等成熟经济体发生危机的根源之一。当经济引擎无法完成更新换代或升级的情况下，必然出现相应的危机）。这就是事物发展的规律——逆水行舟，不进则退。

诸如此类，所有资本主义形势下的内在经济危机，一定是因为资源无法继续形成有序、健康流动所导致，而如今人类社会由于高度资本化，资源无法继续正常、有序、健康流动多半都是资本无法正常、有序、健康流动所致。按照中医学的说法，就是身体的某个部位出现气滞血瘀，致使身体不能进行健康代谢，最终引发病灶，患上重疾。

外生性危机

马克思说过，资本主义从诞生之日起，其每一根血管和毛孔都充斥着嗜血的本性和罪恶。

马克思这种说法毫不夸张。这是因为，在资本主义游戏规则下，资本要尽量将每一滴利润都榨取出来。在这种规则下，其剥削程度当然就如马克思所言。何况，在马克思时代，根本没有如今的相关法律约束，相对来说更血腥一些。当然，如今资本主义本质并没有任何改变，但形式上由原来的赤裸裸掠夺变成了隐性掠夺。这些方面,读者参考近代欧洲文明史、工业化史,就能对整个工业化过程的惨烈窥见一斑。

资本主义从诞生那天起,最重要的特征就是充满着掠夺性和膨胀性。这一点,从西方近几百年的殖民史中就可以看出。资本主义经济的发展,必须不断地膨胀和扩张,无法停滞。一旦停滞,很快将面临危机甚至崩溃。譬如,1929 年经济危机,最后演变为世界体系的大崩盘。第二次世界大战后,世界格局重新划分,形势出现翻天覆地的变化,近代直接殖民统治彻底崩溃,世界进入间接殖民时代。

这,就是资本主义游戏的根本性质。这一性质的起点和发展,可追溯到资本主义发展初期的西班牙、葡萄牙。王室通过资助航海冒险家远航,开拓殖民地。这些冒险家中,有两个杰出的代表:哥伦布和麦哲伦。所谓新大陆的发现、开辟新航线等,都是这个过程中重要的阶段性成果,也是资本主义真正的发展启蒙。

在这个过程中,资本主义初期残暴掠夺的本质体现得淋漓尽致。如若对方是强大的国家,就通过所谓合法的贸易通商进行交换。一旦发现对方没有能力抵抗,或自己足以战胜对方,就变成赤裸裸的掠夺。相比清末欧美对中国的掠夺,欧美国家在美洲、非洲、大洋洲犯下的罪行,远甚于此。

美洲的印第安人、大洋洲的土著人等,都已经彻底成为极少数。想当初,印第安人热情招待远方的来客,还送给对方很多黄金,却招来杀身之祸,甚至是屠城。即使西方殖民者遇到比较强大的国家如中国,也会随着双方能力的此消彼长,随时准备掠夺。清末道光时,中国是世界上最富有的国家,GDP 占世界近四成,而到新中国成立时,却一穷二白,这都是拜欧、美、日等殖民国家的掠夺所赐。从 1840 年鸦片战争开始,中国遭受百年的入侵和掠夺,这些都是资本主义游戏规则下的产物。

资本主义发展到今天,掠夺的方式虽然进化,但其本质不变。譬如,20 世纪 80 年代美欧资本针对日本的“广场协议”,就是针对日本的一次掠夺;1997 年亚洲金融危机,就是欧美资本特别是华尔街资本针对东南亚国家的掠夺。这种掠夺,已经不一定非要以战争这种暴力形式,而是进化到通过制定游戏规则、通过货币战争进行掠夺。这种通过金融、经济的攻击,使一个国家或部分国家产生危机,就是外生性危机。

所谓外生性危机,就是一个或一些国家的资本,向另外一个或一些国家的资本发起攻击,通过金融的方式掠夺对方的财富,并破坏对方的金融、经济秩序。资本的主攻对象，一定是去寻找那些按照其逻辑建设的金融经济体系，或金融经济体系漏洞百出者。

前者，犹如攻击方拥有打开被攻击方家门的钥匙，来去自如地在游戏规则下完成抢劫。譬如说，在货币自由兑换的基础上，通过资本市场和金融市场投机获利，1997 年亚洲金融危机即是如此。后者，是研究被攻击方自身金融经济体系的设计，找出漏洞，通过对漏洞的攻击来完成投机获利。譬如，主攻资本会寻找被攻击对手经济结构不平衡的地方，用资本将某个领域泡沫吹大，然后在高点抛出获利。这就犹如先向身体某个部位疯狂输血，因为过快、过度输血导致这个部位出现肿块，继而加速让脓包肿块急剧膨胀、恶化，最后再以快速抽血的方式，使泡沫破裂，血流成河，被攻击方一下子被抽干，形同僵尸。

上述，就是经济危机与金融危机的"潜原理"。西方庸俗经济学，绝不会如此向学习者阐释危机发生的潜规则。但是上述两种模式却是根本原理，也是血淋淋现实下的资本"潜规则"。

报告驳斥

有了上述资本化的现实逻辑演绎，我们再来看 GMO 这篇针对中国的报告，该报告就显得漏洞百出，基本一无是处。

报告的第一节"识别投机狂热和金融危机"，是先用一个设定好的先验性逻辑，给读者套上逻辑枷锁，让读者不自觉或因为不懂而盲目地按照它给出的逻辑进行思维。

在这种刻意包装下，这个谬论的报告，就成为一份"有价值"的报告。试想，只要出现它列举出来的这些现象，就可以归入投机狂热和金融危机的先验逻辑，是多么可笑的事情。而且，这种逻辑本身就很荒谬，就如一看到人发烧就确诊为感冒。发烧只是一个现象，而能导致人发烧的病有无数种。我们判断病因，发烧只是其中一个参考指标，而确诊却需要更全面、更深层次的研究和分析。而该报告，在报告第一部分就先给读者套上"发烧就是感冒"的逻辑枷锁，武断且荒谬。

为了更好地认识、分析，我们对该报告逐条予以驳斥。

需要读者注意的是，这篇报告的最大迷惑性在于，它的第一节，先罗列十大所谓有可能造成危机的现象；然后，在第二节中逐一往中国身上套；最后，根据这个现象，作出中国"危机"的结论。若不破除报告中罗列出的这些现象制造的假象，就无法扒皮抽筋见其本质。作为读者，就很容易被其逻辑迷惑。

下面，我们就对报告中的内容逐条进行剖析和驳斥。

报告第一节驳斥

第一条：巨大的投资灾难往往始于一个令人信服的增长故事。

这一条，表面上看没有错误。资本主义游戏规则下的任何投资灾难，一定来自于一个故事，这样的表象当然没毛病。但是，报告只阐述其因，却没说明其果。

欧洲航海时代，因为新大陆频频被欧洲人发现，且发现者从新大陆带回大量金银珠宝、自然资源，驱使更多的人去冒险。航海冒险，使葡萄牙、西班牙、荷兰等这些弹丸小国迅速成为大国、强国。虽然，这些国家最终因为过度掠夺，自己又没有相应的生产，导致资产价格泡沫的破灭。但，在这个过程中，其国力增强这一点毋庸置疑。至于结果，不过也是自作自受而已。后来的不列颠、法兰西，包括美利坚，也只不过是故伎重演，方式上可能稍有进化罢了。

19 世纪，美国如果没有铁路大建设、大投资，就没有完善的工业体系。19 世纪末，美国自身在进行工业化、城市化的过程中，同样是产能过剩，同样是投资和出口依赖型经济。正是这“一个个令人信服的增长故事”，使美国完成了工业化的过程，完成了资本积累，完成了国家的城市化。

再说最近的互联网泡沫，虽然导致很多投资者大幅亏损，纳斯达克指数至今还没有当初高点的一半，市“梦”率对一些投资者来说可能是灾难，但给美国带来的却是互联网技术、标准的垄断，是长期的技术红利，美国经济因此获得巨大收益。这种技术红利，至今仍然让美国站在科技应用的顶峰，并享受着这一红利带来的巨大利益。

之所以有这些技术红利，其根本原因就在于投资热潮带来的资本充裕，资本充裕就能不断在研发上试错，以最短的时间研发出适合市场的产品。虽然，这个过程中资本消耗巨大，甚至可能会使部分投资者亏损，但却能给经济体带来长久的裨益。

因此，增长的故事并不可怕，可怕的是一个国家、一个企业、一个人没有可增长预期的故事可讲。因为，故事不一定代表前景，但没有故事就等于没有前景。非洲，那么丰富的资源，可至今对大多数非洲当地的百姓来说，依然是没有什么故事可讲。世界上几乎所有人都对非洲的自然资源感兴趣，而不是非洲人的资源。与那些殖民者相比，也只有中国，近几十年无偿援助了非洲，即便如此，中国还是经常遭受西方政客和媒体的无端指责。

这个世界需要故事，因为，故事在某种意义上就是愿景、远景。当然，除了故事本身，更需要一个能够懂得故事含义的政府，能够对“讲故事”进行有效的监管和控制，使人们不能乱“讲故事”。

政府，必须规范市场不能乱编故事，不能通过故事制造骗局和笑话。没有这样的控制，故事就成为画在墙上的那张饼，即使是真的故事，大部分收益也将流入少部分个人的腰包而非大众。这，正是为什么有些人大肆要求减少监管和搞经济自由化的根本原因。

因此，从国家和全民利益角度来说，制定规则和严密监管，才是“故事”问题核心的核心、关键的关键。

GMO在本条只强调了一个开始，却没有说明过程和收获。只声称这样可能导致泡沫破裂而风险很大，却没有阐明现象背后最为关键的因果关系。按GMO的逻辑，因为故事会导致泡沫，所以不要有故事才合理。按照这种逻辑，就像是说：人最终是要死的，那么干脆就别出生。这种荒诞逻辑，只能说明该报告的别有用心。

第二条：对当局能力的盲目信任是另一个典型狂热的特征。

这一条，表述得不够准确。历史上的危机，从来都不是对当局的盲目信任导致的，多是当局或资本盲目自信引导市场信心过度膨胀，从而导致危机。若有人把自己当成上帝，认为可以指挥世间一切，最终肯定会遭遇“上帝式”的惩罚。典型的例子就是如今的美国。美国把自己当成人类的上帝，认为自己可以左右一切，但如今难逃衰落的命运。

至于投资者个人，有一个最简单的道理经常被人为过滤：自己的事情，只有自己负责。当出现问题，首先将责任推给别人。如果是自己的事，把责任推给任何人都于事无补，不可能挽回半点损失。在这个世界上，之所以会产生所谓的“上帝”，是因为有人认为自己就是上帝，然后很多人也相信这个人就是上帝。结果，上帝“被存在”，“上帝式”的悲剧也随之发生。危机，就是这么爆发的。

正是由于人本身只是人，局限于自己的感官认识，大多数人克服不了人性之“贪嗔痴”，也就挣脱不了“上帝式”的轮回。危机，总是在这种历史循环中爆发。

危机爆发说起来可怕，但这并不是问题的关键。问题的关键在于，当局是不是还能讲出新的故事（愿景、远景），从而让人忘记、度过危机并重新看到希望。

人，没有希望就没有信心，没有信心就剩下恐惧。所以，怎样创造出新的故事、题材、愿景、远景，是当局最根本的任务。这种故事，需要当局顺势而为，要讲创造真实的愿景、远景，而不是只凭一张嘴漫无边际“乱喷”。不断创造新的、真正的愿景、远景,是避免“上帝式”危机的唯一法门。

第三条:投资的普遍增加。

报告中指出,在盲目的乐观中资本总是被浪费。这话也没错,因为资本主义整个发展模式本身就是浪费。资本的发展,并非量入为出,而是资本之间激烈的市场竞争,通过利己来完成规模的盲目扩大,这种竞争模式本身必然会产生巨大浪费。这种浪费,已经使得地球资源日渐贫乏。但,一种社会发展模式,只有到它无法再浪费的时候,才会开始节俭。譬如,在市场经济模式下,只有当市场通过充分竞争后形成行业垄断,企业才会开始考虑充分节俭,而不必在市场竞争中耗费太多资源。但在市场经济条件下,垄断会直接影响到涉及利益的定价权,垄断企业因为没有市场竞争就不再向消费者让利,这又直接导致了缺少竞争之乱。在资本主义游戏规则下,这是一对矛盾体。而要解决这些矛盾,必须突破这种制度模式。马克思认为,解决这些矛盾的办法是当资本主义发达到无法继续扩张时,最终实现社会制度模式的突破,即共产主义。所谓共产主义,是建立在强大的生产力基础上,把人从过度的生产劳动中解放出来,每个人都能自由发展自我的一种自由状态。当然,那时的生产资料属于所有劳动者。

因此,资本主义的游戏模式不会停止,直到人类思想、技术能力获得新的突破,形成新的社会运行发展模式为止。而且,某种意义上,正是由于这种浪费,才激发企业不断地创新和研发,不断推陈出新。

譬如,只有在资本支持下科学研究,才有条件不断试错、不断加速研发进程,才能更快速地推出研发成果。因此,在当前资本主义社会运作模式下,不能单方面指责这种浪费,怪只能怪资本主义发展模式,这是人类发展到今天的共业使然。但是,作为个人,还是要倡导节约,很多资源都是不可再生的。

第四条:腐败激增总是与巨大的繁荣相伴而来。

腐败,无论对企业还是国家,都是个大问题,足以影响整个体系的运营。因为,一旦腐败影响到整个体系,私欲力量膨胀过公心力量,事物发展的方向必然偏离正常的运行轨道。偏离轨道,距离陷入淤泥不能自拔也就咫尺之遥了。

但是,针对腐败,笔者这里有必要提出一个新的概念。

在人类社会发展到今天,腐败演化为两种模式,一种是违法的腐败,另一种是合法的腐败。

所谓违法的腐败,一般情况是,国家法律制度越不健全、国家整体越落后,腐败就越严重。这种腐败,源于全方位的落后,权力过度集中导致的权力寻租。譬如说中国，官员的腐败主要是监督机制不健全、权力过度集中和行政不透明所致。

那么，什么是合法的腐败呢？合法腐败，就是从制定法律开始，天然地形成利益输送。这种利益输送虽然“合法”且“无可挑剔”，但却直接构成对普通民众利益的损害。这种制度性腐败，最典型的就是号称制度最完善、最民主的美国。美国的政治，更大程度上是各个利益集团的博弈，也是利益集团与美国普通民众的博弈。

在美国，政治的核心力量主要是那几大家族，而那些大家族则和美国的各类资本方关系密切。哪怕是一个新兴力量，也必须获得资本支持后才有资格玩这种富人的“选举游戏”。譬如说布什家族，其家族本身就是石油公司的大股东，与军工企业来往密切。所以，无论是老布什还是小布什，都瞄准中东的石油，父子俩在中东打了三场战争，两次针对伊拉克、一次针对阿富汗，全是奔石油而去，给美国军工企业和石油企业带来巨大利益。这，就是明显的利益输送。

试想，如果法律体系的出发点不是以保护人为核心，而是以保护资本、财产为核心，那么，人就必然依附于资本、资产。最终必然是富人获得更多的保护，而穷人没有获得保护或极少获得保护。如今资本主义政治游戏规则下，法律的起点就是如此。在这种制度背景下，阶层越靠下，获得的保护越少，其制度本身就是向资本输送利益，也就必然演化为我们阐释的“腐败”合法化。

很多落后国家的腐败，是还没能进化到制度化腐败的高度。所以，在这个世界上，腐败的程度都是相对的，方式也大不相同。在如今人类社会的制度下，若不能实现真正无阶级、公有化的人民政权、真正的人民监督，腐败就只是程度问题和方式上的差别。

只不过，相对于发展来说，腐败是否影响到了整个国家的发展大局才是关键。因此，实际上发达国家也大可不必五十步笑百步，看看白宫对华尔街资本大鳄的无奈。据美国媒体报道，2008 年，用于救市的 7 000 亿美元就有近千亿美元被华尔街的高管们当奖金瓜分。美国政府拿纳税人的钱救助，却对钱的去向和用途没有半点发言权。再譬如，美国的对外掠夺，更是缺少最基本的礼义廉耻。哪怕是侵略他国，还称自己是正义且符合法律的，联合国想阻止，人家直接绕过。霸权主义下，国际法要不成为工具，要不就成为摆设。这同样是利益输送，是借助所谓的国际机构对别人抢夺并向自己输送利益。

人类社会，自私有制出现以来，腐败从来就不曾消失过。一个国家，要想保持长治久安和长远发展，必须将腐败控制在不影响整个大局发展的范围内。

否则，很可能导致整个国家体系运行偏离正常轨道，这非常可怕。

对美国来说，结果很可能是，成也华尔街，败也华尔街。美国强大，华尔街起到极其关键的作用；而美国没落，华尔街也起到非常关键的作用。莫说美国普通民众，哪怕是美国当局，对华尔街可以说没有任何约束力。这种运作方式，当外力足够强大时，必然导致美国整个经济体系逐渐走向崩溃。就眼前来说，美国这种货币战争、直接战争掠夺的模式，一旦因为某种原因不可持续，结果可想而知。

至于中国，腐败已然非常严重，胡锦涛总书记在“七一”讲话中提出的几个风险，充分表明当下的国内形势。这也是为什么推动制度改革、增加监督机制，正在成为整个国家的共识。中国相比美国来说，虽然制度上还不够完善，但与其他领域相同，制度建设上中国同样有后发优势。

相比美国制度、法律已经完善到足以向利益集团输送利益，我国法律制度上还没有发展到全面向某些利益集团输送利益的地步。腐败，更多地处于违法的黑暗下。如此就意味着，随着民智提高，我国完全可以因民智提高推动国家制度建设，从而建立一个民主、透明且能够获得充分监督的政治体制。这条路虽然漫长，但却充满希望，与已经固化下来的美国模式大相径庭。对中国来说，治理腐败只有一条路，就是进行体制改革，建立人民群众对政府的监督机制，建立行政透明机制，改进权力过于集中的现状。近几年，随着网络的发展，社会监督力量越来越强大，特别是微博兴起后，这种监督力量更直接、更实效。

据上述分析，所谓腐败激增总是与巨大繁荣相伴而来，并没有绝对的逻辑关系，否则就没有世界最腐败的地方是索马里之说。索马里除了盛产海盗外，基本上没有什么繁荣可言。索马里人愿意当海盗吗？在饿死和当海盗之间，任谁都会选择后者。所以，上述 GMO 的结论不靠谱。

第五条：宽松的货币。

报告中称，货币供应强劲增长，是金融系统脆弱的重要标志之一。在每一次重大投机背后，总有宽松货币的身影。低利率，让投资者寻求更高的回报、更有风险的投资。报告还引用了 Walter Bagehot 的话：“英国佬（John Bull）可以承受许多事情，但却承受不住 2%的利率。”“当利率下降到如此微薄的水平，就驱使人们用千辛万苦攒下来的积蓄去投资一些不靠谱的东西——比如一条通往堪察加的运河、一条去沃切特的铁路、一个让死海复活的计划，以及一个往热带运输冰山的企业。”

是的，报告在这一条上给出的现象没错。但问题是，这个世界宽松货币之源是美联储；而导致美联储宽松货币政策的根本原因，是华尔街的投机需求；华尔街又是美国经济的立足之本。在这种逻辑下，直接导致越来越虚拟化、消费化的美国经济，不得不保持足够低的利率和非常宽松的货币政策，只有这样，才能维持美国的经济增长，维持过度泡沫化和消费化的经济。而在这里面，GMO 就是最大的受益者之一。

在美联储宽松货币政策下，国际货币市场美元占去差不多七成份额。在美国的推动下，大多数国家的金融规则都是开放的。可以说，是美国拆去了各国市场的藩篱。请问，在美联储极度宽松的货币政策下，哪个国家的货币又能紧得起来？难道让别的国家把自己的货币收回来，给美元腾出市场空间吗？

第六条：固定汇率。

这一条，才是 GMO 报告列举的各种现象后的重点谈论目标。有了前面的铺垫，这一条就可以冠冕堂皇地出场。某种意义上说，对这一条内容观点的推广就是这篇报告的重要目的之一。

报告中如此描述固定汇率："固定汇率国家往往产生不合理的低利率，它虽然能轻易催生繁荣，但最终会以泡沫破裂终结。欧洲货币联盟的创始人就是忽略了这点，他把低利率和繁荣的房地产带给西班牙和爱尔兰这两个小成员国。固定汇率还造成了 1997 年的亚洲金融危机。大规模的资本流入也是金融不稳定的另一个重要指标。"

首先，如上描述显然是颠倒黑白、混淆视听。在美国 1971 年放弃金本位之前，大家都是固定汇率，那时候又怎么产生不合理的低利率了？如今，谁是这个世界低利率的元凶？美元，美联储。美国政府为了避免美国资金链可能断裂的风险，拼命通过印钞来转嫁危机。美国如此拼命印钞，且必须让这些美元到美国经济体外流通，释放出去的唯一办法就只能是低利率。否则，资金成本过高，谁也不敢借。在这种政策下，美元自 2008 年危机以来，几乎一直维持在零利率。2011 年 8 月，伯南克甚至在强调，将维持到 2013 年。这样还不够，还要再搞定量宽松 QE1、QE2，如今又开始了变相的 QE3，后面可能还有 QEn。

综观整个世界，美元利率最低。可我们看到，美国的汇率并非固定。诸如此类，欧元、日元等发达国家的货币，大都维持在极低利率。我们再看经济发展，世界性经济危机已经持续三四年时间，经济发展缓慢、拖世界后腿的，都是以美国为首的发达国家。相反，发展中国家的利率整体维持在较高位。经济发展带动世界经济复苏，为首的正是中国。

报告中的逻辑是典型的睁着眼睛说瞎话，现实在那摆着，却颠倒黑白。全世界美国利率最低,美元的波动却最剧烈,频频贬值,根本没有固定汇率的迹象。第二次世界大战后,世界本来是固定汇率,而打破这一固定汇率的正是美国。是美国将美元与黄金脱钩,才有了今天世界投机天堂的汇率投机市场。报告中这一条,显然是前言不搭后语,逻辑混乱。这种逻辑竟然堂而皇之出现在GMO公司的报告中,着实让人吃惊。

报告后面一部分,称固定汇率造成1997年亚洲金融危机。这个世界,没有比这更荒谬的结论。不客气地说,正是这些国家在经济、金融方面的无知,在汇率上不设防,过度放开、过度市场化,才致使危机的深化,被资本大鳄轻松掠夺。同样是经济危机,1997年发生时,美国和以美国为首的世界银行、国际货币基金组织开出的是紧缩货币政策。而2007年的危机,美国和以美国为首的世界银行、国际货币基金组织开出的货币政策却是截然相反,货币政策一宽到底,美国竟然行使零利率。这又是为什么呢?

道理很简单,危机,必然是经济循环出现问题,而经济循环中,最重要的就是资金链。在任何经济循环中,无论大小,资金链就意味着生命线。在没有外力的情况下,资金链吃紧,就要注入流动性。投资扩张过快,当然要收缩流动性。但是,如果有一群如索罗斯这样时刻准备投机的资本大鳄,行使什么样的政策必须自主且为最高机密,没有让别人支招的道理。如果危机导致的是资金链吃紧,先要做的就是疏通资金链,然后再解决具体问题。就像一个人有生命危险时,一定是先救命,等生命稳住后,再慢慢治病。

但,西方给别人开出的药方几乎统统是急剧收缩货币政策,导致大量企业资金链断裂,大量企业倒闭使得国家经济一落千丈。这就像一个已经身患重病之人,西方人开出的药方是先让其窒息、休克,然后再治疗。这种做法,在20世纪90年代初期曾被用于俄罗斯,结果俄罗斯民不聊生,几乎崩溃。如今,欧美危机严重,他们却不考虑对自己实施休克疗法。在亚洲金融危机过程中,如索罗斯这样的大鳄们却在国家汇率的大幅波动中赚取巨额利润。

笔者之前曾经在文章中强调过:汇率是一国主权,也是这个国家在金融领域的主动权。当还没有在国际货币市场(贸易结算、储备货币和投资领域)占有足够大的市场份额时,中国当前不可以进行所谓"完全市场化"、"自由浮动"的汇率,因为这相当于将金融货币主导权让与他国。如果金融货币主导权丢失,他国完全可以通过货币强权和经济霸权,展开对中国的金融攻击。那样的话,中国就会发生如日本、亚洲那样的危机。时下,人民币汇率,必须是总体可控和管制的,主导权必须掌握在中国自己手中。日后,随着人民币国际化提高，可逐步开放，将这种人为汇率管制逐渐转化为通过市场化的手段控制，就像美国所谓市场化的“自由汇率”。到那时，将不再叫汇管而叫汇控。当然，按照美国的称呼，这就是“自由汇率”。时下，美国、欧盟、日本这些发达国家均是通过这种手段来对汇率进行调控。譬如，最近两年日本、欧盟、瑞士等国对汇率的人为干预。

从经济的长远发展角度说，中国需要长期、持续的资本流入。美国经济的长期繁荣，正是因为资本长期、持续的流入所致。对于正常的投资资本来说，他们最在乎两样东西：一是利润，二是安全。逐利，是资本的本质。因此，对中国来说，最重要的不是阻止资本流入，而是应该考虑如何有序地利用资本，特别是长期投资资本。操作得好，投机资本会变成长期的投资资本；反之，操作得不好，本来的长期投资资本可能变成投机资本撤出，甚至包括产业投资的资本都会撤离。

1997 年亚洲金融危机就是典型的例子。要变短期投机资本为长期投资资本，最终能锁定这些资本，前提条件就是要让其“乐不思蜀”。要让这些资本“乐不思蜀”，中国就必须不断制造新的经济增长点。也就是说，必须要有新的“故事”，给这些资本以愿景、远景。从现实意义上说，这也正是国家当下应该做的事情。

至于那些盲目地听从西方或替西方鼓吹“自由汇率”的，不是别有用心就是被洗脑。中国汇率主权，必须控制在中国自己手里。否则，那些进来的外来资本不但不能为我所用，最终还会变成投机资本获暴利出逃。一旦如此，留给中国经济和中国人民的将是一地鸡毛。

第七条：信贷疯狂增长。

报告第七条如此描述：“危机通常发生在信贷长时间疯狂增长之后。在繁荣经济时期借的债，最终无法偿还。国际清算银行的经济学家研究表明，贷款严重偏离过去的轨道，呈现超乎寻常的增长，有 80% 的概率导致金融危机。最近对过去一个半世纪的信贷繁荣的研究也表明，“信贷长期超常增长是金融危机的重要预测指标”。

其实，所谓信贷增长也好，其他也罢，归根结底是源于宽松的货币政策，信贷绝对数的多寡并非核心。因为，经济规模不同、经济发展阶段不同，其信贷需求也不同。单独以信贷增长说事并不客观，关键问题在于信贷规模是否适合经济增长。

中美两国相比，由于中国一直以来没有如美国华尔街那么大的资本市场

(中国资本市场的规模最近几年逐步发展壮大,金融危机后,才成为世界融资规模第一大国),中国投资释放货币主要是通过商业银行信贷这条途径;美国则不同,华尔街开始运作比美国建国还早,美国经济发展中,华尔街一直以来在资本输送中都扮演着非常重要的角色。

本轮经济危机是由于美国次贷危机引发,迄今最大的债务黑洞仍然是美国。但与其他国家相比,美国却是印钞量最大的国家。且美国印钞,不像人民币主要是在自己经济体内流通,而是大部分流向世界其他国家和国际大宗商品市场,直接给他国带来巨大的通胀压力。按照报告的逻辑,美国可以大量印钞,中国最好不要。但是,一旦如此,基于中国巨大投资对货币的需求,中国央行也就变相成为帮助美联储释放美元的二级机构。

按照报告的逻辑,美国、美联储在紧缩货币政策上应该比中国更积极才对。更何况,美元是准世界货币,美国如果真有承担责任之心,就该收缩货币政策。但恰恰相反,美国从 2008 年就开始维持着极低利率,且准备维持到 2013 年,这个过程相当于向持有美元的所有国家、个人征税,是赤裸裸的掠夺行为。以现在的经济形势,美联储如果加息,中国肯定要跟进。即使在美联储没有加息的情况下,自 2010 年 10 月至 2011 年 7 月,中国央行共加息 5 次,提高存款基准利率共 1.25 个百分点。美联储自己不加息、不升值,却紧锣密鼓催促他国快速加息、大幅升值,只能有一个解释,那就是居心不良。

道理很简单,美国若在自身危机未能解决或转嫁给他国的情况下,就大幅紧缩货币政策,结果必然是经济因资金链断裂而崩溃。相比美国,中国由于实体经济坚实,对利率升高的承受力就相对更强。这一点,才是问题关键中的关键,也正是美国自己不通过加息来收缩货币流动性、而让中国来收缩的根本原因。

因为,一旦中国作出抬高货币价格的决策,就相当于中国央行主动抽出自己池子中的货币,美国就可以通过向中国涌入资本而介入中国人民币的国内发行大权,也就等于中国给美国让出更大的流动性空间。未来,一旦美国通过向中国注入资本,通过推高中国资产价格后撤离,就可以通过赚取中国的巨大利润来弥补自身的危机,然后把危机留给中国。

不过,从另一个方面说,中国的信贷规模是应该适当收紧。自 2008 年底,大量资本释放,流进不该流入的地方。特别是房地产市场,自 2008 年第四季度以来,已吸收数万亿人民币的流动性。类似这种领域,流动性应适当收紧。相反,诸如西部大开发、新经济、中小企业这些需要资金的地方,不但不应该收紧,还应该适当加以放宽。因此,在某种意义上说,中国是资金分配不平衡问题，中国更大的精力应该放在如何调整国内资本供给平衡上。

第八条：道德风险。

资本本身没有道德与不道德之说，资本的逐利本性决定着它总是沾满鲜血，自人类进入资本主义后演绎到今天，依然如此。资本若有道德，八国联军不会侵略中国，这次世界性的金融危机也不可能发生。有没有道德关键不在资本，而在于人，在于由人制定的法律、制度以及相应的监管机制。把资本和道德放在一起衡量，本身就欠妥当，也不合理。这一次世界性的金融危机，正是由没有监管的华尔街制造的。

第九条：金融结构变得不稳定。

报告对这一条的描述是："债务的增加并不是唯一需要担心的地方。经济学家 Hyman Minsky 发现，在繁荣时期，金融结构变得不稳定。用借来的钱进行的投资，回报无法偿付贷款（Minsky 称其为"庞氏骗局"）。结论是，金融系统会变得越来越脆弱，即使是平时微不足道的小事件，诸如利率小幅上升或者资产价格下降等，也会酿成大事。20 世纪 20 年代的高杠杆率投资信托、最近十年来出现的次级债 CDOs，都是庞氏骗局的典型例子。"

然而，世界上发债最多的国家不是别人，正是美利坚；世界上最大的投机场所也不是别处，正是华尔街。按照这种逻辑，美利坚、华尔街的"庞氏骗局"必须首先终止。可是，这篇报告并非针对美利坚，更不是针对华尔街，而是针对负债率比美国政府低得多、投机比华尔街差得多的中国。

如此张冠李戴，正好有力地证明美国经济和华尔街的本质——"庞氏骗局"。

第十条：快速上涨的房地产价格。

房地产价格泡沫，无疑是宏观经济中最大的风险之一。房地产泡沫破裂带来的破坏性，远甚于股市泡沫破裂。房地产泡沫破裂，受影响的将是上下游五六十个行业的经济循环，很可能会直接导致国家经济崩溃。

比如说日本经济，20 世纪 80 年代末，若不是伴随楼市泡沫破灭，单是股市泡沫破裂，并不会给日本经济带来如此重创。同样，若不是楼市泡沫导致 2007 年的"次贷危机"，美国的经济黑洞也不会如此之大。相比股市泡沫破裂，楼市泡沫破裂导致的危机要严重得多。

一般情况下，股市泡沫破裂，顶多影响到企业的融资能力与扩大再生产。只有个别资金链拉得太长的企业，才会出现大问题。当局救助，也只需要拿资金救助就可以了。但是，楼市泡沫破灭则不同，它直接导致上下游五六十个行业不但资金链出现问题，还会使经营循环无法运转，产品滞销，企业运营停滞。

五六十个行业如此，对宏观经济打击可想而知。

因此，客观地说，中国楼市当前的确是中国经济可持续发展的最大“毒瘤”。这个行业的健康发展，需要国家进行根本上的调控，包括增加住房市场供给来进行平衡。

自2010年4月，国家一直按照这样的方向调控。一方面，控制投机资本再进入楼市；另一方面，加大保障房建设力度，把房地产行业调出国民经济支柱产业。这，意味着中国未来住房供给方式的改变，意味着中国经济结构的巨大转变。这种方向的调控，才是对症下药。

自2010年4月调控以来，中国房价虽然涨速放缓，但并未真正下降。在这种情况下，对房地产的调控须继续保持力度。同时，应加速保障房的供给，尽快提高中低收入者的收入，通过这两个方面的努力，让中国老百姓居者有其屋，才能使房地产行业的本轮泡沫对中国经济的危害性大幅降低。否则，中国若因楼市泡沫破裂导致经济危机，那将会是一场噩梦。这一点，的确需要中国当局提高警惕。

GMO报告第二节叫做“中国梦分析”，实质上就是对第一节诸现象针对中国对号入座。

报告第二节驳斥

第一条：中国梦。

报告中第一条“中国梦”中，关键内容有三点：

1. 中国城市化人口数字可能被低估，因此，城市化过程带来的预期可能被高估；

2. 中国劳动力增长可能被高估，2015年，中国新增劳动力将下降；

3. 中国工资增长会增加中国劳动力的成本，从而影响中国国际竞争力。

首先，此三条中，前两条缺乏数据支撑，第三条缺乏逻辑必然性支撑。没有数据和逻辑支撑的报告，不能说明任何问题，更不能作为立论依据。而本篇报告，已经不止一次犯了这样的低级错误。

因此，准确地说，这则“报告”并不能被称为报告，倒像是一篇较长的、带有巨大偏见和主观立场的新闻分析，而且还是一篇错漏百出的分析。

我们不妨对上述三个论点逐一分析和阐释。

第一、二点：中国城市化人口数字可能被低估，因此城市化进程带来的发展预期可能被高估。

这是报告给出的第一个论点，且是缺乏论据的论点。报告显然在强化人口的劳动力。固然，对于劳动力总量来说，人口是最为关键的因素之一。但不要忘记，人均生产力并非不可提高。随着技术升级、管理方式的变革等，人均生产力都有很大的提高空间。特别是中国，整体技术仍然较为落后，生产设备还有很大的升级空间。

在这种情况下，人均生产力的提高空间就存在，而且很大。同时，中国新增劳动力还在不断涌入城市。根据相关计算，这个过程至少还将持续 10 年。即使当前这一过程停止，中国的总生产力仍然可以随着产业升级带来巨大的提升空间。在这种背景下，中国经济不可能停滞。更何况，中国 20 世纪 80 年代和 90 年代出生的人口，正在进入劳动力市场。而这一批人，中国的统计数字实际上是保守的。中国计划生育政策在城市效果显著；但在农村，由于“传宗接代”的观念，80、90 年代的出生率仍然较高。这些数据，外国机构并不掌握，何况这份根本没有数据的报告。

因此，正常情况下，中国的新增劳动力短期内不会减少。但 2020 年后，新增劳动力很可能会减少。那时候，城市化进程基本上接近完成，出生率会大幅下降。

对中国当局来说，必须注意的是，20 世纪 90 年代后期至今，新出生孩子正在大幅减少，这也是为什么近几年计划生育政策是否应调整被争论的根本原因。根据相关部门公布的数据估计，中国 2025～2030 年将迎来新增劳动力的逆转。

该篇报告，为证明其中国劳动力增长停止将严重影响中国可持续性发展的论调，掩盖了两个事实：一是技术革新使人均生产效率提高，同样可以提高总生产力。在技术较为落后的情况下，中国仍有较大提升人均生产力的空间。二是低估了中国新增劳动力。

第三点：中国工资增长会增加中国的劳动成本，从而影响中国的国际竞争力。这个判断，表面上看没错。但仔细分析，前半句正确，后半句则不是前半句的必然延伸。

工资增长致使成本增高，这一点虽然没错，但，中国经济过去太过依赖投资和出口拉动增长，而巨大的市场消费潜力在改革开放 30 多年来一直处于被压制的状态。某种程度上说，14 亿人口的巨大市场消费潜力，是中国经济未来发展的最大宝藏。工资增长虽然会致使产品成本增加，但是产业升级可以提高产品质量，巨大人口基数的市场消费潜力，将会成为中国经济的活力源，促使中国经济继续保持高速发展。难道说只能美国人享受高工资的福利，中国人就该一直低工资？显然逻辑不通。

第二条：我们相信中国政府。

报告用第一节给出的现象，在第二节中形而上学地套在中国身上，得出相信中国政府就会导致危机的结论。这种逻辑既荒谬又可笑，哪怕是形而上学，也属牵强附会。以此来掩盖中国的发展空间，更是风马牛不相及。

道理很简单，经济发展并非政策决定，更不是政府决定，而是取决于一国的生产力与生产关系是否相适应。就像人的生命，在正常情况下，无论开始还是结束，都并非由自己决定一样。对于一个国家来说，左右经济发展最关键的因素，是经济本身所处的发展阶段，以及在这个阶段中政府能否制定促进发展的相应政策，也就是生产力和生产关系之间的协调与促进。过分夸大政府的作用，就像把自己或别人当成上帝一样。

事实上，指挥经济发展的"上帝"压根就不存在，西方不曾有，东方更不会有。任何事物的发展，都是"成、住、坏、灭"的轮回。作为政府，能做的就是要让每一轮"成、住、坏、灭"的过程更为合理，让新一轮"成、住、坏、灭"顺利与上一轮"成、住、坏、灭"衔接。通过打时间差，实现无缝链接和降低波幅。

报告中，把中国经济和日本经济在20世纪八九十年代的覆灭相提并论，又是形而上学的体现。时下的中国经济，与20世纪80年代末濒临崩溃的日本经济，显然不具可比性。这种差别，主要体现在国家经济制度、军事安全以及政治独立性上，也体现在人口基数上的市场深度、产业技术利用水平、劳动力增长潜力、资源丰富程度等方面。

中国在政治、经济、军事上是独立的，而日本则不是，这决定了两者从根本上就不具可比性；中国人口基数为日本人口基数的11倍，两者具有的市场深度相差太远；与20世纪80年代的日本相比，中国科技水平仍然落后，生产效率还有很大提升空间，这也非当时的日本可比；中国劳动力增长还有至少10～15年时间，这同样非20世纪80年代已进入劳动力下降趋势的日本可比；至于国土面积、资源丰富程度，就更不具可比性。这种先天存在的巨大差异，决定了两者在经济发展上的巨大差异。特别是，时下的中国与20世纪80年代的日本，根本处在不同的发展阶段，以日本为例来推导中国的发展，过于牵强附会，连形而上学都算不上。

更何况，20世纪80年代中后期，日本居民收入增长已到顶端，工业化和城市化已经完成，经济增长空间基本不存在。在这种背景下，日本又在美国和欧洲的威逼下签订了“广场协议”,直接导致日本资产价格泡沫急剧膨胀。最终,缺乏实体经济发展支撑的资产价格泡沫破裂,大量资本外流,日本经济崩溃。

与日本相比,中国则不然,一方面,工业化、城市化进程并未完成,中国普通百姓的收入增长空间巨大。在这种情况下,只要政策调整生产力和生产关系得当,中国经济继续高速发展就顺理成章。根据笔者分析,再维持二三十年的高速增长并非神话(当然,增速与以往相比会减缓,但相比其他国家,仍然是高速增长)。

中国经济,在世界历史上没有什么可完全参照的发展模板。世界上没有任何经济体有过 14 亿的人口,没有任何国家有如此巨大的市场空间(以当前最发达的国家美国为例,美国 20 世纪 20 年代人口突破 1 亿,50 年代突破 1.5 亿,70 年代突破 2 亿,90 年代突破 2.5 亿,2006 年才突破 3 亿大关)。可以说,某种程度上,中国经济具有不可类比性。就像 20 世纪的美国,无法以 19 世纪的英国作为模板一样。

笔者认为,未来中国经济真正的风险在于以下两点:

1. 毁在政策不得当,生产力和生产关系无法有效适应。比如,房地产泡沫被吹得过大,就很可能是系统性风险之一。

2. 外在力量以非和平的手段打断中国经济发展,譬如卡住中国从国外获得资源的通道。

除了这两种可能外,没有任何力量能够打断中国这个有着巨大市场发展空间的国家的发展。就连奥巴马,都把美国制造未来 5 年翻一番的梦想寄托在中国身上。

第三条:投资热潮。

任何经济体,在高速发展过程中,都伴随着投资热潮,这是发展必然经历的过程,美国 18 世纪至第一次世界大战前后也是如此。美国的淘金热,曾一度使得大量欧洲人口向美国迁移。一个国家,投资不可怕,可怕的是没有可投资的空间,无法再进行投资。

当然,在经济发展活动中,投资过热会造成资本在投资领域过度膨胀和淤积,最终可能导致经济结构问题,甚至引发危机。但是,综观世界历史,每一轮人类的大发展都是伴随着投资热潮,美国发展到今天也是如此。可现实是,美国自 20 世纪以来一直是世界上最强大的国家,至今也没看到它崩溃。就拿 20 世纪末美国的互联网投资热潮来说,虽然投资泡沫破裂,但美国却因此获得巨大的技术储备(资本却是全世界的),使美国在 21 世纪互联网大发展中获得巨大的知识产权红利。[1]

在美国近代史中,19 世纪中期至 20 世纪初期,投资热同样一直主导着美国经济,美国的基础设施建设也正是在那个时期完成的。与美国相比,中国的基础设施还有巨大的投资发展空间。中国当然可以投资,而且投资空间还很大。再看中国农村人口在总人口中的占比,以及中国农村的基础设施,试想还有数亿人将迁移至城市,巨大的基础设施改造决定了中国经济发展还有很大的投资空间,这是毋庸置疑的。

未来,中国经济活力仍将巨大,是因为中国拥有庞大数量的人口等着城市化,中国还有很大的人均生产率提高空间,中国人口拥有巨大的消费潜力。这些都决定了中国的投资仍然具有维持、发展的空间,中国的技术升级还有很大空间为中国增加巨大的总体生产力,中国的消费空间更是巨大。这些,都决定了中国经济本身的潜力不可估量。

第四条:腐败。

改革开放以后,中国经济虽然获得巨大发展,但腐败问题近些年随着经济发展也非常严重,这是事实。这一状况,一方面是道德素养的下滑,另一方面就是权力缺少监督导致的权力寻租、官商勾结。

不过,就中国当前的发展阶段来说,这些问题并非不可治理。中国完全可以在民智逐渐觉醒、监督手段日益完善的情况下,通过体制改革改变这一状况。对中国来说,当前比腐败更可怕的是已经以法律、制度的方式固化下来的利益输送模式,这比腐败还无可救药。

国家的一切权力都趋向资本化,各种制度保护并非以人为依托,而是以保护财产之名保护人,其结果必然是,财产越多受保护越多;没有财产,几乎等于没有保护。美国,就是这种权力资本化的典型。最典型的例子是,美国 2010 年的军费开支约 7 000 亿美元,占世界军费总开支的 43%,占美国联邦政府总支出 3.6 万亿美元的 19.4%。而奥巴马政府一直试图推动的医疗改革,10 年可能花费 9 380 亿美元,平均每年 938 亿美元的医疗改革开支,最终被美国国会否决。与此形成鲜明对比的是,华尔街的金融寡头的高管们将美国政府的救助款近千亿美元私分,总统却不能拿华尔街的大鳄如何。

---

① 从博弈的角度说,只要科技领先,靠知识产权法就能坐享巨大的红利。其出发点看起来好像公平,但从人类长远发展来说,这是极不公平的行为。因为这样就意味着,越先进者占有的资源越多,越落后者就越加被奴役。这就是为什么我国要想实现长远发展,必须立足于自力更生的根本原因。

这样的美国，如果不能控制世界，让全世界为美国的奢侈消费买单，其经济如何为继将成为大问题。这个问题的严重性，比中国的腐败问题更甚。它危害的不仅仅是美国自身，甚至危害全世界。

对时下的中国来说，腐败问题已经非常严重。公信力正在因为某些官员的言行，受到严重挑战。面对这种局面，我们是抱怨愤懑、自暴自弃还是寻找出路？

在笔者看来，历史从来是由人民创造，制度的变革也必须依托于人民的推动，如此，人民当家做主的社会制度才名副其实。要想真正解决腐败问题，人民必须加强自己的智慧，去监督权力、监督政府的行为。作为当局，必须严于律己，加快进行体制改革，使权力不要过于集中，更加透明。

中国社会制度能否更为完善、合理，取决于人民群众和当局是否拧成一股绳，共同建设和完善社会制度。这，才是根除腐败、建设人民当家做主和谐社会之道。

第五条：宽松的货币。

对这个问题，要追根溯源。就当前世界来说，正是由于美联储过度宽松的货币政策，才导致全世界货币政策过度宽松。解决这个问题的根本在于，美国必须承担起自己的债务黑洞，世界才能重新回到合理的货币政策环境。美国总是试图通过宽松的货币政策，将危机转嫁给他国，这是很不道德的国家行为。

GMO 应该将这一问题列在针对美国危机的报告中，而非中国，特别是应该放在美联储主席伯南克和美国总统奥巴马的面前。

如今，在美元仍是世界性货币的情况下，可以肯定，只要美联储收紧货币政策，中国政府肯定跟进，其他国家也同样会跟进。

第六条：固定汇率和资本流入。

这一条，在第一节已经谈得很多。在当今世界经济游戏规则下，国家在经济层面的竞争，从根本上说，就是国家对国际资本吸引的竞争。

就美国来说，它是世界经济核心，是当下经济游戏规则最主要的制定者，相比其他国家，它能更大程度地通过控制美元汇率、控制美元供给来控制资本输入和输出。站在中国的角度，为了维护长远的发展利益，中国当然有必要用一定的手段吸引世界资本流入，这无可厚非。不能只许美国人吃肉，中国人就只能吃素，这既不合理，也不公平。

因此，人民币的汇率控制权必须掌握在中国自己手里，而不是由美国通过资本进行控制。欧美嘴里的所谓不受任何控制的“自由汇率”，无非是试图说服他国减少汇率控制，以便其在关键时刻，可以通过强大的资本实力控制对方的汇率。

第七条：信贷繁荣。

这一条，在第一节中也有详尽论述。中美之间的差别，只是方式、借助的工具媒介不同而已。中国资本市场发展时间过短，但空间巨大。在这种情况下，显然商业银行仍然是最主要的融资工具。这，不过是获得资金的方式不同而已。

报告中第八条“道德风险”和第九条“冒险信贷行为”，可说的余地不大，在前面内容中已经论述。

第十条：泡沫。

谈到泡沫，与欧美国家相比，中国经济的泡沫化程度要低得多。比如，美国 CDS(credit default swap，信用违约互换)市场的规模就达六七十万亿美元。中国经济在世界上发展最快、最平稳，但股市的市盈率平均不足 20 倍，蓝筹股的市盈率大多在 10 倍左右，银行股的市盈率甚至低到 5～8 倍。同时，中国国债占 GDP 的总水平远低于欧美国家。谁的泡沫更大，不言而喻。更何况，中国的经济增长速度是美国的数倍。

报告的最后，着力点仍然放在中国的房地产。实事求是地说，房地产的确给中国经济带来巨大的潜在风险。但是，中国经济并非只有房地产。况且，自 2010 年，当局计划在 5 年内建 3 600 万套保障房，已经大幅降低房地产行业对宏观经济的影响。经过 2010 年和 2011 年的融资后，银行体系抗风险的能力也很大程度增强。与此同时，中国老百姓提高收入的空间仍然较大，中国城市化进程在继续。

因此，相对于发达国家来说，中国的房地产泡沫更不容易破裂。即使破裂，其对宏观经济的影响程度也在下降。2010 年 4 月调控以来，房价虽然仍未大幅下降，但对宏观经济的系统性风险已经得到较大程度的释放。同时需要说明的是，合理的房价，政府就需要增加房地产的供给。也就是说，政府须承担起中低收入者的住房责任。

中国经济，中西部基础建设投资可开发空间仍然巨大，产业技术升级空间会大幅提高人均劳动生产率，老百姓收入提高空间也还很大，巨大人口基数的消费潜力会继续带动中国经济高速增长，这些都是巨大的投资机会。投资中国，未必非要投资房地产。那么多好的投资领域不投资而选择风险最高的房地产，肯定不合适。更何况，资本也不傻，资本的逐利性会对中国其他领域的投资机会趋之若鹜。

报告最后如此描述中国：

“一个评论家把中国与好莱坞的动作片《生死时速》联系起来，中国就好像一辆装有炸弹的大巴在路上飞奔，而一旦速度小于每小时 50 英里，它就会爆炸。这个比喻很贴切。如果中国的经济增长速度低于 8%，灾难可能就会发生。大部分新建的基础设施将会毫无用处。过剩的产能将在很多工业存在很多年。房地产泡沫将会破裂，而银行系统将面临大规模坏账。那些正沉浸于中国梦的投资者忽视了这样的场景。当中国这部巨型机器最终停滞，这些投资者们就会从美梦中痛苦地醒来。”

在笔者看来，无论中美两国怎么比较，都不是中国经济如一辆装了炸弹的大巴在飞奔，倒是美国经济像一部接近报废的老爷车，渴望从别的车子上揩油水。如果揩油还是不能使美国经济走出衰退，要爆炸的肯定不是中国，恰好应该是美国。

所以，GMO 真正应该担心的不应该是动力十足的上升经济体中国，而是年久失修的“老爷车”美国。

该报告最后所谓的“基础建设无用论”，更是滑稽可笑。中国的中西部、农村，基础设施仍然落后。这些地方只要有人，基础建设就有用，怎么可能无用？只是，对中国来说，基础建设投资应合理规划，要因用而建。至于银行系统的呆坏账，与欧美的银行相比，中国的呆坏账率最低，中国经济在高速发展中，银行资产也在快速增加。只要宏观政策不出大问题，呆坏账就在可控范围之内。

综合来看，该报告通篇逻辑经不起推敲，明显别有用心。但，任何事物都有其运行趋势，一份荒谬的报告，对趋势不会有太大影响。在笔者看来，中国经济当前存在较多问题是事实，但这些都属于“成长的烦恼”。与中国相比，欧美“老爷车”般的经济体更让人担心。

即便如此，对中国来说，也没有任何放松的理由。世界经济还处在危机当中，美元仍旧是准世界货币，美国仍占据着世界经济食物链的最高层。中国一旦放松，必然面临祸端。中国，没有资格也没有时间休息或等待。对中国经济来说，未来十年将是决定以后三十年甚至更长时间能否长治久安的生死关键。笔者以为，中国未来数年待解决的核心问题有以下四个：

1. 必须尽最大努力弥合社会矛盾，改变社会财富分配机制。这里包括民生的更大投入，加快解决房改、医改、教改等问题，减轻老百姓的生活负担。加快人民群众监督机制的建设，压缩官本位、权力寻租以及官商勾结等腐败的生存空间。

2. 必须解决住房问题。这个问题不但涉及民生，还涉及中国经济的可持续发展。高房价吸走太多的民众财富，这是导致社会分配严重不合理的重要因素之一，此举严重透支未来经济发展的空间。针对高房价，政府首先应该承担住房保障责任，应立法保障人民的住房权力。

3. 经济结构调整必须加快。经济结构调整包括对投资、消费和出口三大方向的结构调整，以及对区域经济的调整和产业结构的调整。其中，对三大方向的调整，自2008年以来一直在进行，且取得了一定成效，但速度仍有待提高。特别是提高中低收入者收入以促进消费方面，有必要加速改进。区域经济结构调整，则要考虑到各个区域的实际条件，从国际布局出发，进行区域经济结构的调整和重新定位。各个区域要找到自己对内、外的竞争力以及战略定位，避免不同区域之间的过度同质竞争。至于产业结构调整，必须进行产业结构、技术升级以及创造新的产业经济增长点。产业结构调整，如今已有布局，但有必要在某些领域加大力度，以形成战略性突破，从而由点带面，形成趋势。

4. 站在更高的战略高度，着眼中国的国防、经济安全，将国防、经济发展形成互保的良性互动关系。国防保证中国经济发展的整体安全，经济保障国防继续快速向前迈进。

如笔者在上文中的分析，GMO发布这样的报告，必有其目的。其中最大的可能，就是借此引起相关部门和市场的注意，以图投资中国市场。这一推测，在2011年9月14日获得证实。

中国证监会网站2011年9月14日披露的2011年8月QFII名录显示，GMO有限责任公司的QFII(合格的境外机构投资者)资格于2011年8月9日正式获得相关部门的批复，成为8月唯一获批的QFII。这，也使中国的QFII机构达到116家。GMO作这份报告的最大目的达成。

美国如何通过『次贷』向世界转嫁危机

China and Currency Wars

第六章

本章视点

- ⊙ 美国为什么试图延缓次贷危机爆发时间？美国打的是什么如意算盘？
- ⊙ 次贷危机背后到底有什么秘密？又是怎么演化出来的？
- ⊙ 美国为什么救了两房、救了 AIG，却偏偏让雷曼兄弟倒闭？这里面隐藏着什么秘密？
- ⊙ 各国救市解围美国危机，美国又如何通过希腊引爆欧债危机？
- ⊙ 中国在次贷危机中又扮演着什么样的角色？

2007 年,美国“次贷危机”爆发,波及全世界,引发世界性金融危机,最终成为自 1929 年以来最大的一次经济危机。如今,这起由“次级贷款”引发的世界性危机,已经演化为欧美各国的政府债务危机。即从商业信誉危机演变成为政府信用危机,并继续向货币危机深化。

这场危机最终将以什么方式结束,还很难预料。但可以肯定的是,这场危机必然改变世界局势,并打破原有的世界权力结构。至少在经济层面,这场危机不会亚于 1929 年的影响。

自 2007 年至今,对大多数人来说,即使不明白经济危机究竟是怎么回事,也能感受到这场自 1929 年以来最大的经济危机已很大程度影响到我们的生活。当前,世界经济、金融和资本市场的实际情况是,从最初谈“次贷”色变,到现在被主权债务危机折磨得死去活来。直到现在,很多人才明白,这一切的始作俑者原来就是那一度被奉为“天堂”的美国。而这一切的制造者,则是被西方庸俗经济学奉为神明的格林斯潘和华尔街大佬们。

为使读者能够更好地理解“次贷危机”,这里有必要针对“次贷危机”的内在运行逻辑做一个详细分析。

美国试图延缓次贷危机爆发的时间

客观地说,美国并不想“次贷危机”那么快爆发。最初,其试图在获得对世界能源的控制权后,通过操纵资源价格等“技术手段”,将危机转嫁,逐渐转变为他国的运营生产成本。直白地说,就是拿别人的资产填自己的窟窿,享受别人的劳动成果。

美国最初的设计很可能是,通过阿富汗战争,直接插入欧亚大陆的心脏。再通过伊拉克战争,加大对中东原油的控制力。最后,通过和平演变或直接针对伊朗的战争,完成对中东原油的彻底控制。

获得中东原油的控制权后,美元和原油彻底捆死,也就使美元完全融入每一滴世界经济运转的血液中,与世界每一个经济元素结合。如此,就能保证美国永远处在世界之巅。

完成这一切之后,战略上,通过北约继续控制欧盟。然后,借助欧盟力量,在美国制定的北约安全框架下,由欧洲整合非洲。再通过对北约的东扩,在原油出路上卡死俄罗斯,使俄罗斯完全受制于美国的贸易规则。

至于中国，到那时候充其量只沦为打下手的“奴隶”工厂。

如果这一切都能如愿以偿，欧亚大陆上的国家就只能接受美国的统治，美国仍然可以通过美元货币霸权、知识产权游戏规则下的高科技霸权、对各种资源和商品的定价霸权，以及军事安全霸权，完成对世界的控制与统治。

于是，世界处于美国的整体控制之下，美国所有的危机都不复存在，都转嫁给全世界背负，美国则可以稳当地处于生物链的最顶端而安然食利。

这一设计，实质上就是一个统治世界的蓝图，美国的真正目标是建立一个由美国统治下的“人类帝国”。①

但是事与愿违，阿富汗战争、伊拉克战争迟迟不能结束，控制伊朗遥遥无期。到2007年，因“次贷”以及过度使用金融杠杆导致的债务黑洞已无法掩饰。在控制伊朗的企图仍然遥遥无期的情况下，美国试图通过鼓动格鲁吉亚拿下南奥塞梯。②

于是，美国全面武装格鲁吉亚，欲卡死俄罗斯向中东方向延伸影响力。如此，中东、中亚大量输欧的输油管道可以完全避开俄罗斯，直接从里海、格鲁吉亚、阿塞拜疆到达欧洲。在能源上就可以彻底拆解欧盟受制于俄罗斯，也就能瓦解俄罗斯对伊朗的影响力支撑。

这样一来，没有了后顾之忧的欧盟，就更有底气影响乌克兰的政治，使乌克兰彻底成为亲西方的政权。最终，只要乌克兰亲西方政权带领乌克兰加入北约，北约就有能力困死俄罗斯。达到目的后，美国只需要向欧洲分一部分权力和利益即可。

令美国人遗憾的是，在关系到未来发展的问题上，俄罗斯人最终选择了“亮剑”。在格鲁吉亚侵入南奥塞梯后，俄罗斯即以迅雷不及掩耳之势将军队开过南奥塞梯，直逼格鲁吉亚，俄罗斯针对格鲁吉亚的战争就此打响。

有趣的是，这一天正好是2008年8月8日——北京奥运会的开幕式。参加开幕式的时任俄罗斯总理普京，亲自向时任美国总统的小布什知会格鲁吉亚战争打响这一消息，小布什脸上好长时间没有表情。

面对俄罗斯摧枯拉朽一般击败格鲁吉亚，美国只能望战兴叹，却不敢贸然介入和俄罗斯进行直接对抗。与此同时，美国的盟友欧盟诸国对此战争讳莫

---

① 人类历史发展告诉我们，没有一个帝国可以千秋万代，但人类历史上每一个强大的国家都有其帝国梦想。这一点，从几千年前到现在，从未有过根本性的改变。

② 格鲁吉亚总统萨卡什维利在一次重大演说后，他竟然问背后的西方顾问“这样说行不行”。

“特工总统”普京和“牛仔总统”布什的握手(图片来源于新华网)

如深，并未表示支持格鲁吉亚。于是，无法延缓危机发生的美国，最终不得不引爆次贷危机，次贷危机随即深化为世界性的金融危机。

为使读者能够更清晰地理解次贷危机及其根源，我们有必要针对次贷危机作相关阐述。

次贷危机的根源

虽然，美国未能如愿以控制世界资源的方式来转嫁危机，但次贷危机的本身仍然是转嫁危机的过程，尽管转嫁危机并不一定能保证美国度过危机，但世界却因为美国的转嫁而陷入危机状态。直到现在，仍然不能排除美国因为顺利将自身危机转嫁而实现华丽转身。

要弄清楚美国如何通过次贷危机向世界转嫁风险，就要了解何谓次贷危机以及次贷危机是如何发生的。

次贷危机，就是发生在美国，因次级抵押贷款机构破产、投资基金被迫关闭、股市剧烈震荡引起的金融风暴。说得直白一点，就是美国房贷机构，将钱贷给那些信用较差、没有偿还能力或偿还能力很差的穷人购买住房，且在这个过程当中不需要任何抵押(利率却相对较高)。在这种特别容易拿到贷款的情况下，很多穷人买房并不是为居住，而是作为投资。也就是等房价上涨之后，资产增加，用增加的部分还贷。

这种经济运作方式，起初给美国经济带来莫大的实惠。但，房价不可能永远上涨，一旦达到某种极限，必然下跌。这种下跌，最直接的后果就是穷人根本无法偿还高息贷款。而之前已经将这些次级贷款以理财产品打包方式出售的产品，同样也就无法为投资者付息。如此，就导致多米诺骨牌效应，大量机构出现资金流枯竭而面临经营困难。随着美国房价的下跌，这种资产严重贬值，于是更进一步加剧这样的状况。说到这里，可能有读者会问：次贷危机好像是美国人自己遭殃，与世界经济何干？

事情缘由，还要由20世纪70年代说起。美国陷入越战后，逐渐暴露出其经济不堪重负的弱点，最后不得不以退兵了事。由于经济不堪重负，在70年代末80年代初，美国推动了一轮新自由主义[①]经济政策风潮。20世纪80年代，美国开始减少政府对金融市场、劳动力市场的干预，并且打击工会，推行促进消费的经济政策，通过高消费来带动经济增长等一系列政策。这些政策包括：

1. 鼓励寅吃卯粮，疯狂消费。自由主义经济学家亚当·斯密认为，消费是所有生产的唯一归宿和目的。基于这种理论，美国鼓励广大民众疯狂消费，寅吃卯粮。

2. 收入分配关系严重失衡，中产阶级收入不升反降。这是经济自由化后的必然结果。在资本自由化的背景下，必然是资本越多者越容易赚钱；相反，资本越少者越难赚钱。直接结果就是贫富差距拉大。

自20世纪80年代以来的30年中，美国老百姓收入一直呈现下降态势。据美国相关统计部门统计，扣除通货膨胀因素后，美国平均小时工资仅与35年前持平。而一名30多岁的男子的收入与30年前同样年纪的人相比，则下降了12%。

与普通老百姓相比，令人瞠目结舌的是华尔街市场的高薪。美国的贫富

① 所谓新自由主义，是英国现代资产阶级政治思想的主要派别。主张在新的历史时期维护资产阶级个人自由，调解社会矛盾，维护资本主义制度。因而成为一种经济自由主义的复苏形式，自从20世纪70年代以来在国际的经济政策上扮演着越来越重要的角色。新自由主义指的是一种政治经济哲学，反对国家对于国内经济的干预。

差距，在过去30年中持续拉大①，大量财富流入有钱人的腰包。这种经济持续发展、大部分人收入却下降的情况，就是源于里根政府的新自由主义经济政策。

3. 金融监管形同虚设，通过资本市场的高度发达引导投资者借贷消费，加入投机市场。

为了实现这一点，美国政府在80年代通过制定和修改法律，放宽了对金融业的各种限制，以推动金融市场自由化和金融产品的创新。1982年，美国国会通过《加恩—圣杰曼储蓄机构法》，储蓄机构获得和银行基本一致的业务范围，但这些储蓄机构并不受美联储的监管。

根据该法案，储蓄机构可购买商业票据和公司债券，发放商业抵押贷款和消费贷款，甚至购买垃圾债券。之后，美国国会通过了《1987年公平竞争银行法》、《1989年金融机构改革、复兴和实施方案》、1999年《金融服务现代化法》等众多经济自由化的相关立法。

这一系列立法，彻底废除了1933年针对1929年经济危机设立的《美国银行法》（即《格拉斯—斯蒂格尔法案》）的基本原则，将银行业与证券、保险等投资行业之间的壁垒打破。于是，金融市场的金融创新、金融投机彻底脱离出监管之下，金融创新没有任何制约。

我们知道，不可能只消费不生产。如果美国大笔消费，就必须有大量的生产。随着美国自身投资成本过高，生产这些事已经不可能在本土完成。于是，大量美国资本开始向境外投资生产企业。

但是，问题来了，如果要满足美国人巨大的消费，就要有足够的财富作为支撑。美国本身不生产，如何获得更多的财富？答案只能是，通过资本市场、汇率、知识产权税、部分领域垄断控制价格等方式来取得。特别是在资本市场层面，美国通过制造“投资热点”，吸引他国将开采能源或制造生产挣来的美元再投入美国资本市场，以此实现美国经济循环运转的目的。

美国就是通过华尔街这个投机市场，保持其内部资金链不断裂。但是，投机市场并不是一个稳妥的方案。因为，大家如果从投机市场总是赚不到钱或资金链断裂，总会有一天作鸟兽散，也就给美国留下一个巨大的漏洞。

于是就美国来说，一方面，必须控制世界核心资源，通过掌控核心资源来

① 这一点和中国基本上一致。尽管中国经济在改革开放后获得了长足发展，但贫富差距却在持续拉大。据统计，中美两国贫富差距相差无几。

掌握人类整个经济发展命脉。同时,在国内不断制造新的经济增长点和吸引力,吸引全世界的资本。众所周知,世界经济增长的命脉就是石油。在这种背景下,海湾战争于1990年爆发。[①]

海湾战争爆发,中东大量资本流入美国。接着,1991年,苏联解体。在西方和苏联诸国高官里应外合下,大量苏联控制的资产流入西方的口袋。在20世纪整个90年代,大量资本流入美国。这种疯狂流入的趋势,直到2000年美国网络泡沫的破灭才宣告结束。

网络泡沫的破灭,美国套牢大量之前进入美国的资本。但是,如果没有后续资本接着进入,美国资金链断裂仍然是迟早的事情。一旦资金链断裂,整个美国很可能分崩离析。美国要想把这个危机甩出去,必须继续实施其控制世界能源的计划。

这时候,本·拉登"适时"出现。

2001年9月11日,据说在本·拉登的策划下,恐怖分子发动震惊世界的"9·11事件"。在这次恐怖事件中,美国纽约地标性建筑世界贸易中心双塔在内的6座建筑物被完全摧毁,其他23座高层建筑被严重破坏,美国国防部总部所在地五角大楼也遭到袭击。

美国据此为借口,发动针对阿富汗的战争。顺利推翻阿富汗塔利班政权后,2003年,美国又以萨达姆藏匿"大规模杀伤性武器"为借口,发动伊拉克战争。也就是说,美国向控制世界资源迈进了两大步。

网络泡沫破灭后,美国需要找到新的经济增长点以继续吸引世界资本。高科技已经不可能,唯一还有潜力的恐怕就是美国的房地产市场。但是,要让美国人大量投资房产,接近零储蓄率的美国人哪里来的钱?在这种情况下,美联储于20世纪90年代末开始持续降息并维持低利率,现金流出式再融资开始流行。借款者不断借入新债、偿还旧债,并且新债的数额要超过原有债务。

这种虚拟的购买力,21世纪初期,给美国房地产市场注入非常大的经济活力,维持美国经济的高速增长,而高速增长的美国经济又吸引着世界的投资。在这种投资热潮下,房价不断攀升。次级贷款规模,就是在这种市场环境下不断高速膨胀。金融机构为获得更高的利润,采用高杠杆操作,很多投资银

---

① 美国之所以敢在这个时候发动战争,是因为一个正在倒向西方且实力大不如前的苏联、接近垮台的苏联已经无力对其形成制约,美国控制世界能源的机会已经到来。而在这个时候,愚蠢的萨达姆成为美国的枪手,在美国的暗示下,萨达姆发动入侵科威特的战争。于是,美国以"正义"维护者的身份空降伊拉克,自此走向彻底控制中东之路。

美国“9·11”遇袭图(图片来源于维基百科)

行的资金杠杆率高达20～30倍。譬如,一个资产10亿美元的投行,可以抵押去借300亿美元的资金用于投资。如此,盈利10%,就是300%的暴利。当然,如果亏掉3.4%,就意味着资不抵债,继而爆仓。

高杠杆操作,就意味着高风险。正常情况下,银行不可能做这样的冒险操作。为了顺利进行这样的操作，金融创新又起到巨大作用。于是，有机构把这个杠杆投资拿去做“保险”，这种保险被称为“担保债务凭证”(CDO，collateralized debt obligation)。在此，我们对 CDO 作一个简单分析。

例如，投行 A 为逃避过度杠杆操作的风险，找到保险公司 B(也可以是银行，只要能作担保就可以)，请求保险公司 B 为其违约作保险担保，每年向保险公司 B 支付 1 亿美元保费，连续支付 10 年，共 10 亿美元。假如投行 A 期间并未违约，这 10 亿美元的保费保险公司 B 就算白拿；相反，假如违约，保险公司 B 就要为 A 投行赔偿。对投行 A 来说，如果不违约，可赚 90 亿美元，拿出 10 亿美元作保费还可赚 80 亿美元，用 10 亿美元彻底转嫁了风险，这是只赚不赔的生意，何乐而不为？作为保险公司 B，肯定不可能轻易答应投行 A 这种转嫁风险的行为，于是就去进行市场调查。调查发现，违约率不到 1%。如果有 100 家这样的生意，10 年就等于 1 000 亿美元保费收入。即使如果其中 1 家违约，也不过赔偿 100 亿美元。即使升高 2 倍达到 3 家违约，也才支付 300 亿美元的保费，还能净赚 700 亿美元，这种钱相当于白赚，当然求之不得。于是，A、B 两家拍板成交。这种交易一旦蔓延，就出现了一个巨大的再保险市场。

但是，这种高杠杆的操作，随着行情变化，很可能出现违约率大增的情况。保险公司为了转嫁自己的风险，将这种未来预期的利润打折向市场出售。保险公司的利润虽然减少，但却锁定利润不再承担任何风险。由于美联储的低利率，加上各机构都可以进行不同程度的杠杆操作，市场上一时资金泛滥。

于是，在利益的驱使下，更多机构愿意出钱购买这些打折的 CDO 保险合同。一个巨大的 CDO 交易市场就这样诞生，这个市场就叫做 CDS 市场(Credit Default Swap，信用违约互换)。大量 CDO，就像股票一样开始在市场中流通。

如此游戏规则下，大家都像保险公司 B 那样，锁定部分利润后就转手，犹如击鼓传花，最后总还是落在某个投资机构身上。截止到 2008 年，CDS 的市场规模就达 60 多万亿美元。而这个市场，聚集着世界上众多金融机构的资本，特别是华尔街资本和欧洲资本。

2001～2005 年，美国经济因为房地产市场的红火而有声有色。美国在经济维持较高增长速度的情况下，维持其在中东的战争。但是，人算不如天算，美国控制世界能源之路最终受阻于伊朗。

伊朗的核问题，从 2003 年重启，到 2005 年，彻底成为一个国际性博弈平台。美、欧、中、俄，在伊朗形成一个世界角力的焦点。伊朗核问题，本质上是中、欧、俄阻止美国进一步控制世界石油资源的一种自救行动，同时也是伊朗、土耳其以及中东诸国，试图通过大国博弈寻求更强自治力的一个平台。当然，对伊朗来说更为特殊，那关系到现有政权的生死存亡。

伊核问题迟迟得不到解决，2006 年，美国的次贷危机开始显露端倪；2007 年，逐渐深化进而无法掩盖；2008 年，不得不展开对俄罗斯的遏制以图拆解伊核问题对其的制约（针对俄罗斯的格鲁吉亚对南奥塞梯的统一之战）。

但是，格鲁吉亚一战的功亏一篑，促使次贷危机彻底爆发，进而形成世界性的金融风暴。但是，美国次贷危机的深化，在自己破罐子破摔的同时，将有毒资产部分转嫁给世界其他国家。

次贷危机无法避免后，美国引火烧世界

美国是如何通过雷曼兄弟的倒闭引火烧世界的？要想搞清楚这个问题，就有必要了解雷曼兄弟的大概情况。

雷曼倒台背后的秘密

雷曼兄弟不是一家普通公司。它成立于 1850 年，有 158 年的发展历史。服务对象包括阿尔卡特、美国在线—时代华纳、戴尔、富士、IBM、英特尔、美国强生、乐金电子、默沙东医药、摩托罗拉、NEC、百事、菲利普莫里斯、壳牌石油、住友银行、沃尔玛等世界性大企业。它为全球公司、机构、政府和投资者提供金融服务，是全方位、多元化的投资银行，在全球 48 座城市开设办事处，包括纽约总部、伦敦的欧洲总部以及东京、中国香港的地区总部。

在倒闭前三年，雷曼兄弟还属于最光鲜的投行。2005 年，因其卓越表现，荣膺《欧洲货币》杂志“最佳投资银行”；2007 年，荣膺《财富》杂志最受羡慕证券公司第一名。这么优秀的公司，怎么会突然倒闭？

其原因，除次贷外，美国 1999 年解除《格拉斯—斯蒂格尔法案》，使得商业银行能够与投资银行在所有投行业务上平等竞争。在利益的驱动下，雷曼逐渐放松甚至忽略了自己一贯严谨的风险控制系统。雷曼用公司账上的资产作抵押，向商业银行、对冲基金、机构投资者等大量借贷，将借来的资金贷给私募股权基金或购买房贷资产（大量购买次级贷资产），然后再通过产品模型打包

曾经让无数人艳羡的雷曼兄弟总部大厦(图片来源于维基百科)

发行给全世界的投资者。如此,雷曼可谓是将金融杠杆机制用到了极致。

次贷危机爆发前,雷曼成为华尔街打包发行房贷债券最多的投行,雷曼自己也积累了多达850亿美元的房贷资产(这些资产中,绝大部分是信用不好的次级贷款)。分析称,雷曼公司是2006年次贷证券产品最大的认购方,占据高达11%的市场份额。美国房价2006年开始下跌,雷曼手中积压了大量卖不出去的次贷资产。到2008年第一季度时,雷曼公司的减记资产竟高达100亿美元。

让人奇怪的是,2007年,华尔街不少机构都因为投资次贷产品蒙受不同程度的损失,很多机构已经开始抛售次贷资产,但雷曼兄弟好像并未察觉,甚至报表上还显示当年盈利41亿美元。是真的没感觉到,还是背后有某种更大利益的驱使？这一切，待雷曼破产清算后，有了答案。

英国《金融时报》记者弗朗西斯科·格雷拉、汉妮·桑德尔和帕特里克·詹金斯对雷曼破产的报道中，引用一位芝加哥律师耗时整整一年时间、经过深入细致的调查研究完成的一份篇幅巨大的报告，该报告揭示了致使雷曼走上悲惨命运的管理弊病、毁灭性的内部文化以及不计后果的冒险行为。

报告指出，2006 年底，在次贷危机已显露端倪的情况下，雷曼高管决定提高公司的风险承受上限，即将承受的交易和投资亏损额度提高 2 倍。作出上述决定之际，该公司正要扩大房地产投资，尽管当时美国抵押贷款市场开始被引爆。调查还发现，雷曼当时的首席风险官马德林·安东西奇（Madelyn Antoncic）曾反对把风险承受上限从 23 亿美元提高到 33 亿美元，但她的意见遭到否决。

到 2007 年底，雷曼的风险承受上限已达 40 亿美元。按照规定，雷曼必须对所持的交易头寸和投资进行压力测试，但该公司把房地产自营投资、私人股本投资以及支持收购交易的杠杆贷款等风险最高的资产，都排除在计算范围之外。雷曼的这些做法意味着，一旦金融市场出现动荡，特别是自己所投资的非流动资产市场出现动荡（比如住房的次级贷款市场），就随时会受到冲击。这个问题对雷曼来说性命攸关，因为该公司的资本金只有 250 亿美元，所拥有的资产负债表缓冲远小于高盛（Goldman Sachs）等竞争对手。

报告称，在评级机构和投资者要求雷曼缩减资产负债表的情况下，该公司开始大肆使用其自 2001 年起采用的一种“会计花招”。这种“会计花招”，内部称为“回购 105”，即在会计报表推出前几天，将问题资产转出资产负债表。如此，雷曼可以在几天期间把最高 500 亿美元的资产转出资产负债表，安然度过季度结束的那几天。借此，该公司降低了杠杆比率（资产负债表上债务所占比率），避免评级下调，甚至显得比实际情况更为健康。

实际上，雷曼的杠杆率一直维持在较高的位置。截止到 2008 年第二季度末，其总资产为 6 394 亿美元，总负债却高达 6 132 亿美元，这意味着，雷曼的净资产只有区区 262 亿美元。雷曼兄弟的杠杆率高达惊人的 24.3 倍，2008 年初，甚至一度达到 32 倍。也就是说，只要雷曼亏损 4.1％，雷曼公司就彻底破产清算。

但是，上述仍然不足以证明雷曼必然要走向破产。因为：

华尔街杠杆率普遍比较高，其中，比雷曼高的有摩根士丹利和美林，高盛基本和雷曼持平，它们没有一家破产。难道是雷曼与它们相比抗风险能力更弱？我们再看美国当局做了些什么。

就在雷曼 2008 年 9 月 15 日宣布倒闭的前一周，即 2008 年 9 月 7 日，美国政府宣布以 2 000 亿美元接管两房（房利美和房地美）。接着一天后，2008 年 9 月 16 日，美联储授权纽约联邦储备银行向陷入破产边缘的美国国际集团（AIG）提供 850 亿美元紧急贷款，并为其现值 1 万亿美元以上的资产作抵押，使美国政府持有该集团 80%的股份。换句话说，美国当局完全有能力救助雷曼，但却拒绝援手。

针对这一点，央视记者芮成钢在保尔森卸任后采访他时，也提出同样的疑问。保尔森回答："不是不想救，是没有从政府获得救雷曼的权力。"称其没有法律权力和紧急救助权力处理非银行机构，在破产程序之外清算他们。对雷曼，他们就没有救助的权力。但，芮成钢接着问："政府显然救助了 AIG。"保尔森的回答是："如果 AIG 倒掉的话，整个金融体系会随之崩溃，我们会经历经济灾难。幸运的是，雷曼是个征兆，我们努力救助雷曼的那个周末，也同时在考虑救助 AIG 和美林。"

前面救助两房，接着救助 AIG。显然，雷曼倒闭，不是政府不能救，而是不想救。这一疑问，2010 年 4 月，伯南克在一次访谈中间接给出了答案。伯南克称，他当时仅有的权力就是向雷曼贷款。但是，当时（2008 年 9 月）雷曼需要的，远超过贷款。"雷曼既需要大量资金，还需要无限责任担保，"伯南克说，"那时候，无论是美联储还是其他机构，都没有权力提供资本或者不安全的担保，也就无法采取任何措施阻止雷曼倒闭。"从保尔森和伯南克的表态上我们可以看出，美国监管层从开始就试图寻求途径将雷曼卖出解套，而不是施救。

最初的买家来自韩国，韩国产业银行一度欲购进雷曼 25%的股权。另外有两个候选：中国的中信证券和来自中东的基金。后来，还包括美国银行、KKR、德意志银行、野村证券、三菱日联金融集团、黑石集团、中资银行等，最大的买家是英国的巴克莱银行。

幸运的是，英国监管部门否决了这一收购议案，并于 2008 年 9 月 14 日下午两点退出谈判。2008 年 9 月 15 日，雷曼即宣布破产。从这一过程可以看出，美国当局从开始就没打算救雷曼，而是准备将其卖出。最后没能如愿，就直接让雷曼倒闭了事。

为什么美国偏偏选择雷曼倒闭而不是其他投行？雷曼公司，仅员工持股就高达 30%，而且其在 2002 年就有 37%的业务收入是产生于美国之外。这两点意味着：

其一，雷曼背后缺少大老板，即缺少后台；

其二，雷曼大量业务收入来自美国境外，相比其他金融机构，雷曼倒台对美国损害最小，对世界其他国家损害最大。

我们可以看看给雷曼提供银行信贷、信用证和持有债券的不完全机构名单：

花旗和纽约银行为雷曼兄弟提供约1 380亿美元的优先债券（senior notes）担保

纽约银行为雷曼兄弟提供约120亿美元次级债担保

纽约银行为雷曼兄弟提供50亿美元次等后偿债（Junior Subordinated Debt）担保

东京青空银行（AOZORA）的银行信贷4.63亿美元

日本瑞穗实业银行的银行信贷2.89亿美元

纽约花旗银行香港分行的银行信贷2.75亿美元

法国巴黎银行的银行信贷2.5亿美元

日本新生银行的银行信贷2.31亿美元

中国建设银行持有债券1.914亿美元

三菱东京UFJ银行的银行信贷1.85亿美元

三井住友银行的银行信贷1.77亿美元

中国工商银行持有债券1.518亿美元

瑞典商业银行的信用证1.41亿美元

比利时联合银行的信用证1亿美元

日商瑞穗实业银行的银行信贷0.93亿美元

日本信金中央金库的银行信贷0.93亿美元

加拿大丰业银行新加坡分行的银行信贷0.93亿美元

日本中央三井信托银行的银行信贷0.93亿美元

中国中信银行持有债券0.76亿美元

中国银行持有债券0.76亿美元

英国劳埃德银行的信用证0.75亿美元

中国交通银行持有债券0.7亿美元

中国招商银行持有0.7亿美元

华南商业银行的银行信贷0.59亿美元

中国银行纽约分行的银行信贷 0.5 亿美元

日本生命保险公司的银行信贷 0.46 亿美元

澳新银行首尔分行的银行信贷 0.44 亿美元

渣打银行的银行信贷 0.41 亿美元

渣打银行的信用证 0.36 亿美元

中国兴业银行持有债券 0.34 亿美元

第一商业银行的银行信贷 0.25 亿美元

台湾银行的银行信贷 0.25 亿美元

挪威银行的银行信贷 0.25 亿美元

澳新银行墨尔本分行的银行信贷 0.25 亿美元

澳大利亚国家银行的信用证 0.13 亿美元

澳大利亚国家银行的信用证 0.1 亿美元

台北富邦银行纽约分行的银行信贷 0.1 亿美元

而且，在花旗和纽约银行为雷曼兄弟提供的约 1 380 亿美元优先债券(senior notes)担保中，不知道有多少是代境外机构持有。

除了上述机构外，还有两件事让人匪夷所思。

一是，据英国《金融时报》2008 年 9 月 20 日报道，雷曼兄弟欧洲分公司管理人要求美国雷曼兄弟控股公司，归还倒闭前从伦敦汇过去的 80 多亿美元。接管雷曼欧洲的普华永道合伙人罗马斯表示，超过 80 亿美元的资金，是在雷曼兄弟可能倒闭前数天汇到纽约的。这 80 亿美元，肯定是肉包子打狗有去无回。生生从欧洲刮去 80 多亿美元，这件事甚至惊动了时任英国首相布朗。布朗在接受英国广播公司采访时说，英美两国政府正就返还资金一事进行磋商。虽然，雷曼欧洲子公司转账资金是英国方面犯下的错误，但导致全球金融动荡的责任主要在美方。

实际上，无论怎么协商，都无济于事。美国总统一定推给法律处理，而美国法律绝不可能支持退回这笔钱，这 80 多亿美元打水漂无疑。直到现在，3 年多过去，再没有那 80 多亿美元的任何消息了。

另一件则更可笑，德国国家发展银行居然在雷曼宣告破产后，按照外汇掉期协议的交易，通过计算机自动付款系统，向雷曼兄弟公司即将冻结的银行账户转入 3 亿欧元。这 3 亿欧元，毫无疑问也是肉包子打狗——有去无回。

相比美国其他金融机构，雷曼破产能使美国损失减到最小，其他国家则损失惨重。而且，绝对可以震动整个世界金融市场。如此，某种意义上就可以让世界与美国联合起来共同救市，大家一起为美国的危机兜底。

果不其然，在雷曼宣布破产后，2008 年 10 月，全世界进入“救市潮”。

2008 年 10 月 7 日，俄罗斯宣布向银行体系注入 9 500 亿卢布。

2008 年 10 月 8 日，英国政府宣布英格兰银行将提供 2 000 亿英镑短期信贷额，增加银行流动性；同日，日本央行向短期金融市场注资 1.5 万亿日元；接着 10 月 10 日，日本央行再注资 3 万亿日元，使得注资总额达 4.5 万亿日元。

2008 年 10 月 12 日，欧元区 15 国通过了 3 000 亿欧元的救市计划。

2008 年 10 月 13 日，德国推出总额达 5 000 亿欧元的救市计划；同一天，法国推出 3 600 亿欧元的融资计划；荷兰政府向荷兰金融机构承诺拨款 200 亿欧元帮助荷兰境内金融企业；瑞典央行宣布向银行系统大幅注资；爱尔兰政府为本土银行存款和债务提供两年政府担保，用以消除市场对银行系统崩溃的担心；英国政府也在当日执行了向三大银行注资 370 亿英镑，使得三大银行部分国有化，确保银行系统稳定。

2008 年 10 月 14 日，澳大利亚宣布高达 73 亿美元的救市计划；澳政府向金融机构所有存款提供为期 3 年的担保，同时承诺向住房抵押贷款融资领域注入 40 亿澳元现金，稳定房贷市场；韩国政府当天也宣布 2 400 亿美元的外汇储备救市计划，涵盖所有银行和金融机构。

中国救市政策更是重磅，在确立积极的财政政策和适度宽松的货币政策后，还提出 4 万亿人民币的救市投资计划。

在货币政策方面，各国央行一起大幅降息。在第一轮救市后，G20 峰会召开，各国继续就针对世界金融危机的救市展开进一步合作。

雷曼破产，对美国最大的好处是，将金融危机由美国向全世界扩散。虽然是破罐子破摔的无奈之举，却使自身的压力陡然减轻，美国得以有喘息之机。世界经济，因为各国的经济巨大刺激，暂时恢复“稳定”，并貌似恢复“增长”。

就在这喘息之机，2009 年 5 月，美联储马上调整美国的会计准则，并要求美国银行业自 2010 年起启用新会计准则。通过新会计准则，美国实际上是将其大量高杠杆债务以技术手段延期，其目的是通过新会计准则尽量将违约时间延后，以便继续有时间向外转嫁自身危机。美国 2011 年 9 月进行的国债“扭转操作”也有这方面意图。

2008 年的救市，除了为美国分担危机压力、给美国更多向外转嫁危机的时间外，同时也给欧、日等发达国家和地区财政带来巨额的债务，使发展中国家饱受美元不断量化宽松导致的通胀之苦。

“救市”后的新危机

世界各国齐心协力救市一年后，2009 年 11 月 25 日，迪拜财政部突然宣布，由政府持有的迪拜世界公司及旗下房地产分支棕榈岛集团将推迟偿付数十亿美元的债务最少 6 个月。这意味着迪拜债务出现严重违约，一场新的债务危机重新成为世界焦点。据估算，“迪拜世界”对外债务高达 590 亿美元，占迪拜总债务的 74%。

资料显示，“迪拜世界”六个最大债权人中，一个是迪拜国民银行，一个是阿布扎比商业银行，其他四家均为英资银行，分别是汇丰控股、渣打银行、劳埃德银行及苏格兰皇家银行。

其中，迪拜国民银行占约 30 亿美元，苏格兰皇家银行占 20 亿美元，汇丰控股、渣打银行和劳埃德银行各占 10 亿美元。也有机构估计，汇丰控股向“迪拜世界”信贷风险达 28.6 亿美元，占其总贷款额的 3‰。据估算，英资银行是阿联酋最大贷款人，共贷出约 500 亿美元，亦占阿联酋所欠外资银行总贷款额 1 230亿美元的四成。

世界第一高楼，**828** 米的迪拜塔(图片来源于维基百科)

“迪拜世界”的债务违约是怎么造成的，原因主要有三个：

1. 房地产过度开发，导致房地产泡沫过重。其中，耗巨资建造的迪拜塔，是造成迪拜背上 800 亿美元外债的主要推手。2008 年 9 月，因雷曼兄弟倒闭引发的全球经济危机，对迪拜影响很大，元气大伤。尤其是房价下跌、建设项目被取消等利空因素接连出现，使迪拜偿债能力大幅下滑。

2. 国际金融危机导致迪拜近年大举投资国际金融业，特别是在美国市场亏损严重，使迪拜世界资金链越发紧张。这些投资中包括：2007 年，“迪拜世界”斥资 51 亿美元，购入美国娱乐业巨头米高梅公司近 10%的股份，后来，米高梅股价一度从当时的 84 美元降至 16 美元（米高梅已于 2010 年底破产，“迪拜世界”的投资基本血本无归）；还有，迪拜其他投资公司花费近 30 亿美元购入德意志银行和渣打银行的股份，这两家银行的股价也大幅缩水。

3. 美元在量化宽松后的大幅贬值。由于迪拜执行的是本国货币迪拉姆与美元挂钩的汇率政策，使迪拜在债务危机上“火上浇油”，美元自 2008 年至 2009 年的持续贬值，导致迪拜和海湾地区物价飞涨，通胀率连续数月高达两位数。美元贬值，某种程度上可以说是引发迪拜经济衰退的又一重大推手。

综合来看，迪拜危机就是拜美国次贷危机所赐，是美国“爆破”雷曼兄弟后，加上“迪拜世界”自身承受能力不足导致的结果。其实际目标，则直指欧盟国家。

迪拜危机发生后不久，接着，就引发希腊的主权债务危机。

2009 年 12 月 8 日，美国资本控制下的全球三大评级机构之一的惠誉宣布，将希腊主权信用评级由“A^-”降为“BBB^+”，前景展望为负面，惠誉同时还下调了希腊 5 家银行的信用级别。惠誉称，这一降级决定反映了“对希腊中期公共财政状况的担忧”，加上希腊金融机构的信誉不良和政策面的负面因素，难以确定希腊是否可获得“均衡、可持续的经济复苏”。

受消息影响，全球股市应声下跌，希腊股市更是跌幅达 6%，欧元对美元比价大幅下滑。接着，2009 年 12 月 16 日晚，另一家被美国资本控制的三大国际评级机构之一的标准普尔宣布，将希腊的长期主权信贷评级下调一档，从“A^-”降为“BBB^+”。标准普尔同时警告说，如果希腊政府无法在短期内改善财政状况，有可能进一步降低希腊的主权信用评级。惠誉和标准普尔的评级下调，成为点燃希腊债务危机和欧债危机的导火索。

的确，希腊的财政问题由来已久。目前，该国的财政赤字占 GDP 的比重已高达 12%，远远超过欧元区设定的 3%的上限，希腊公共债务余额占 GDP 的比重则高达 110%。但这场让人广为诟病的希腊主权债务危机，实际上却是由美国“小财政部”高盛公司一手策划和炮制的。

1992 年，欧洲共同体签署了《马斯特里赫特条约》，其中规定：欧洲经济货币同盟成员国必须符合两个关键标准：预算赤字不能超过 GDP（国内生产总值）的 3%；负债率低于 GDP 的 60%。2001 年希腊入盟后，距离这两项条约性要求都相距甚远。迫于条约性要求，希腊向美国投行高盛求助。高盛很快为希腊设计出一套“货币掉期交易”的处理方案，通过货币掉期，将希腊政府一笔高达10亿欧元的公共债务延期，使希腊在账面上符合欧元区成员国条约要求标准。

其具体做法是，希腊发行一笔100亿美元10～15年期的国债，分批上市交易。这笔国债，由高盛公司负责将希腊发债募得的美元兑换成欧元，待债务到期，仍由高盛将其换回美元。与此同时，高盛人为拟定一个汇率，使高盛可以向希腊贷出一大笔资金，但这笔资金却并不在希腊的公共负债率中表现出来。

原理很简单，若当时1欧元可兑换1.3美元，希腊若发行100亿美元即可获得约76.9亿欧元的资金，高盛在给希腊提供兑换时人为拟定一个1欧元兑1.15美元的汇兑标准，如此希腊就可以获得86.9亿欧元的资金。同时，双方再签订一个协议，即多出来的10亿欧元算高盛贷款给希腊。这笔钱，不会体现在希腊当时的公共负债率的统计报表中，因为它有10～15年的还款延展期。

但是，10～15年后，这笔钱必须到期归还，还有利息。如果希腊不能在这10～15年间改善其经济发展状况，使财政产生盈余弥补这潜在的赤字，未来必然爆发更为严重的债务问题。

希腊获得这笔现金后，从账面上看，国家预算赤字仅为GDP的1.5%。而事实上，2004年欧盟统计局曾重新计算希腊债务情况，其赤字实际高达3.7%，超出要求的3%标准。最近，又有新的消息表明，希腊当时真正的预算赤字高达GDP的5.2%，严重超过3%的条约规定。

除这笔“货币掉期交易”设计的贷款外，高盛公司还为希腊设计出多种增收方式，却不会使负债率上升。譬如，让希腊将国家彩票业务和航空税收等未来的收入作为抵押，换取更多现金。这种抵押折现的方式，在统计中不是负债，而是出售。所谓出售，即将未来的收入折现。但这种“出售”，其本质上仍然是负债。因为，那些预期收入并未变成现金，一旦经济出现问题，收入不能变现，必然会导致负债急剧增加。

这些所谓的创新，其实是把希腊未来的财政预期收入给证券化了，就像企业把未来的收入预期变成现在的股票价格一样。高盛的这一系列设计及其提供的资金，有高达3亿欧元的佣金，这笔巨额佣金，无疑又让希腊的赤字增加不少。更妙的是，高盛拿到佣金后，也担心自己的本金受损失，于是向德国的一家银行购买了20年期的10亿欧元CDS(信用违约互换)保险。也就是说，当希腊出现支付问题时，这笔钱由德国的这家银行支付。这一步，实际上是高盛将其自身的风险直接转嫁给欧盟内部的德国银行，自己白赚巨额佣金不说，风险却完全扔给欧盟。

更为可怕的是，希腊的这种做法并非欧盟国家的个案。据透露，包括意大利、西班牙、爱尔兰等国家都不同程度地涉入此类交易，甚至包括德国。其中，意大利在这方面走得相对较远，因此风险也就最大。

这种做法，某种程度上就是一个金融陷阱。如高盛这样的角色，通过金融设计，将欧盟原来自身不是很大的问题全部延后到某一个时间点发作，而欧盟诸国一起发作的结果就犹如一枚定时炸弹。这充分说明一点，若一国之金融设计受制于人，将后患无穷。高盛号称白宫的“小财政部”，欧元与美元是天然的竞争货币，美国怎么可能真心帮一个未来的竞争对手？这个陷阱，本身就是预先埋好的定时炸弹。这一点，恰好被希腊主权债务危机的过程所验证。

据报道，就在希腊被三大信用评级机构中的两家调降评级后不久，即2010年1月底2月初，就出现针对希腊和欧元的金融攻击。这种金融攻击显然非市场自发的正常行为，而是有预谋的。

这次攻击是利用希腊有多笔债务即将到期，炒作希腊出现支付能力问题。这种炒作，直接导致资本市场剧烈动荡，欧元大幅下跌。① 欧元大幅下跌，其结果就是希腊的国家融资能力下降，融资成本急剧上升(借贷利率高出一般新兴国家2倍以上)。

由于希腊的金融环境急剧恶化，对希腊支付能力承保的CDS价值就翻番上涨(当希腊国家的支付能力被怀疑，有关希腊债务的CDS就会上涨)。谁持有大量希腊的CDS呢？正是为希腊设计货币掉期交易的高盛和两家对冲基金。谁又为希腊的CDS承保呢？是德国的银行。谁制造了这场危机并加以炒作呢？是美国资本控制的三大评级机构和美国资本控制的媒体。

这一切，怎么看都是一个连环套。这个连环套，从植入到兑换利益，为时差不多10年。高盛，在为希腊设计了这个局后，不断在交易市场上购买更多的希腊债务的CDS。等CDS涨高后，就高位抛出。在这个过程中，高盛不仅没有任何损失，还白白赚取大量货币掉期交易设计的佣金，并在因为它所设计

① 欧元兑美元在希腊债务危机发生后，从1欧元对1.5美元左右跌至1欧元兑1.2美元左右，跌幅超20%。

的游戏规则制造出的漏洞和问题中大赚特赚。

为打击希腊国家信誉，高盛公司与两大对冲基金，一方面大肆“唱衰”希腊的支付能力（包括信誉评级力量、媒体力量以及其机构的分析报告等）；另一方面则轮番抛售欧元，导致国际市场的恐慌跟进，欧元在10天内就跌了10%。欧元如此暴跌，市场会立即联想到欧元区可能出现不稳。

于是，一个希腊危机马上被想象成整个欧洲的问题。更何况，这样的问题本身也不是希腊的个例，而是包括葡萄牙、西班牙、爱尔兰、意大利等国都存在的问题。如此，又打击了这些国家的融资能力。本来就资金链吃紧的问题再遇到融资困难，危机立刻显现并被市场放大。自2009年7月至2010年2月，大约半年时间，希腊的债务保险利率上涨整整3倍。2月下旬，希腊国债CDS涨到428点，超过处于半战争状态的黎巴嫩的255点。

上述，虽然绝不是一种正常的市场行为，但却是实实在在发生过的事情。也许有人会说，难道金融市场就没有道德吗？是的，金融和资本市场不相信道德，只相信法律。

但是，国与国之间，哪里又存在金融法律的约束？在没有法律约束的环境里，国际投机就等同于没有道德的抢劫行为。20世纪80年代末的日本、1997年的亚洲金融危机，都是这种国际资本抢劫弱者的现实案例。投机大鳄索罗斯将市场炒作比喻为动物世界，就是专门攻击弱者。

实际上，人类的战争早已改变了形式，就像北京航空航天大学教授王湘穗和空军少将乔良将军在他们的著作《超限战》中所描述的，战争早已超越了传统意义上的概念，而是包括“生态战”（如东京发生奥姆真理教徒毒气事件）、“贸易战”、“金融战”、“新恐怖战”等各种形式的战争。上述，实际上就是一场战争。

直到现在，欧债危机仍然困扰着欧盟，并不断蔓延。这种博弈，已经交织在整个国家博弈层面。未来的输赢，将直接决定着一国之国势、国运。这场危机，正在加速欧洲走向一体化。在欧洲一体化的过程中，法国在争取政治和军事主导权，德国在争取财政权，而英国则为获得更大的金融权准备着。

针对欧盟整合，欧洲中央银行候任行长马里奥·德拉吉2011年9月5日在巴黎说，欧元区国家目前采取的短期措施仍不足以应对主权债务危机，欧盟成员国应修改《里斯本条约》，加强经济治理，解决危机的根源性问题。

2007年12月，《里斯本条约》在葡萄牙首都里斯本由欧盟各国领导人签署，以取代此前被法国和荷兰全民投票否决的《欧盟宪法条约》，并获欧盟所有成员国批准生效。《里斯本条约》本质上是欧盟迈向《欧盟宪法条约》的一个过渡，欧洲中央银行候任行长马里奥·德拉吉如此表态，就是要化危机为转机，加速欧盟一体化整合进程。

无独有偶，2011 年 9 月 4 日，德国前总理格哈德·施罗德称，为防止欧洲再次爆发经济危机，欧洲需要一个统一政府，建议建立“欧洲合众国”。施罗德的原话是：“当前的危机清楚显示，一个统一货币区不能缺少统一的财政、经济和社会政策……我们应该成立一个受欧洲议会监督的政府，那意味着‘欧洲合众国’。”

2011 年 8 月，德国现任总理默克尔和法国总统尼古拉·萨科齐会谈时提出，成立欧元区经济政府、成员国实行财政平衡政策。欧元区其他国家反应冷淡，施罗德则支持这些提议。未来，欧洲如果不能继续加强整合、团结力量，其结果必然是欧元体系坍塌、欧盟名存实亡，最终重归美国北约框架下的统治。

中国在危机中扮演什么角色

作为世界第二大经济体、世界第一大贸易国、制造业世界第一的国家，中国已经成为世界经济发展的最重要引擎之一。2008 年的金融风暴，同样给中国造成了巨大的影响和压力。那么，中国在这次危机中到底扮演着什么角色呢？

中国式救市

最初，中国对次贷危机并未作出特别反应。2007 年，次贷风暴已经爆发，由于还未真正影响到中国经济，同时中国通胀压力仍然较大，所以，中国 2007 年相关政策仍然都是“踩刹车式”的收紧。货币政策大幅收紧，一直持续到 2008 年下半年。2008 年下半年，中国实体经济因为外贸订单与投资大幅减少，有快速下滑趋势，政策这才开始转向。直到雷曼兄弟倒闭，原来仅限于美国的次贷危机直接演化为全球金融危机，中国也开始出“重拳”救市。

虽然，中国“重拳”救市一直备受争议，但就综合效果以及演化到 2011 年 8 月的情形来看，总体上仍然是在正确的时间节点上做了一个正确的决策。与欧美发达国家只是向金融机构注入流动性救助金融机构不同，中国救市是围绕救助实体经济展开。

之所以这么做，原因在于，由于金融衍生品相对不够发达，中国金融机构根本不存在诸如欧美金融机构那样的危机。中国主要以投资和制造拉动经济，要想保经济发展、保就业和民生，就必须让工厂里的机器转动起来；而让工厂里的机器转动起来，就必须加大投资。

于是，我们看到，适度宽松的货币政策在执行中变得极其宽松。在施行积极的财政政策的同时，还有 4 万亿人民币的投资计划。2008 年第四季度，救市展开，中国经济在 2009 年第二季度开始强势反弹。2009 年下半年，经济增长重新回到较为正常的水平。

对中国来说，“重拳”救市，没有让整个中国经济短期内陷入窒息，使经济循环重新进入正常轨道，就是最理想的效果。中国的救市对世界影响也非常巨大，中国巨大的产能，首先让如澳大利亚、巴西、东盟、印度、非洲和拉美等国家的经济回稳，同时保证了欧美发达国家的生产和消费。在这一点上，相比发达国家的救市，中国的救市对世界来说来得更实惠。

2008 年救市后，相比欧美日等发达国家和地区的复苏迟缓，以及巴西、印度、越南等国家经济复苏的忽冷忽热，中国经济相对稳定。在这个过程中，中国无论在话语权还是在争取自己的国际利益上，都有较大程度的提升。

但在政策的调整上，笔者认为有三点值得商榷：

1. 对房地产的货币政策过于宽松

对房地产行业的货币政策过度宽松，加上政策并未对炒房进行遏制，直接导致中国房地产市场在 2009 年下半年开始失控。相比 2008 年危机前，房价整体涨幅近 1 倍。到 2010 年 4 月，房价已经高到随时可能引爆社会矛盾的地步，以致中国不得不在 2010 年 4 月出台“最严厉”的调控政策。

房地产市场积聚的资金，是一个巨大的“堰塞湖”。中国当局如果无法稳妥解决高房价问题，下一轮危机一旦爆发，估计中国就没那么幸运，甚至危机可能就发生在中国。

好在当局很快调整了宏观政策，推出 5 年 3 600 万套保障房计划，使房地产在中国经济中的地位大幅下降。2010 年以来，银行也大幅增加了资本金。如此，中国可逐渐摆脱对房地产业的依赖，住房也就逐渐回归到其居住功能而非炒作。

2. 对股市的过度抑制

相比对房市的宽松，形成鲜明对比的是对股市的过度抑制。与楼市高房价带来的民生问题以及对宏观经济的风险相比，股市温和上涨，既能吸纳流动性，又能提高市场融资能力，同时还能因为投资者财富增长而加速经济结构转型。

但是，相比 IPO 和再融资的整体融资规模，对股市在政策上的支持却是少得可怜，这直接导致市场信心丧失以及供求失衡。相比欧美市场最近两年的风风火火，A 股却跌掉差不多三成。

3. 人民币升值过速

人民币升值，显然会增加中国出口企业的出口成本。为什么不考虑促使企业将升值这部分成本转到工人的收入？这样，可以促进我国的消费，从而加速调整经济结构。人民币升值最大的坏处之一，就是境外的美元资产大幅贬值。虽然，这种贬值暂时只限于央行的资产负债表，但央行要保持资产负债表的平衡，就必须将这部分浮亏平衡掉，而平衡的对象只能在国内，这就直接带来通胀压力。

同时，由于人民币升值，会在国际大宗商品交易上导致人为虚增购买力，在我国对国际大宗商品根本没有定价权的背景下，虚增购买力会成为华尔街的炒作概念，从而推高大宗商品价格。

最后，人民币过快升值，还会引起热钱的流入，美国、日本、欧洲那些几乎没有成本或成本很低的热钱会加速流入中国境内，直接给我国带来通胀压力。

中国在这次危机中的得失

1. 中国在这场危机中的得

(1)中国可借机进行经济结构的调整、转型和产业升级。这些调整包括产业结构的调整、区域经济战略上的调整、产业技术的升级等。

(2)由于中国经济的整体稳定，使中国国际地位在这轮危机中得到提高。中国如今可借助联合国、G20、金砖国家、上合组织以及阿盟、非盟等参与整个世界的政治、经济博弈，得益于危机爆发导致欧美的实力下降。

(3)人民币可借助世界经济整体的不稳定与中国经济的相对稳定之对比，逐渐推动人民币的国际化。以前，在美元稳稳控制世界结算货币、储备货币以及投资货币的情况下，人民币国际化没有机会，也欠缺空间。但是，随着美元信誉的下降，以及欧元向美元的挑战，人民币国际化的空间逐渐变宽。

(4)中国金融机构的稳定，使得向外拓展机遇来临。比如，2008 年中国收购南非最大的商业银行标准银行 20％的股份，成为标准银行第一大股东；中国工商银行收购曼谷 ACL 银行 97.24％的股权；中国银行入股美洲开发银行等。

(5)中国企业收购资源的机会相较以往更多。与以往相比，2008 年后，中国企业向外收购资源企业机会更多、更容易。

(6)中国企业向外投资机会增多。截止到 2010 年，中国对外直接投资上升至世界第五位。

2. 中国在这场危机中的失

(1)美元贬值给中国带来巨额的外汇损失。中国现在外汇储备 3 万多亿美元中，2 万亿以上是美元资产。美元贬值，直接导致中国美元资产的贬值。2 万亿美元，人民币兑美元升值 5%，美元资产汇率损失就是 1 000 亿美元。

(2)中国投资美国 4 000 多亿美元两房债券被深度套牢。虽然两房债券由美国政府和国会担保，也依然在付息，但毫无疑问，这部分资产暂时已失去流动性。

(3)中国投资雷曼债券或贷款将血本无归。这一点在前面篇幅中已经阐述。

(4)世界金融危机仅 2008 年就导致中国近 7 万家中小企业倒闭。

(5)导致中国金融市场动荡，金融资产损失严重。

综上所述，美国这场危机，是霸权主义下过度贪婪导致的结果。虽然不能断定美国就此衰退，但其衰兆已露。在危机四伏、美国已经无法承载起世界中心的历史背景下，无论是大国还是小国，必然要基于自身利益考量走向博弈之路。说当前世界为诸侯争霸，也许不够准确，但至少可以确认，一场世界游戏规则的变革正在进行中。

中国，到底从这场危机中最终是得还是失，取决于中国在博弈中能否保证未来持续发展的空间，以及是否能保证人民安居乐业。而做到这一点，**文**，取决于中国的资本输出、人民币国际化进程和文化输出；**武**，取决于中国能否在政治和军事上保障中国经济发展所需的资源供给。

解决好这些问题，这场危机对中国来说就是福；反之，这些问题没解决好，就很可能反而成为别国摆脱危机的垫脚石，这场危机对中国来说就是祸。福祸相依，这一切，取决于中国人的勇气和智慧。

第七章

中国是否应出手『救』欧洲危机

China and Currency Wars

本章视点

- ⊙ 欧债危机在美国的“催动”下愈演愈烈。
- ⊙ 欧盟是否走向解体？欧元是否会走向崩溃？
- ⊙ 美国财长盖特纳和资本大鳄索罗斯如何忽悠欧盟？
- ⊙ 中、欧、俄、美在国际局势中各处于什么样的关系与形势？
- ⊙ 国际局势如何决定美元死活？
- ⊙ 中国是否该出手救助欧债危机？

欧债危机继续深化

2011 年 9 月 14 日，法国农业信贷银行和法国兴业银行的债信评级，被世界三大信用评级公司之一的美国穆迪投资者服务公司下调，原因是两家银行对希腊债务有风险敞口。穆迪继续将法国巴黎银行评级列于可能调降的复评名单中。与此同时，另一家世界三大评级公司惠誉国际信用评级公司，下调西班牙 5 个地区政府信用评级，原因是西班牙地方政府财政状况恶化，大部分的确无法实现 2011 年削减赤字的目标。于是，在美国三大国际评级公司频频挥动“信用评级大棒”的打压下，欧债危机愈演愈烈。

对于欧债危机的根源，美国著名的经济史学家查尔斯 · P. 金德尔伯格(Charles Kindleberger)在其著名的《世界经济霸权 1500～1990》一书中，曾意味深长地阐述道：一个国家的经济，最重要的就是要有“生产性”。历史上的经济霸权，大多经历了从“生产性”到“非生产性”的转变，这就使得霸权国家具有生命周期性质，从而无法逃脱由盛到衰的宿命。

这种说法当然有其道理，因为经济就是要生产，这种“生产性”就是国家经济繁荣的基础。但是，对于一个国家来说，最重要的是经济循环。只要经济循环能够正常运转，就不会崩溃。譬如，第二次世界大战之后的美国，其“生产性”一直在降低，但它的霸权却持续五六十年直到现在。迄今，美国虽说也正为这种“生产性”不足和过度消费付出代价，但这并不是导致美国经济崩溃的绝对因素。因为，只要有其他国家能够死心塌地为这些不生产的国家提供足够的“生产性”，那些不生产的国家就不会爆发危机。

以往，欧美诸国正是利用这种转移他国“生产性”的方式，实现自身在“生产性”越来越低的情况下保持足够繁荣。美国，因为长期寅吃卯粮、过度透支的消费模式，使得自身经济已难以为继，最终引发 2007 年的次贷危机。欧洲则是近些年社会福利过高，加上欧盟成立后，不少成员国通过“掉期”操作掩盖不少原来的债务。2008 年，雷曼兄弟引发的世界性金融危机，促使了欧洲的一场“大救市”，又使得本来负债率就较高的欧洲国家负债率继续大幅升高。于是，在美国的“导演”下，迪拜危机爆发，信用债务危机就此被引爆。

虽然欧洲频频救市，但欧盟并没有统一的政权、财权及金融权，成员国之间因利益矛盾重重，很难达成一致意见，导致救市效率不高。2010 年，欧洲在国际货币基金组织(IMF)的支持下,欧债危机在一定程度上有所缓解。遗憾的是,2011 年 5 月,美国通过"性侵案"做掉国际货币基金组织主席卡恩后,国际货币基金组织和欧盟之间的协调就陷入僵局。

新上任的主席,有着长期美国工作背景的法国前财长拉加德,不但在欧债危机上不再出力,上台后更是三番五次对欧债问题提出批评和质疑。最近的一次,国际货币基金组织放风将在 2011 年 9 月末的国际货币基金组织和世界银行秋季年会召开之前,公布《全球金融稳定报告》,报告中国际货币基金组织估计欧洲各银行所持欧元区不良主权债务对其资产负债表造成严重损害,资本损失可能高达 2 000 亿欧元(约合 2 870 亿美元)。这一说法被媒体踢爆后,欧洲央行和欧元区各国政府就进行强烈的批评和反驳,认为这种推测片面且具有误导性。

缺少国际货币基金组织的支持,欧盟成员国之间因没有统一财政,也陷入互相推诿扯皮的状态。

被债务危机折腾得筋疲力尽的帕潘德里欧(图左)(时任希腊总理)
和欧洲理事会主席范龙佩(图片来源于新华网)

据媒体报道,希腊政府预计,2011 年经济将会萎缩超过 5%,远高于此前欧盟委员会预计的 3.8%。希腊 2011 年前 8 个月的预算赤字,比上年同期大幅增长22%。希腊政府承认，今年(2011年)将无法完成此前预定的赤字削减目标，这使得希腊无法满足获得欧盟和国际货币基金组织援助的条件。欧盟和国际货币基金组织对希腊的债务削减进度表示不满，原定于9月15日向希腊发放的第六笔救援贷款抑或会推迟。希腊财政部副部长菲利波·萨尼迪斯9月12日说，目前希腊政府手头资金只够开销到2011年10月。如果届时仍不能获得援助，希腊政府将正式“断粮”。

受此影响，希腊1年期国债收益率突破100%。与此同时，意大利国债规模也已达120%，借贷成本和违约风险双双飙升。可是，欧债危机虽然形势严峻，但无论是欧洲央行还是英国央行，在2011年9月的议息会议上都没有给出明确救助的方向。7国集团(G7)财政部长和央行行长会议虽然有提到欧债危机，但各国利益的分歧，使得会议并未达成任何救助方案。受此影响，2011年9月12日，世界股市遭遇黑色星期一。

之后，市场再度出现希腊可能被迫退出欧元区的传闻，又引起一片恐慌与担心。到2011年9月13日，德国总理默克尔不得不紧急辟谣，欧洲将尽一切可能防止希腊违约或撤出欧元区。为此，2011年9月14日晚，德国、法国和希腊三国领导人，就希腊债务问题举行电话会议。电话会议中，希腊总理表达了该国坚持履行缩减赤字承诺的决心，而法、德两国领导人发表联合声明称，希腊的未来在欧元区内。

2011年9月16日，欧洲央行宣布，将联合美联储、瑞士央行、日本央行以及英国央行，联合向金融机构提供美元流动性，自10月份进行三次操作，每月一次，此举是为了缓解欧洲银行融资压力。

与此同时，2011年9月12日，希腊1年期国债收益率飙升至117%，2年期国债收益率也接近70%。而对冲希腊5年期国债风险的信用违约互换(CDS)价格飙升937个基点，达4 437点的历史新高，成为全球最贵的信用违约互换产品。

前面的章节中，我们曾作过相关阐述，美国机构持有大量欧洲债券的CDS。美国三大评级机构不断下调欧洲债券评级，导致欧债收益率大幅攀升；而欧债收益率大幅攀升的最大受益者，就是以高盛为首的美国投资机构。这，不得不让人联想其中的关联性。

无论如何，截止到2011年9月中旬，欧债危机并未向好的方向发展，而是愈演愈烈。虽然德、法两国最高领导人在公开场合依然高调，誓将希腊在2013年前留在欧元区内，但在市场上公开谈论“有序主权违约”已经相当流行，甚至在欧洲政界也不再是什么禁忌。自 2011 年 7 月，欧洲银行业的股票市值已蒸发 33%，欧元进入 9 月后也已连续两周贬值。显然，债务危机已经从欧洲边缘国家"欧猪四国"开始向核心国家如意大利、法国蔓延。

欧洲央行(ECB)如今依然扮演着"救火员"的角色，但其内部对于债券购买计划的争论因首席经济学家斯塔克(Juergen Stark)的辞职彻底公开化(截止到 2011 年 9 月，欧洲央行共持有价值 1 450 亿欧元的希腊、爱尔兰、葡萄牙、西班牙和意大利的债券，在过去的几个月中，欧洲央行购买近 550 亿欧元的西班牙与意大利国债)，这同样引起了资本市场的剧烈动荡。

截止到 2011 年 9 月中旬，所有的证据都表明，欧债危机正在加速深化。此时，市场开始出现一个疑问：欧元是否会因欧债危机而崩溃？

欧元是否会导致欧盟和欧元崩溃

欧元是否就此崩溃的问题，笔者认为，现在谈论还为时尚早。原因有以下五个：

1. 欧盟虽然还没有形成统一的政权、财权，欧洲各国也正因此不断推诿、扯皮。但是，欧共体自 20 世纪 50 年代已成立，欧盟毕竟也已经成立了 18 年，本身具备一定的协调能力。自 2008 年英国"回归"欧洲后，欧盟总的协调能力更是大幅提升。

2. 欧元已经有 13 年的历史，虽然还不够强大，但也不至于如此不堪一击。

3. 西欧经济整体依然强大，被危机困扰，是因为其统一协调效率过于低下。随着危机不断深化，基于生存压力，欧盟必然会加快整合速度，而不是在还未做出努力的情况下就崩溃。

4. 目前，美国一家独大。作为世界四大主要博弈棋手中的中国和俄罗斯，战略上都不希望欧洲倒掉，唇亡齿寒的道理谁都明白。因此，即使美国一直想击溃欧元，中、俄两国却对欧盟一直有一定程度的支持。

5. 当下，在大国博弈的各个平台，美国不但没有获得任何便宜，反而不断被中、欧、俄蚕食战略利益。在这种情况下，美国暂时还没有将欧盟和欧元快速击倒的实力。

基于上述五点，虽然"欧债危机"愈演愈烈，但若就此断言欧元将崩溃，仍为时尚早。

不过,在 2011 年 9 月的“欧债危机”救助过程中,美国一“公”一“私”两个人给出的建议,应该引起欧洲人的警惕。这一“公”一“私”,分别为美国财长盖特纳和投机大鳄索罗斯。

美国财长盖特纳,准备在欧洲各国财长会议上提出一项建议并进行磋商,建议是否有可能把欧洲金融稳定基金(European Financial Stability Facility, EFSF)杠杆化,以在应对债务危机的过程中发挥更大效用。

建议内容是:欧洲金融稳定基金采取与定期资产支持证券贷款工具类似的使用方式(定期资产支持证券贷款工具是由美联储和美国财政部于 2008 年全球金融危机期间启动的金融救援计划,旨在激活陷入停滞的资产支持证券市场,刺激经济复苏)。

这个建议,看似是为欧洲着想,通过资本杠杆修补欧债危机。但问题是,自 2007 年美国“次贷危机”开始,本轮世界性经济危机根本就是因为信用杠杆过高导致。如今,美国财长建议欧洲继续提高资本杠杆,虽然可能对欧债危机暂时的缓解有一定作用,但这无疑是饮鸩止渴,最终不但不能解决欧债危机,反而会在不久的将来扩大危机。更为关键的是,如果欧盟接受盖特纳的建议,就意味着欧盟救助的资金来源是美国。未来,欧盟在金融政策上将会很大程度上受到美国牵制。①

在笔者看来,美国之所以这样,目的有以下四个:

1. 如果欧洲接受把欧洲金融稳定基金杠杆化这一建议,美国就将有美元释放渠道继续量化宽松,即美元释放出来的资金注入到欧盟的金融机构中,这些机构在危机缓解后,必然向世界其他国家释放美元流动性。如是,美国可借欧盟之手,通过美元的对外释放,继续转嫁自身危机。

2. 由于欧盟使用的是美元的流动性,今后在金融方面将会很大程度受制于美国,于是美国在金融层面就再增加一个主导权。这相当于,欧盟在某种程度上又将被收编。

3. 美国最担心的是欧盟借助危机加速整合,而且,欧盟在法、德、英三国的主导下,正有加速整合之意。无论是利比亚战争,还是在巴尔干半岛的动

① 2011 年 9 月 19 日的最新消息称,盖特纳的这一提议遭到欧洲官员反对。几名欧元区财长似乎对美国颇有微词,因为美国自身也背负着大量预算赤字和债务。据海外媒体援引欧元区官员的话称,盖特纳并未给出关于如何实现此类杠杆操作的细节,可能是担心欧洲方面对美国政府过于指手画脚的反感。

作，再或对危机国家提出的各种要求，其最终目的都是为加速欧盟内部的整合。如果欧盟加速整合，欧元会更强大，这将直接挑战美元的世界地位，也就伤及美国的核心战略利益。美国抛出这样的建议，在某种程度上可以分化欧洲内部。因为，那些不愿意放弃国家权力的国家会支持这种做法。这一做法，实际上是拉高欧盟主要国家加速整合欧洲的成本，也就意味着在某种程度上阻碍欧盟整合进程。

4. 如果欧盟接受这一建议，美国就可以在继续向世界转嫁危机的同时，逼迫欧盟与其一起向发展中国家特别是中国发起金融攻击。如此，未来货币战争中，美国的胜算将大增。而被利用后的欧盟，欧元再也难以向美元挑战。于是，欧盟就不得不重回美国的北约框架下，世界将重新回到美国的掌控之中。

2011 年 9 月 15 日，投机大鳄索罗斯专门在《纽约图书评论》(*New York Review of Books*)针对欧债危机发表评论文章。该评论文章的前半部分写得相当靠谱：强调欧债危机是 2008 年雷曼兄弟引起世界金融大崩溃的直接后果。[①] 同时分析称：欧债危机不能解决的最关键因素，就是欧盟没有统一财政。[②] 与盖特纳一样，索罗斯同样提到欧洲金融稳定基金。

在文章中，索罗斯特意指出欧洲金融稳定基金的不充足，同时也强调：由于没有统一的财政部，导致欧洲金融稳定基金在应对危机时近乎无用。索罗斯给出的结论是：欧洲金融稳定基金根本无法解决欧债危机。因此，应该改变方向。最后，索罗斯开出他的药方：

“在这种情况下，有序违约和暂时退出欧元区，可能比忍受煎熬更可取。但准备没有做好。无序违约可能导致类似雷曼破产之后的崩溃，况且这次控制崩溃态势所需的一个当局一直阙如。

……要解决一场让不可能变成可能的危机，我们有必要思考不可思议之事。首先，必须为希腊、葡萄牙，也许还有爱尔兰违约和脱离欧元区的可能性做好准备。为了防止金融崩溃，需要采取四项措施。第一，银行存款必须得到保护。如果存款人失去了存在一家希腊银行的 1 欧元，那么存在一家意大利

---

① 索罗斯原文：欧债危机是 2008 年大崩溃的直接后果。当雷曼兄弟破产之后，整个金融系统开始崩溃，只能诉诸人为的急救。急救的方式则是以政府的主权信用来替代崩溃的银行和其他信用。

② 索罗斯原文：不幸的是，欧债危机更加棘手。在 2008 年，美国应对危机所需的各种金融当局一个不少；而现在，在欧元区，这些当局之一——共同的财政部——仍未建立。它的建立是一个需要各个主权国家参与的政治过程。这正是现在问题如此严峻的原因。

银行的 1 欧元价值将低于存在一家德国银行或荷兰银行中的 1 欧元，其他赤字国家的银行将出现挤兑。第二，即将违约国家的部分银行必须维持运转，否则经济将会崩溃。第三，欧洲银行系统必须进行资本重组，并置于欧洲（与国别相对）监管之下。第四，必须保护其他赤字国家的债券不受传染。最后两点即便没有国家违约也同样适用。

所有这些都需要钱。在现有的安排之下，无法找到更多的资金，而德国宪法法庭也不允许在未经议会授权的情况下做出任何新的安排。没有别的选择，只有孕育出那个缺失的成分：一个具有征税权力从而具有借款能力的欧洲财政部。这将需要达成新的条约，将 EFSF 转型为一个羽翼丰满的财政部。”

索罗斯开出的药方，就是先让如希腊这样的债券违约①，然后再让希腊、葡萄牙、爱尔兰这样的国家脱离欧元区（这是直接让欧洲把自己肢解，欧洲 18 年的努力一夜就回到“解放前”）。最后，这一切都需要钱，索罗斯给出的方案是酝酿统一的财政部。但是，统一的财政部，需要达成新的条约；要达成新的条约，就必须各国国会批准。

美国投机大鳄索罗斯（图片来源于维基百科）

① 违约就是在世界面前失去信用，欧洲在世界上将很难再找到援军。即使找到援军，成本也会大幅提高。最终必然求助于美国，美国就可以要求欧洲配合其实现战略目的。

如此，索罗斯的建议就成为可望不可即的事情。不过不用担心，正好盖特纳给欧洲提出“欧洲金融稳定基金证券化、杠杆化”的建议，索罗斯的这篇文章恰好与盖特纳的建议完美对接。说得更直白一点，就是欧债危机由美国来提供融资，美国通过提供融资，就可将欧洲的金融系统整合到自己的体系之下。在美国介入的情况下，索罗斯提出的所谓“统一的财政部”，若不是如“天国”般遥远，就是在美国控制下的欧洲统一财政部了。

文章最后，索罗斯还煞有介事地说：

“至于新条约的细节，不应该由我说出来，而必须由各成员国来决定。但是讨论过程必须马上开始，因为即便在极端的压力之下，他们可能也需要很长时间才能得出结论。一旦就设立一个欧洲财政部的原则达成一致，欧洲理事会就可授权欧洲央行临时顶上，提前就欧洲央行自身丧失清偿力的风险进行补偿。这是阻止可能的金融崩溃和另一场‘大萧条’的唯一之路。”

这一“公”一“私”的一唱一和，貌似为“濒临绝境”的欧债危机提供了一个“完整的解决方案”。但是，在这个充满机关的方案当中却玄机重重，蕴含着可能影响整个世界格局的“陷阱”。

按照现在的格局，美国向欧洲推荐自己的方案，并提供救助资金，这好像并不符合逻辑。正在闹债务危机的不是美国而是欧洲，美国如此大的积极性，就显得不安好心。

欧洲对此并未做出任何更为积极的反应，只是在 2011 年 9 月 16 日，与美、日两国央行联手向欧洲银行注入美元流动性。① 但是，欧洲不可能轻易按照美国布置的套路走。欧盟主导国家法、德、英三国会继续加速内部整合的进程，美国当然也会不断设置各种障碍。

对于美国人给出的欧洲“出路”，中国要保持高度警惕。因为，一旦美国收编欧盟，其最大的攻击目标将会瞄准中国。对此，中国必须高度警惕，随时做出适当的反应。

鉴于欧盟对此反应并不积极，也充分说明欧债危机虽然形势严峻，但距离威胁到欧盟解体、欧元生存等，还有很长的距离。

---

① 某种程度上，对欧洲来说这也算是一个对美国的积极反应，即在救市政策层面向美国靠了靠。因为救市提供的是美元，且部分由美联储释放。这意味着，美联储至少可向欧洲商业银行中注入一定量美元。美国希望的是欧盟配合其进行 QE3 和后面的 QEn，欧盟的这一动作，可以看作是对美国的一次响应。这种响应意味着，欧盟接着很可能配合美国 QE3，甚至不排除降低利率去配合。如此，对中国和发展中国家来说，当然不利。

国际局势才是决定欧元命运的核心因素

进入2011年9月，市场对欧债危机的愈演愈烈表现得越来越焦心，对欧盟和欧元的信心日益下降。至少，那些美国能影响的重要媒体、机构都对准欧盟和欧元表示悲观。野村证券欧洲区首席经济学家Peter Westaway等经济学家发布报告，其中提到欧元区危机可能导致的五种后果，分别为：

1. 占据领先的结果，可能性：5%

如果欧洲增强欧洲金融稳定基金，允许折让，重组债务，欧洲央行调低利率，向形成财政联盟努力，欧洲经济货币同盟（Economic and Monetary Union，EMU）会幸免于难，而且几乎不会破坏欧盟的长期增长。

2. 勉强过关的好结果，可能性：40%

成功推行EFSF，西班牙与意大利国债收益率下降，两国偿债能力可靠，欧洲的银行重组资本。EMU会幸免于难，但会削弱强劲的长期增长势头。

3. 勉强过关的坏结果，可能性：35%

欧洲央行削减收益率的力度不够，西班牙与意大利无法接近市场，被迫动用救助基金。这是痛苦的过程。最终，欧洲必须继续向形成更紧密的财政联盟努力。

4. EMU内部无序违约，可能性：12%

希腊可能由于无法与欧盟、欧洲央行、国际货币基金组织三方达成一致而违约，也可能因欧元区国家不认可7月21日的救助方案而违约。欧洲央行不再支持希腊的银行系统，但EFSF会向希腊提供资金。希腊衰退幅度会达到10%～20%。欧洲决策者会被迫将EFSF的规模增加2倍，以避免西班牙和意大利发生危机。

5. EMU部分或全部解体，可能性：8%

希腊违约后离开欧元区。8%的可能性中，西班牙与意大利也退出欧元区的可能性有2%。

野村证券的经济学家最后指出，对欧洲失去信心可能导致整个欧元区衰退期延长。从长期来看，部分EMU成员可能得益将会是全体欧元区成员的损失。

野村证券的态度，基本上代表了整个市场的主流，即欧债危机暂时仍能勉强过关。

就欧盟和欧元来说，笔者认为，这些主流看法都只局限于金融技术层面，并未从整个大局势看欧盟和欧元。就如今的欧盟和欧元来说，虽然经济领域的危机非常严峻，但成败更大程度上取决于世界局势的演变。鉴于此，我们有必要对当前世界局势作简单的阐述。

自 2011 年 3 月，北约展开对利比亚卡扎菲政权的轰炸。以法国为首的欧盟和北约，超越联合国制裁范围，协助利比亚反对派推翻卡扎菲政权，最重要的原因就在于，欧盟试图沿地中海周边构建一个“环地中海经济圈”。

而地中海经济圈的整合，利比亚是最重要的绊脚石。2003 年以前，卡扎菲一直是反西方先锋，地中海经济圈计划也就只停留在设想，无法付诸行动。2003 年后，虽然卡扎菲投降西方，但欧盟依然无法主导卡扎菲政权，也就无法进行地中海经济圈的整合。另外，对美国来说，地中海经济圈整合必然涉及中东，欧盟也不敢轻易动美国人的奶酪。因此，地中海经济圈一直在酝酿过程中，并未付诸有效的行动，更别说实质性突破。

但是，随着世界经济危机的深化，中东、北非区域在内外矛盾激化下出现内乱。欧盟抓住这样的机会，扶植利比亚反对派，在法国的带领下，展开对利比亚卡扎菲政权的空袭行动。最终，卡扎菲政权被推翻，反对派上台执政。

在这个过程中，美国为了拉拢欧洲在叙利亚问题上与其配合，于是在利比亚问题上配合欧洲。美国一直试图从叙利亚打开突破口，通过对叙利亚政权的颠覆，达到稳定中东局势、稳定美元本位制的目的。但是，就稳定美元这个问题来说，欧元和美元又是天生的竞争关系。这种矛盾，使得欧、美一直“貌合神离”。

利比亚反对派最终将卡扎菲政权顺利推翻，这与欧盟向中国和俄罗斯平衡利益不无关系。2011 年 8 月 25 日萨科齐临时访华后，利比亚问题加速解决。美国为什么默认欧盟支持反对派推翻卡扎菲政府，其根本原因在于，美国需要欧盟在叙利亚问题上的配合。同时，欧盟“全面制裁叙利亚”也的确是美国想要的。但无论如何，欧盟并未和美国完全达成一致，美国也没有完全左右欧盟的态度。

欧盟另一个关键点在巴尔干的科索沃，那里曾是欧盟被美国算计的地方。就是因为美国对南斯拉夫的打击，欧元诞生拖后两年。也正是那次战争，使得科索沃问题的解决一直成为欧盟的心病。在科索沃问题上，欧盟如果想有比较理想的解决，必须得到俄罗斯和中国的支持。从最近几个月科索沃问题的发展来看，也的确是在向有利于欧盟的方向发展。这个问题对中国来说，只要有相对足够的利益，就会支持欧盟。俄罗斯的条件是，整合科索沃后，其中的利益必须有俄罗斯的一份。但是，美国却不希望欧盟整合科索沃。因为，一旦欧盟完成对科索沃的整合，欧元将会有更大的力量挑战美元。

从国际政治局势上看，欧盟虽然债务危机愈演愈烈，但政治上的整合却在加速。如果欧盟在政治上完成对科索沃的整合，再在地中海经济圈上整合加速，所谓的欧债危机也就迎刃而解。

这是因为，从欧盟的角度来说，只要中东和北非能够提供能源，东欧、南欧能够提供生产，西欧提供资本、市场，这个经济循环就基本形成。对外再接上中国和俄罗斯，整个欧洲就能彻底从美国主导的框架下独立出来，北约就将解体。

北约解体，美元在欧亚大陆也就失去存在的基础。如此，美国就只有一条后路——退回北美洲。这当然不是美国希望看到的，其设置各种障碍、抛出各种诱饵，都是希望欧盟回到美国领导的北大西洋公约的框架下。

美国对欧洲的做法，和对中国几乎如出一辙。一方面，美国向中国抛出G2的“诱饵”，希望和中国“共管”世界（所谓共管，美国定位的中美关系就是和中欧关系相当，并非真正共管）。但美国所谓的G2，其实就是个虚衔，让中国承担一堆责任，但权力却无几。20世纪80年代的日本，正是在这种“忽悠”中被“捧杀”的。

2009年11月，奥巴马访华，美国提出美国设定的G2模式，被中国明确拒绝。为逼迫中国接受美国模式的G2，自奥巴马访华失败后，美国在东海、南海、台海、朝鲜半岛、巴基斯坦制造各种事端。

但对中国来说，接受美国设置好的G2模式，就意味着中国将成为众矢之的，欧盟和俄罗斯都将调转枪口对准中国。因此，无论美国怎么施压，中国就是不接受所谓的G2。只是，由于中美实力的此消彼长，在中国周边制造事端的美国不但未能占到任何便宜，反而是对美国和美元来说都关乎性命的中东局势，因为中国的强力介入而濒临崩溃的边缘。

2011年9月下旬的联大会议，巴勒斯坦单方面寻求加入联合国。据媒体报道，已经有120多个国家承认巴勒斯坦国。包括阿盟、非盟以及中国和俄罗斯都明确支持巴勒斯坦。欧盟在这个问题上表态模棱两可，实际上，含糊就是暗中支持。

与此同时，土耳其和以色列的盟友关系破裂，双方政治同盟、军事同盟等条约均遭土耳其解除，埃及与以色列的关系也趋于恶化。中东局势，有从某一国的社会动荡转入全面针对以色列这个共同敌人的可能。这个压力，也将直接甩给美国。面对如此压力，以色列国防部长巴拉克曾警告美国：美、以两国的“亲密关系”正在遭受侵蚀。这意味着，如果美国搞不定这样的局面，以色列得为自己的前途考虑。从这个层面说，这也是以色列和中国军方的关系突然升温的原因。

迫于此压力，美国很快明确表示，将会在安理会直接否决巴勒斯坦单方面寻求加入联合国的行为，并试图劝阻巴勒斯坦，但遭到巴勒斯坦的拒绝。对美国来说，如果美国的中东“安全框架”被拆解，美、以关系就将瓦解，美元本位制也将被推到生死的关头，建立在石油美元捆绑的美元经济体系、美国在欧亚大陆的控制框架，甚至美国自身都将处于崩溃的险境。

如今的世界格局，中、欧、俄在伊核问题已构成牵制美国的一致性。在美国总体实力下降的大背景下，中、欧、俄都在为构造多极化世界努力，谁都想成为世界的一极，而不是受制于美国。有同样想法的还包括阿盟、非盟、印度、巴西、日本等。

如今，中、欧、俄和美国的关系，就像中国战国时期六国与秦国的关系。中、欧、俄在做的是合纵，美国在做的是连横。不同的是，战国末期的秦国实力处于上升中，最终是连横战胜合纵；如今的美国，则是在衰落当中，连横总显得有气无力，无法达到预期效果。

美国如要真正摆脱自己的危机，只有两个方案：

1. 迫使中国妥协，接受美国模式的G2，如此就可将中国经济变成美国经济之引擎。中国一旦就范，其他发展中国家就很容易就范。这样一来，美国就有了自身匮乏的“生产性”，它只需要通过美元转移这些“生产性”，就能继续过着“幸福美满”的日子。

2. 迫使欧盟回到美国主导的北大西洋公约安全框架下，在金融上回到美国打手的角色。其后，欧美就可以向以中国为首的发展中国家发起攻击，以金融洗劫的方式，将危机由发达国家转至发展中国家。为达到这个目的，不惜采用政治、军事、经济、金融等各种手段。软的不行来硬的，硬的不行来横的，横的不行就直接要流氓。清末的中国，就是如此遭受各国的洗劫。

这两个方案，如今都进展不顺利，反而美国自身的问题越来越多。毕竟，无论是中国还是欧盟，都希望世界走向多极化，能拥有独立的势力范围。

目前，在世界经济游戏规则由美国制定的情况下，美国经济显得比欧盟的经济“更健康”。但是在国际局势上，欧盟却走在美国的前面。现在的情况是，除非美国能在“欧债危机”上把欧盟彻底折腾垮（索罗斯游说欧盟让部分国家退出欧元区就是这样的目的，但这种几率很低），否则，谁能最终在国际局势层面取得胜利，才是真正的赢家。若美国赢，大家都输；大家赢，只有美国一个输家。

在国际局势层面，对中国来说，南面是整合南海和南海诸国进入大中华经济圈，出南海后越过印度洋入非洲，由非洲回到中东；北面与俄罗斯、朝鲜、韩国和日本进行东北亚经济整合（如果日本不配合，可不包含日本）；西面，西南方通过巴基斯坦到伊朗进入中东，西北则发展中西部经济，通过丝绸之路进入中亚，再入欧洲。

对欧洲来说，首先是整合欧盟内部，形成统一的欧洲政府。其次是整合地中海经济圈，之后向东，一方面和俄罗斯接壤，另一方面和中国通过中亚联通。

对于俄罗斯来说，战略上要尽量恢复苏联的实力范围。和中国整合东北亚开发远东，通过东欧联通整个欧洲，然后向南辐射到中东。俄罗斯战略定位上是以能源为核心战略制衡中欧，再使中欧的联通尽量路经俄罗斯，扮演物流区的角色。

在中、欧、俄三方的战略设计中，第一方案均没有美国的位置，这就是美国为什么在博弈中输不起的根本原因。一旦输掉，美国就只能卷包回到北美，搞不好还可能如苏联一样国家崩溃（美国若崩溃，可能要比苏联还惨，因为苏联有一个沙俄的历史前身，这个前身被俄罗斯继承，但美国没有这样的历史）。

如今的国际博弈，已经到了极其关键、逼近摊牌的时刻，中、欧、俄、美四家谁都输不起。因此，如今就给欧盟和欧元下结论仍然太早。毕竟，中、欧、俄有共同的战略取向。同样，给美国和美元下结论也为时尚早，因为美国同样有机会通过连横破掉合纵。

况且，中、欧、俄、美的关系远不止上述这般简单。毕竟，在对待中、俄和世界问题的平台上，欧、美以前一直是在北大西洋公约的框架下处理，欧、美自第二次世界大战以来都是盟友关系，这决定着中、欧、俄之间的关系将是错综复杂、扑朔迷离的。

西欧和苏联，第二次世界大战后一直处于对抗状态，哪怕是苏联解体后，欧、俄的博弈也从未停止。特别是北约和欧盟的不断东扩，俄罗斯对欧美一直保持高度警惕。鉴于欧洲军事安全一直受美国军力支撑，虽说俄罗斯实力相比苏联已今非昔比，但对欧洲仍构成巨大威胁。这就意味着，欧、俄真正走入互信，还有很长的路要走。

近几年，北约框架越来越松散（北约成员国土耳其是美国的盟友，竟然威胁与美国关系最铁的中东盟友以色列断交，就是北约已不复当年凝聚力的表现），正是基于欧、俄关系的改善；但欧、俄显然还没有完全形成互信关系，反过来也决定了北约还有继续松散存在的价值（如果美国最终连横成功，美国将继续控制欧洲，北约必然焕发第二春）。而且，欧洲自第二次世界大战后一直依赖美国，二者在信仰、价值观上更为接近。这些因素决定了欧盟虽然试图寻求独立，但在很多层面暂时仍无法绝对抛开美国。

中、欧关系两国，在第二次世界大战后一直受制于东西方对抗。虽然中国后来脱离苏联的东方阵营，但中、欧关系真正解冻，是从中、美关系解冻开始。可以这样说，20 世纪 70 年代至 21 世纪初的中、欧关系，实际上就是中、美关系的影子。但是，随着近些年中、欧关系的发展以及美国的衰落，中、欧关系的独立性越来越强。而这一质变的发生，正是源于 2008 年的世界金融危机。

中、欧经济互补，直接战略矛盾减少，给双方合作带来巨大空间。但是，必须承认，中、欧在战略上的互信还没有达到完全接纳对方的程度。特别是欧洲，仍然存有如美国一般的偏见。尤其是近代欧洲对中国的侵略，给中国带来巨大的伤痛，使得欧盟一直担心中国崛起会给自己带来麻烦。更何况，双方的宗教信仰、价值观完全不同。这一系列因素，致使中欧战略上虽然有彼此靠近的需求，但欧盟迟迟没有更大的动作，并未走出实质性的一步。

再看当前的中、俄关系，相对要简单得多。中、俄两国已没有领土争端，除在中亚有利益交叉之外，战略上的利益一致对外；经济上，双方具有极强的互补性，俄罗斯是能源出口主导型经济，中国是能源消费大国；战略上，大家从全局考量都在为多极化世界而努力；地缘上，东面，中、俄有共同的对立面美、日军事同盟以及美、韩军事同盟，中东方向有基本一致的共同利益。

于是，在如今世界局势下，中、俄两国虽然没有缔结盟友条约，却成为天然的盟友。2010 年 9 月底，俄罗斯总统梅德韦杰夫访华，两国元首签署《中俄关于全面深化战略协作伙伴关系的联合声明》，并发表《中俄两国元首关于第二次世界大战结束 65 周年联合声明》。2011 年 6 月，中国国家主席胡锦涛访俄，并于 2011 年 6 月 16 日签署《中华人民共和国和俄罗斯联邦关于当前国际形势和重大国际问题的联合声明》（以下简称《声明》）。《声明》中，双方强调将在联合国框架下、上合组织框架下和金砖国家框架下展开经济、政治、军事等全方位的合作、协调立场。

由于中国奉行不结盟政策，因此不能称之为盟约。但《声明》的内容，分明已经是深度合作关系。之后，中、俄两国在各项国际事务中的确扮演着亲密合作者的角色，中、俄两国立场总体趋于一致，互相有节奏地配合。

中国是否应出手“救”欧洲

通过以上阐述，我们对当前的国际局势就有了一定的了解。现在，再来看“中国是否该出手救欧洲”这个问题，就不那么复杂。

首先，当前的世界经济游戏规则，加上中国的经济结构，决定了中国的外汇储备必然还会快速增加较长时间。外汇储备市场可投资的范围，除了在他国购买资源和矿产外，主要还是美国和欧洲市场。

在这种情况下，中国无论投资美元资产还是欧元资产，都面临着风险，这一点毫无疑问。毕竟，这都是把自己的鸡蛋放在别人篮子里的做法。两者相比较，美元当然显得更为安全。这种风险，是当前现实经济游戏规则下必然产生的结果。面对结果，没有半点感情用事的空间。

中国的出路，笔者看来，客观上只有一条：那就是人民币国际化。人民币成为国际上普遍认可的计价标尺、贸易结算货币和外汇储备货币之一，中国资本市场成为世界主要资本市场，从而吸引外来投资。

但是，如今国际货币市场，主要被美元和欧元占据。其中，美元近七成市场占有率，欧元两成余市场占有率。在这种情况下，人民币要想挤入国际市场，必然面临原市场占有者的排斥。这就像企业之间的竞争，肯定没有一家企业会向竞争对手主动出让关乎自己企业生死的市场空间。

因此，人民币国际化并非是一个嘴上说说就能实现的事情，而是一个复杂且循序渐进的过程，这个过程将是以 10 年为单位。这需要中国自己不断做各种准备和努力的同时，得到更多力量的配合，才能提高人民币国际化的效率。

中、欧、俄、美，如今在国际舞台客观上已经形成三国演义般的“四国演义”。而在经济领域，中、欧、美又名副其实构成“三国演义”。大家争的无非是国家政治、经济、军事等权力的主导权，表现在经济领域，就是主权货币在国际货币市场的占有率。

美国，在实力下降的背景下，正努力坚守美元的市场占有率，并伺机干掉欧元和扼住人民币国际化的喉咙；欧元，正试图抢夺美元市场，甚至取美元而代之；人民币，则是在为走出国门、开拓人民币国际市场占有率而努力。这其中，欧元与美元是你死我活的关系。相对于欧元和美元，人民币是一个平衡者的角色。也就是说，人民币支持哪一方，哪一方就能获得优势。反过来，哪一方更支持人民币，人民币就向谁靠得近点。站在这个角度来说，人民币又是被拉拢的对象。

从中国角度来说，若美元拉拢人民币攻击欧元，欧元死掉无疑，这是实力问题。但是，如果人民币配合美元干掉欧元，美国转回身必然会挟欧元一起金融攻击中国，干掉人民币。这是两千多年前的秦始皇就采用过的张仪连横破合纵的策略。

就欧元来讲，其市场占有率本身就与美国差距太大，如果没有中国的牵制与平衡，欧元必然不是美国的对手。何况，人民币真正瓜分的压根就不是欧元占有的那部分市场，更多的则是美元占有的市场。如此，从欧元的角度来说，它和人民币天生具有合作性。

从这个角度考量，中、欧、美的关系，犹如三国时期的孙刘联盟共抗曹操。当然，这也只是一个层面，是从整体战略格局考量的一个层面。事实上，如今的关系远比三国时期魏蜀吴的关系复杂。无论中美、中欧、欧美都有很广泛的共同利益，而非单纯的矛盾，矛盾和利益都只是体现在不同层面。博弈的任何一方，都试图取得整体的利益优势。

如今，中国在美国的投资愈 2 万亿美元，美元如果崩塌，对中国一定会带来损失；即使美元不崩塌，其持续贬值也同样会给中国带来损失。而投资欧元，同样面临着一样的市场风险。

这种局面，绝大部分人焦虑无助。但事实上，这些都只不过是现实经济游戏规则下的产物，是一个表象问题。对中国来说，彻底翻身或不受别人掣肘的唯一方法，就是修正游戏规则。而修正游戏规则，一方面靠的是实力，另一方面是机缘。如今，人民币国际化进程刚刚起步，距离修正世界经济、金融的游戏规则还很遥远。在这种情况下，抱怨美元资产或欧元资产的风险都于解决问题无益。

那么，中国到底该怎么做呢？个人认为，可以分为两个层面：

第一，通过平衡欧元与美元的关系，即调整人民币对美元和欧元的支持力度，来调整它们与人民币的关系。无论是欧元还是美元，谁配合人民币国际化，支持力量就可以偏向谁。至于偏向的幅度，取决于对方让利的幅度和人民币国际化的战略需要。当然，还必须得考虑到欧美之间的平衡。

第二，将相关的债券投资，可以考虑以和对方合作的方式变成实业投资。这种做法，理论上对双方都有利。对中国来说，可保证资产的保值增值；对对方来说，可增加投资以刺激经济。但，一国不到迫不得已都不会如此，因为谁都不想把自己的产业让给别人经营，特别是战略产业关乎国家安全。

根据上述分析，我们可以知道：从战略上，中国至少不应该让欧元倒下，唇亡则齿寒。因此，在欧元和美元都没有向中国让利的情况下，中国一方面立足于自身优势继续推行人民币国际化，同时在天平上可能适当偏向欧元，支持欧元能勉力支撑。特别是在政治上、精神上、口号上，应给予一定的支撑。这一点，中、欧领导人互访已经阐明过多次，中国领导人从外交部、商务部发言人一直到国家领导人，都对世界多次喊话表示对欧洲保持“信心”；同时，也多次向世界喊话表述对中国在美资产的“担心”，这本身就是一种平衡策略。中国的这种平衡，本质上是为人民币国际化战略考虑。

在这种大的背景下，根本不存在中国是否该出手“救”欧洲的议题，而是应着眼于大家是否进行战略利益交换。也就是说，欧洲要获得中国的帮助，至少要拿出诚意，大家相互支持，而不是奢望中国冤大头一样去“救助”。

在双方合作方面，在2008年世界金融危机爆发后，中、欧的互动就开始频繁；但从未达成任何真正战略上的妥协，顶多只是战略上更靠近一些。

2011年6月，国务院总理温家宝访问匈牙利时表示会购买一定数量的匈牙利国债，同时也呼吁中国与中东欧国家深化财政金融合作，扩大跨境贸易人民币结算规模。[①] 实际上，这也是在说给整个欧洲听。中国的意思是，欧元和人民币的贸易应该以双方的货币直接结算，即欧洲购买中国的东西用人民币，中国购买欧元区国家的东西用欧元，这样就需要双方互相储备对方的货币。

进入2011年9月后，随着欧债危机愈演愈烈，中欧互动也更为频繁。但从演化的结果看，双方目前仍然未达成任何真正可操作性的协议。

据《华尔街日报》2011年9月13日报道，一位知情人士透露，意大利财政部长与中国主权财富基金和其他中国官员举行会谈，力劝中国政府购买大量意大利国债。中国外交部发言人姜瑜在当天回答记者提问时予以的回应表示：中国对欧洲国家处理债务危机的能力有信心，并希望欧洲能确保中国投资的安全。中国支持欧洲国家为解决债务危机而采取的举措，并对欧洲有信心。

显然，中国的目标不仅仅是国债（就欧盟来说，买国债最好）。2011年9

① 新华社2011年6月25日电。

月14日，中国总理温家宝在大连的达沃斯夏季论坛上接受世界经济论坛主席施瓦布的访问时，提出了中国的立场。

温家宝总理说：

“去年我同奥巴马总统会谈时曾经提出这样一个建议，中国愿意同美国开展大规模的金融和经济合作，其中有两项最为重要的内容：第一，美国要放开市场，让中国的企业到美国去投资，使债务变成投资，从而促进美国的就业。第二，扩大美国商品对中国的出口。现在的问题在美国，美国应该放开商品出口管制。我记得美国前商务部长骆家辉曾经举过一个例子，如果美国对东亚地区的出口增加1%，那美国的就业就可以增加10万人。我的建议得到了奥巴马总统的赞同，我希望通过这样积极的方式来改善中美贸易的平衡，加强中美经贸合作。

欧洲是中国的全面战略合作伙伴，我们一直关注着欧洲经济的发展和遇到的困难。在欧洲一些国家发生主权债务危机、经济出现困难的时候，我们多次表示中国愿意伸出援助之手，继续加大对欧洲的投资。不久以前，我同欧盟委员会主席巴罗佐通电话，我再一次向他明确表示，中国至今相信欧洲经济能够克服困难，中国仍然愿意扩大对欧洲的投资。但是同样我也希望，欧盟的领导人、欧洲一些主要国家的领导人也要大胆地从战略上看待中欧关系，比如承认中国完全市场经济地位。其实，按照WTO规则，中国完全市场经济地位到2016年就为全世界所承认，早几年表示出一种诚意，是一种朋友对朋友的关系。下个月我将同欧盟领导人进行会晤，我希望这次会晤能够有所突破。”①

从这段话可以看出，温总理首先申明中国的立场。中国对美国的立场，同样是放开市场，让中国企业进入美国投资，把中国持有美国的债券换成实业投资；其次，是美国放开对中国的高科技产品出口。这个建议，得到美国总统奥巴马的赞同，并开始有所行动（美国答应向中国出口轮船和航空两种燃气轮机，当然，这个行动规模只是试探，但足以向欧洲提出警告）。然后，中国向欧盟表示：中国愿意伸出援助之手，继续加大对欧洲的投资。但是，中国的条件是“欧盟的领导人、欧洲一些主要国家的领导人也要大胆地从战略上看待中欧关系，比如承认中国完全市场经济地位”。同时，温总理也给出一个合适的时间点：“下个月我将同欧盟领导人进行会晤，我希望这次会晤能够有所突破。”

2011年9月15日，中国外交部在例行记者会上回答记者提问时强调：

---

① 摘自《人民日报》，2011年9月15日，第3版。

“对于你提到的解除军售禁令和承认中国市场经济地位问题，我们认为，中欧作为全面战略伙伴，相互理解、相互尊重和平等相待非常重要。我们认为这两个问题实质上是对中国的政治歧视。我们希望能够尽快解决，为中欧关系甩掉包袱，推动中欧关系更好、更快发展。我们希望欧洲国家领导人尽早作出正确判断。”实际上，这次是再次强调中国对欧盟增加投资、支持欧元的条件，即承认中国市场经济地位，解除对华军售禁令。

市场经济地位是涉及经济的现实问题，关系到人民币在对欧贸易和世界贸易中的地位，是中欧经济交往的藩篱。[①] 解除对华军售禁令，则是欧洲对华的政治态度问题，是在政治上解除横在中欧之间的政治交往藩篱。

中国提出的建议欧盟是否接受仍然是未知数。2011 年 9 月 16 日，路透社报道称，欧盟执委会一位发言人 9 月 15 日表示，欧盟执委会主席巴罗佐于近日与国务院总理温家宝的见面中，并无承诺提高中国贸易地位，以换取中国政府协助解决欧元区的债务危机。如果消息属实，就意味着中、欧合作之路仍然任重道远。

若欧洲不接受中国的建议，说明欧盟、欧元距离崩溃还很遥远，中、欧双方坦诚相对的条件还不成熟，中国自然就没有必要上赶着去实施所谓的“救助”。不如让欧洲继续折腾，一旦条件成熟，欧盟自然会作出新的选择。

欧洲暂不承认中国市场经济地位，在 2011 年 9 月 20 日获得验证。中国商务部当天表示，对欧盟不承认中国市场经济地位感到失望。同一天，媒体传出中国最大的对外业务银行中国银行暂停和欧洲几家银行外汇远期和掉期交易。

与此同时，2011 年 9 月 21 日《人民日报》刊文称“欧盟用市场经济地位砝码换中国救市”。“欧盟不承认中国完全市场经济地位，中国对欧洲的出口、投资规模都会减少，同时，对欧洲的进口也会减少，最终对欧洲的整个经济发展是不利的。如果承认中国完全市场经济地位，中国企业就有了公平竞争的环境，对欧洲的出口和投资都会增加，中国价廉物美的产品将改善欧洲百姓的生活，也可提升欧洲企业的竞争力，中国的投资还可以增加欧洲的就业，且中国对欧洲出口的同时也会增加进口。双方只有互利互惠共赢才能共同发展。”中国国际经济交流中心信息部副部长徐洪才对《人民日报》记者说。

---

① 此话题应该追溯至 10 年前，中国加入世贸组织时曾接受了一些限制性条款，其中包括对中国出口产品反倾销调查的“非市场经济地位”待遇。之后，中国一直努力争取获得完全市场经济地位。

综上所述，中国不存在“救助”欧洲的问题，而是欧洲、美国到底如何和中国进行合作的问题。在这种合作和平衡中，以尽快的速度实现人民币国际化，对中国来说至关重要。

譬如，对中欧来说，承认中国“完全市场经济地位”是中欧双方继续加强战略合作必然需要迈过的坎，如果中欧无法迈过这道坎，那么加深战略合作就是水中月，镜中花。

但是，我们必须认识到，欧盟承认中国市场经济地位，只是欧盟战略调整的开始而非结束，更不是中欧合作的全部。中欧合作，应以承认中国市场经济地位为契机，双方在战略上调整彼此的位置从而建立更具战略高度的双边关系，而这一切的前提是承认中国市场经济地位。所以，承认中国市场经济地位是中欧关系更进一步的前提条件。

对中国来说，如果欧洲真的需要救助，那么就应该承认中国市场经济地位，同时应该考虑接受中国以人民币注资的方式救助而不是美元或欧元。说白了，就是双方建立大规模的货币互换。同时，如果要真的想获得更充分的中欧合作，就要通过国际货币基金组织用人民币兑付来对欧盟实行“支援”（实则为经济合作），而不仅仅是通过欧盟的欧洲金融稳定基金来进行。当然，中国这么做的目的是想将人民币纳入国际货币体系中的一揽子货币当中，加速人民币国际化进程。

如此，战略上欧元成为人民币国际化的开路先锋，人民币为欧元提供实体经济背书。这一切，是必须建立在双方战略信任基础之上的，其前提是欧盟必须调整对华的战略关系。关于这一点，欧盟内部虽有内部讨论，但并未就这一问题达成一致意见。当然，作为局外人的中国，就更没必要上赶着去干所谓“救助”欧洲的事情。而且，大家彼此之间也根本不存在所谓的救助，只存在是否真心地进行合作。双方的合作，当然要看双方的诚意；双方的交易，当然是“一分钱一分货”。

2011 年 8 月，李克强副总理访港，确立香港作为人民币离岸结算中心的地位。截止到 2011 年 9 月，尼日利亚和智利已经明确表示将把人民币纳入外汇储备。

在此之前，2011 年 4 月，身为新加坡金融管理局（MAS）主席的吴作栋在和温家宝总理会谈后透露，表示中国人民银行将在不久后指定一家中资银行作为新加坡人民币交易的清算行，而新加坡金融管理局也将获人民币境外合格机构投资者资格。

2011 年 9 月 8 日，据英国《金融时报》报道，王岐山副总理访问英国，英国给出国家元首规格的接待。英国官员透露，中国有意支持英国伦敦作为中国在欧洲的人民币离岸结算中心。2011 年 9 月 9 日，路透社报道，能源巨头英国石油公司(BP)已为其在香港首次发行的离岸人民币债券定价。7 亿元人民币(1.08 亿美元)的 3 年期债券年利率为 1.7%，位于询价区间 1.7%～1.75%的下端。本期债券是欧洲企业发行的第四只离岸人民币债券，也是海外油气业发行人的首只离岸人民币债券。

上述这一切充分表明，中国正在加速人民币国际化进程。对中国来说，应该充分利用好中国的巨额外汇、中国在世界上贸易的巨大优势，从欧元、美元的货币战争中，从世界贸易的市场中，开辟出人民币的市场空间。通过腾挪资产，调整欧元和美元之间的平衡，并通过这种平衡，铺开人民币国际化之路。

应对美国汇率施压之策与人民币汇率调整战略

第八章

本章视点

⊙ 美国为什么频频施压人民币汇率?

⊙为什么人民币汇率总是成为攻击的"靶子"?

⊙ 美国施压人民币,为什么欧洲和日本不再支持?

⊙ 中国如何应对这样的格局?

⊙ 中国该从 20 世纪 90 年代的日本危机中吸取什么样的历史教训?

⊙ 人民币升值能够拯救美国经济吗?

⊙人民币汇率调整的历史契机在哪里?

关于人民币汇率问题，很值得分析研究，笔者特写出个人观点与读者分享。同时，也希望更多的人能够深刻认识汇率问题，尽一份自己的力量，避免在进行中的这一轮国际货币战争中失败。

世界局势中，各个层面的博弈一直存在，并动态进行着。作为一个投资者，如果能够跨领域把握其中的机关，对看懂世界格局、看懂中国经济、掌握未来资本市场的投机主动性，都很有好处。

为什么人民币会成为“靶子”

就人民币升值问题，中国最高领导层和相关职能部门已多次明确表态，即：坚持主动性、可控性、渐进性的汇制改革原则，推进汇率改革。国务院总理温家宝在2009年底接受新华社记者独家专访时甚至特别警告：“那种以各种压力来迫使人民币升值，我们绝对不会答应。我曾经这样对外国朋友讲，我说你们一方面要人民币升值，另一方面又采取形形色色的贸易保护主义，其实质就是要抑制中国的发展。”

经过一次次激烈的博弈，国际上基本达成共识，确认人民币不可能一次性升值。但是，为什么在这种情况下，美国还要持续向人民币施压？背后更深层次的政治原因是什么？

笔者认为，2010年第二季度，美国再度对中国政府施压意欲人民币升值，有政治层面与经济层面两方面原因。

1. 政治层面

政治层面原因，又分为国内层面和国际层面。

从国际层面上说，奥巴马政府上台后，截止到2010年第二季度为止，外交上没有任何重大进展和突破，包括阿富汗问题、中东和平进程问题、伊核问题等均无任何进展和突破。特别是伊核问题，美推动的制裁方案迟迟无法达到预期的目的。从国际外交层面上说，奥巴马政府虽不能说一分未得，但至少建树不多、乏善可陈，总体无法让国内民众和华尔街资本满意。

从美国国内层面上说，奥巴马政府主推的新医改方案，一直无法获得国会通过；与此同时，国内经济复苏缓慢，失业率居高不下，导致奥巴马政府在国内政治博弈中，得分同样有限。

这两方面问题，直接给奥巴马当局带来巨大的内、外压力。基于政治需要，

上任以来政绩乏善可陈的奥巴马截止到 2011 年 10 月支持率仅有不足 20%，反对率却超过 50%，未来一年若仍无成绩，连任堪忧（图片来源于维基百科）

政客一定会为这种压力找一个出口，把烫手的山芋扔出去或把民众注意力转移。由于中国近些年的崛起，美国政客往往会选择中国作为攻击的靶子。而且，由于改革开放以来恰逢中国"韬光养晦"之国策，美国政客因此而屡试不爽。

2. 经济层面

虽然，奥巴马政府自身都不会奢望中国当局会在人民币汇率问题上妥协，但只要中国在人民币汇率问题上稍微示弱，至少可能促使人民币以更快的速度升值。如此，美国制造业会因为人民币升值而获得更大的外部需求，美国就相当于稀释了中国持有的美元债券和其他美元资产。同时，在某种程度上，还会打破中欧在金融层面的战略可协调空间。

在这样的博弈大环境下，奥巴马政府重新展开对台军售、对中国政府施压迫使人民币升值，就有望起到一箭五雕的作用。

其一：在人民币方面（或对台军售方面）对中国施压，使中国所承受的外部压力增加，在世界最重要的力量博弈平台"伊核问题"上，逼迫中国作出一定程度让步，以图在国际政治上获得突破。

其二：奥巴马政府可因此在国内政治上得分。一方面，在汇率问题上向中国施压，可以更大程度地获得制造业对美当局的支持。这样，在未来新医改方案上，就有望获得相关利益代表议员的支持。事实证明，奥巴马政府在这一点上的确有收获，美新医改方案获得国会通过（但是，估计是对后来奥巴马当局表现的失望，2011 年美国众议院再次通过投票废除了已经获得通过的医改方案）。另一方面，逼迫人民币升值，同时也能获得华尔街资本家的支持。因为，人民币升值可直接导致这些在中国有投资的资本获得直接升值利益。

其三：中国当局一旦在人民币升值问题上就范，美国制造业将会直接获益。如此，奥巴马就能给支持自己的中产阶级一个交代。即使这一目的无法实现，从政治层面上说，也算是一个交代。毕竟，这种施压动作，已经说明奥巴马政府的努力。虽然结果不足以令人完全满意，但某种程度上会起到让选民谅解的作用。

其四：施压人民币升值，可以向华尔街资本家交代。因为，一旦人民币升值，华尔街同样会获得巨大利益。如果人民币一次性升值或放开汇率管制（基本等于升值，投机资本会快速推高人民币价格），中国所持有的美元资产直接会出现账面上的巨额亏损，华尔街可通过使用会计手段和金融手段结合，将中国在外汇上的亏损兑现，再通过资本市场以数倍甚至十数倍的额度释放出来（通过商业银行可杠杆融资，通过资本市场可通过资产价格泡沫融资），然后拿这些资本金在国际资本市场叱咤风云。对于资金链较为紧张的华尔街来说，这可以说是无本万利的大好事。

其五：倘若中国当局在汇率上作出巨大让步，其结果就能起到破坏中欧金融战略调整的合作空间，将中欧双方的战略合作空间人为压缩。如此，就能直接对中欧国际政治、贸易、金融等层面的战略合作体系构成严重打击。与此同时，又能起到弥合欧美战略矛盾的作用。美国就可以依据中国的让步，迫使欧盟与其合作，继续向中国施压以榨取中国的经济利益。这种局面一旦确立，就形成恶性循环。而每一轮循环，都会构成对中国的战略损伤。

由于这一箭五雕利益的存在，使得施压人民币升值以便榨取中国经济利益在美国一直非常有市场。正因为如此，直接促使美国当局会突然对中国变脸。

为何欧洲和日本并未附和美国

这一轮施压人民币升值，国际层面如欧洲、日本等并没有附和美国。

欧盟、日本等国际社会近期并未附和美国，其根本原因在于，欧盟诸国、日本在国家利益层面与美国利益已不可调和。

美国和欧盟在货币（美元与欧元是天生的竞争对手）、欧洲军事安全体系

（美国主张在北约框架下由美国主导欧洲安全，欧洲却考虑自己独立发展安全体系），以及欧洲未来发展方向上（美国将欧盟定位在盟国，但必须服从美国战略利益；欧盟试图重回第一次世界大战前的霸主地位，哪怕无法恢复至霸主，但至少成为世界一极），都存在着根本性的利益矛盾。2009 年迪拜危机以来，美国资本一直在沽空欧元。此时若人民币升值，某种意义上是给美沽空欧元火上浇油。

在这种背景下，欧洲方面对人民币汇率问题当然不那么关注，也就不再有动力协同施压。甚至，部分欧洲媒体 2010 年以来为人民币喊冤叫屈，在舆论上支持人民币，抵抗美国对人民币汇率施压。当然，这也是在吸引美国的注意力，从而给自己减压。

另外，还有一个原因，欧洲在上一轮向人民币汇率施压过程中，并未获得任何好处，倒是美国获得人民币对美元升值的好处。上次获利没分赃，这次当然也就没有积极性。

日本方面就更不用说了。奥巴马政府为了美国制造业的发展，以及降低美国制造业的失业率，不惜拿日本制造业的核心产业汽车业开刀。① 这种做法，其更深层次的含义，是美国为了自己的汽车制造业，拿日本的汽车制造业开刀。② 基于这一逻辑的扩展，美国是在向整个日本制造业动刀，而对于日本来说，制造业就是其经济的命根，打击日本的制造业正是敲到了日本经济的七寸。

在这种背景下，日本若仍然执迷不悟，为虎作伥地和美国一起向人民币汇率施压，中国相关部门也必然会步美国后尘，采取相关措施拿日本汽车和日本制造说事。中国是汽车市场增长最快的国家，2009 年已成为世界产销第一大国。在美国市场折戟的情况下，若再失去中国市场，无疑是日本经济的噩梦。日本若真敢那么做，那是自绝后路，对日本经济必然是毁灭性的打击。

当然，日本也不至于那么蠢。试想，已经失去曾经最大的汽车市场，若再失去现在和未来的最大市场，对日本以后的经济来说可谓是暗无天日了。

因此，在这次美国当局针对人民币汇率向中国施压过程中，日本也破天荒

---

① 美国从 2009 年初就开始发布汽车质量的报告，之前排名第一的雷克萨斯被美国车和德国车超过，三菱汽车更是排名垫底。接着，2009 年底，丰田因油门踏板质量问题召回汽车 400 多万辆。2010 年 2 月，又被曝光电子制动系统存在严重质量缺陷，迫于压力，数十万辆汽车再次被召回。

② 实际效果是，日本汽车在美国的市场占有率在 2009 年以前一直保持较快增长势头，且市场占有率不断增加。2009 年，日本汽车出现“质量门”后，市场占有率不断下降。到 2010 年，更不断创下市场占有率新低。

地替中国说起好话。于是，日本汽车的“质量门”在中国并未遭致穷追猛打，而是适可而止。中国在日本汽车“质量门”问题上，实际上是把主动权留下，以观后效而已。

事实上，早几年前，正是日本在八国集团会议上最早提出施压人民币升值的问题。与欧洲一样，日本在人民币升值过程中同样没有获益。

另外，在军事层面，2010 年 1 月 11 日，中国成功进行了一次陆基中段反导拦截技术试验①，这实际上打破了美国的反导神话，削弱了美国在反导方面的技术优势，使得世界各国在力量权衡上重新找回平衡。如此重大事件，在军事上和政治上，对那些想进一步对中国施压的国家都是有效的遏制。关于这一点，可以从 2010 年初中美交恶过程中，南海诸国、日本、印度、欧洲诸国几乎都没有与美国附和可以看出。

此时，一个政治、经济、军事的国际棋局已跃然纸上。

美国挥起贸易保护主义大棒

美议员发布联名信声称：希望美国与其他国家以及国际货币基金组织联手②，继续向中国当局施压，以形成针对中国的“贸易保护主义联盟”。

随着世界性的经济危机越来越深化，世界贸易保护主义开始抬头，这和 1929 年世界性经济危机后贸易保护主义抬头如出一辙。那一次的贸易保护主义，是第二次世界大战的重要根源之一。这种“贸易保护主义联盟”究竟能否形成，笔者认为取决于以下三点：

1. 伊核问题

博弈的几个方向，最终谁和谁能达成利益共同体。③ 特别是欧盟中的代

① 2007 年 1 月 11 日，中国成功进行了导弹打卫星的试验，1 月 11 日是一个非常特别的日子。关于这两个试验的报道，参见《环球时报》，2011 年 4 月 20 日。

② 这里的其他国家指的是如印度、巴西、印度尼西亚、南非等发展中国家；国际货币基金组织则是包括国际货币基金组织在内主要以欧洲发达国家为首以及如日本这样的发达国家，共同构成“贸易保护主义联盟”。

③ 博弈的最重要四方为中、欧、俄、美，其他有影响的包括伊朗、土耳其、阿盟，同时朝核问题和伊核问题会在某种时候构成联动。

表国[①]，在利益上是与中俄靠得近，还是最终与美国靠近（当前，中、欧、俄在伊核问题上存在战略上的协调，都试图通过伊核问题平台来遏制美国），更深层次的背景是，美国是否能在本轮对欧洲货币施压过程中获得胜利。

伊核会谈是当今大国角力的焦点（图片来源于新华网）

美国与欧洲货币战争获得胜利的标志是，欧洲在 PIGS[②] 四国债务危机上溃不成军，最终不得不求助于美国，由美国通过国际货币基金组织或世界银行进行救助，从而收编欧盟。

如果欧盟在货币战争中被收编，则美国下一步给出的策略方向一定是中国和其他发展中国家，欧美一起发起针对中国和其他发展中国家的金融、贸易、经济等层面的攻击，甚至局部会发生针对某小国的战争（叙利亚是最危险的下一个）。

截止到 2010 年 4 月，虽然在希腊债务危机上欧美双方暂时互相妥协，但后面的博弈将仍然激烈，博弈的战场同样包括经济和政治两个层面。

进入 2011 年 8 月份后，博弈已经非常逼近摊牌。体现在国际层面，即土耳其与以色列的盟友关系破裂，埃及与以色列关系大幅倒退，巴勒斯坦将在 2011 年 9 月 20 日联大会议上强行要求联合国承认巴勒斯坦国（据报道世界上已经有 120 多个国家承认巴勒斯坦）。

---

① 主要为法、德、英，英国是 2008 年后才有重新回归欧洲的意思，以前基本上与美国如影随形，特别是布莱尔为首相时期，布莱尔几乎就是在为小布什牵马坠镫，网上当时流传很多恶搞二人的视频和图片。

② 包括，欧元区的 Portugal——葡萄牙、Ireland——爱尔兰、Greece——希腊、Spain——西班牙四个南欧国家，合称 PIGS，即“欧猪四国”。如今，又加入了一个 Italy——意大利，变成了 PIIGS，合称“欧猪五国”。

2. 中国汇率问题

针对人民币汇率的压力，虽然美国可能因为国内政治压力一时减小，或国际政治博弈中需要中国合作，而暂时停止施压。

但是，无论是所谓的人民币汇率问题，还是对台进一步军售，抑或是西藏问题，都仍将是很长时间内，美国进一步对中国挥舞大棒的重要选项。在2010年第二季度，美国并未进一步施压，那只不过是美方的暂时妥协而已。如果未来选项的条件一旦再次成立，那么这一切仍然是美国的政治工具（截止到2011年9月，美国重提对台军售F16C/D战机，也就是这一选项的再次体现）。正常情况下，中国不会因为美国对台军售而改变汇率政策。至少在中国看来，这是两码事，虽然美国不一定这么认为。

3. 中欧在金融、贸易领域是否进行战略妥协和进一步的深化合作

某种意义上说，这一点是对第一个问题的解构。因为，中欧经济结构的互补性犹如中美经济结构的互补性，而欧美之间的经济却具有极强的同质性（这一点欧、美、日三方是竞争关系）。

对中欧来说，如果能够达成战略妥协和更深层次的合作共识，欧洲在货币战争和欧债危机问题上的压力将会骤减。但是，在这方面，欧洲对中国需要拿出诚意，作出最大限度的战略妥协。一旦如此，欧美两方形成“贸易保护主义联盟”的可能性会大幅降低，美国议员所提到的更广范围的“贸易保护主义联盟”也就只是“镜中花、水中月”。

事实上，在后来的演化中，欧洲并未响应美国议员们的号召，而是继续在核心问题上与美国展开博弈。进入2011年后，欧美在货币战争层面上的博弈更是精彩纷呈。由于国际货币基金组织与欧盟的配合，欧债危机在2010～2011年上半年一度获得控制。由于国际货币基金组织总裁一直由欧洲人担任，且卡恩是欧洲的老牌政客（是法国下任总统人选最有力的竞争者，支持率远远超过现任总统萨科齐），IMF与欧盟在欧债危机问题上保持高度、有效的配合。但是，欧洲这方面的努力，最终被美国通过“不太光彩”的手段给拆解了。

据《纽约时报》2011年5月14日报道，国际货币基金组织主席卡恩（Dominique Strauss-Kahn）周六在纽约被捕，理由是他被指控对一名酒店女佣进行性侵犯。卡恩在美国的“性侵案”就此拉开帷幕。

虽然卡恩坚决否认指控，但2011年5月19日，卡恩仍然不得不迫于压力而发表了辞职声明。此后，IMF主席一职的争夺在国际上也愈演愈烈，美国、墨西哥等国都曾试图争夺这一位置，中国也发出声音，称应该考虑发展中国家

在国际货币基金组织中的代表性。最终，经过博弈，有美国背景的法国财长克里斯蒂娜·拉加德(Christine Lagarde)当选。中国在博弈中同样获益，中国人民银行原副行长朱民获任 IMF 副主席。

拉加德有 20 多年的旅美经历，曾为世界著名律师事务所贝克麦坚时国际律师事务所工作 25 年，历任律师、合伙律师、主管律师、全球执行委员会成员和主席。这种背景，使得她比较容易获得美国认可。由于其长期旅美的背景，法国当局对其并不放心，为了保证国际货币基金组织继续与欧盟高度配合，在卡恩性侵案发生、拉加德有望成为候选人后，法国即于 2011 年 5 月下旬针对拉加德在担任法国财长期间“滥用职权”展开调查。这实际上是给拉加德戴上一个“法国法律框架”下的“紧箍咒”，法国将会根据需要“念经”。

曾经志得意满，2012 年法国总统大选最有力的竞争者，国际货币基金组织原主席卡恩(图片来源于维基百科)

但是，即使如此，拉加德上任后立刻变脸，数次针对欧债问题进行批评和攻击。于是，彻底惹恼法国，“念经”随即开始。2011 年 8 月 4 日，法国共和国公正法院裁定，正式调查克里斯蒂娜·拉加德任法国财政部长时是否涉嫌滥用职权。

但无论如何，针对欧债问题，国际货币基金组织与欧盟的协调关系已经被打乱。卡恩性侵案后，鲜能听到国际货币基金组织与欧盟针对欧债危机的协调与配合，而只有拉加德和欧盟官员的互相指责。更让欧洲感到担心的是，2011 年 9 月美国财长盖特纳竟然先访问国际货币基金组织与拉加德会谈，然后再去参加欧盟财长会议。显然，拉加德执掌下的国际货币基金组织对欧洲意义上来说，已经完全不是卡恩时代的国际货币基金组织了。欧洲，在这个时候显得更为孤单(历史上，世界银行行长一直由美国人担任，国际货币基金组织主席一直由欧洲人担任。如今，管理虽未打破，但拉加德却是具有美国背景的欧洲人）。

令人啼笑皆非的是，2011 年 6 月 28 日，拉加德当选国际货币基金组织主席后，2011 年 7 月 1 日，卡恩性侵案就出现大逆转。美国调查人员“发现”原告酒店女服务员迪亚洛的说法存在漏洞，并涉嫌卷入犯罪活动。2011 年 8 月 22 日，美国检方约谈原告迪亚洛。2011 年 8 月 23 日，美国法院撤销了对卡恩的指控，卡恩获得自由。经过一轮指控后，卡恩此时恢复自由，甚至有望赶上法国下一届总统选举。某种意义上，这可能是美国在国际货币基金组织主席一职尘埃落定后，对法国政坛的一次战术性影响。

从上述内容，我们可以看到欧美在货币战争层面的博弈是多么激烈。

中国该如何应对这种格局

面对这样的世界局势，中国应该如何去应对？

笔者认为，关键在于三点：

1. 加强中欧在国际政治、金融、贸易上的协调，特别是战略利益层面的合作深化。对中国来说，有利于解构美国试图建构的“贸易保护主义联盟”；对欧盟来说，有利于解构美国针对欧元的货币战争。

2011 年 10 月 12 日，中国、巴西、俄罗斯、印度和南非的 7 家证券交易所在南非约翰内斯堡举行的国际证券交易所联会第五十一届年会上签署协议，宣布成立合作联盟（包括香港证券交易所）。这 7 家交易所共有近 9 500 家上市公司，总市值达到 9.02 万亿美元，2011 年 8 月股市成交金额超过4 200亿美元。同年 6 月，这 7 家交易所占全球交易所上市衍生产品合约成交量的 18%。

这是发展中国家深化经济合作迈出的坚实一步，将有助于发展中国家团结起来抗衡发达国家的金融掠夺。

2. 中国应加速内部经济结构调整，制造内需的发展空间，这对第一条起着支撑作用。因为，只有具备足够的实力，才会给欧洲更强信心与中国合作，也才能激起欧盟在货币战争层面和美国继续对抗的信心。

3. 在政治上对美国进行牵制，关键领域绝不让步。不过，在贸易上可以给予美国适当的预期，前提当然仍是放开高科技领域对中国的贸易限制。[①]对美国，我们应该一改之前总以“忍”为前提的战略，而应该修正为：核心利益绝不让步；在合作层面，可以给对方一定的好处，让其在国内有所交代。如此，可在某种程度上纠正美国一贯傲慢的作风。

中国应吸取美、日货币战的哪些教训

20世纪80年代，美、日曾发生汇率战，最终以日本经济惨遭重创结束。日本迄今仍未走出重创阴霾，未来能否走出来也是遥遥无期。那么，中国应该从日本应对之道中，吸取怎样的经验教训呢？

20世纪80年代，日本在与美国的货币战争中彻底失败。这一败，让日本的经济发展迄今已经失去二十余年，估计还会继续失去更长的三十年、四十年。某种意义上说，日本的时代已经过去。未来的日本，充其量只是东亚一个局部经济较为发达的国家而已，基本无可能再进入世界权力的核心。

造成这一结果，一方面在于日本整体实力先天性不足，另一方面在于日本的政治、经济、军事国防在第二次世界大战后一直处于美国的总体控制之下，是非独立性的。这些先天条件的不足，决定日本在这场货币战争中没有半分胜算。

不过，从技术上说，日本当初一方面是遭受压力太大不得已而为之，另一方面还在于日本自己对货币战争认识得不彻底，甚至有些盲目自大。如果当时应对之策对头，日本至少不会蒙受如此巨大的损失。

对于当时大环境下的日本来说，战略上本该以守为主。战略上稳住后，择机再谋第二轮发展。但是，由于日本本身对货币战争认识不够，过度的自信又导致盲目自大，最终，由于自身的压力和对时局的控制力以及过度自负，酿成如今的苦果。

中国与日本，两者有根本的不同。这种根本性不同主要体现在：中国国土面积、人口规模更大，这样就有相对充足的经济资源和更大的市场容量；中国在政治上、军事上、经济上是一个独立体，虽然受制于当前世界经济的整体游

---

① 美国也对中国展开试探性的所谓高科技产品出口，2011年8月30日，美国确认向中国出口LM2500+G4燃气轮机和LM6000PD燃气轮机。LM2500虽然中国需要，但已经不那么需要，仍只是较为低端的产品，中国正在服役的驱逐舰上现在正在使用，是美国20世纪六七十年代的技术。

戏规则，但经济政策总体并不会被美国左右。而且，与当初的日本相比，中国的消费化仍处于较低阶段，发展提升空间还很大。这，给中国政策带来较大的弹性空间。

当前对中国来说，一方面，在人民币能够自由兑换之前，应继续保持人民币汇率的总体稳定，当局对汇率管制不应该是放松而应该加强①，切不可将中国人民币的汇率控制权拱手让人。否则，对中国经济来说，将是万劫不复之局面。

由于中国经济体本身仍然拥有巨大的发展空间，因此，当下对中国最为关键的是要苦练内功。一方面，通过国际博弈，保证中国经济发展的资源供应；另一方面，将经济结构在最近几年进行战略上的调整，调整到一个良性趋势循环中，越快越好，促使中国经济发动机升级换代。

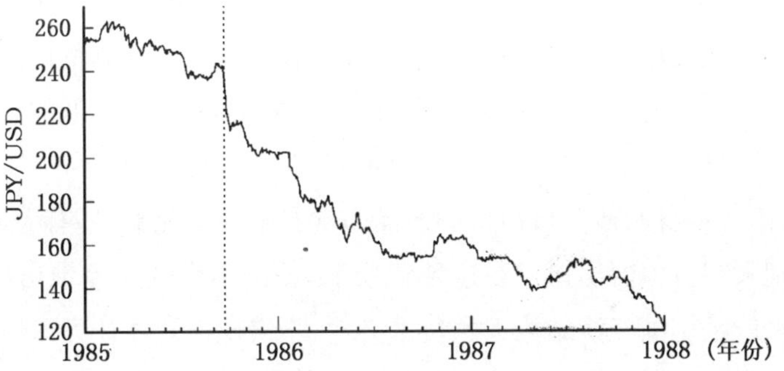

签署广场协议后的美元兑日元的汇率下跌走势，
日本的国运就是这么一路坠落的(图片来源于维基百科)

日本经济，就是在完成原始资本积累后，忽略了给经济发动机进行更新换代，由“贸易赛场选手”直接跨入“货币战争选手”，导致经济完全受制于人。日本这样的做法，在20世纪80年代的货币战争中，不失败才奇怪。中国，要避免重蹈日本覆辙，就必须立足自我经济实力发展，稳步推进并把握好这次世界性金融危机的大好时机，尽最大程度让人民币国际化，向外延伸中国影响力。

① 管控手段可以多样化，但必须对其管控。美国在汇率层面的管控，要比中国更为强大，这是它在货币战争领域屡屡获胜的关键。只是，美国采取的汇率管控手段主要是所谓的市场手段。

人民币升值能拯救美国经济吗

美国施压人民币升值，理由无非是经济发展不平衡，美国贸易逆差过重。解决的办法就是，通过人民币升值，加大对美国制造的进口，从而改变这一局面，同时降低美国的失业率。

那么，人民币升值到底能拯救美国的贸易逆差和高失业率困局吗？

人民币升值能不能拯救美国经济，这本身就是一个伪命题。美国经济发展不好，是美国自己的事情，凭什么中国来救？这是典型的美国式强盗逻辑。更何况，美国贸易逆差的困局，一方面是由美国经济结构本身造成，另一方面由于美元是准世界货币（占世界储备货币和国际贸易结算货币的七成）导致美国大量出口美元所致。这些与中国何干？再加上，美国过低的储蓄率（储蓄率接近零）、过高的消费化（消费占 GDP 的 70%），使得其经济整体结构严重失衡，美国在本身制造业可出口的产品非常有限的情况下，还有大量高科技产品被特别限制对中国出口。在这种背景下，美国不出现逆差谁出现逆差？这逆差本来就是美国经济结构下的技术必然，不出现逆差才让人奇怪，又凭什么栽在中国头上？

对美国来说，当务之急应该提高储蓄率，[①]调整美国自己本身的经济结构，以拯救美国的贸易逆差，拯救美国的高失业率。美国人要拯救美国，应该自力更生，而不是像流氓强盗一样向他国勒索。

其实，美国的今天正是由于过度贪婪的如意算盘导致。美国在强大军事能力的支撑下，在美国制定的经济游戏规则下，在美国科技垄断的知识产权保护下，美国只需要印制钞票即可享受全世界广大劳动人民的劳动成果。自己不干活，却要享受最好的物质生活。但是，过度的贪婪，必然导致自己的灭亡。如今的危机，是美国人自己的过度贪婪所致，中国没有理由替这种贪婪买单。

那么，世界经济又将如何再平衡？有没有最优方案呢？各国又应该如何协调金融政策、汇率政策呢？

---

① 长期借贷的消费习惯，使得美国人根本没有存钱意识，更没有如中国量入为出的概念。更何况，美国人的收入都用于消费，哪里有钱可存？美国刺激经济的政策就是扩大消费，在扩大消费的经济政策下，又怎么可能增加储蓄？所以，提高储蓄率对美国来说基本上是不可能完成的任务。

在笔者看来，世界经济再平衡根本没有什么最优方案。世界是博弈的，不同的国家其利益取向不同，这种不同，大都是不可调和的矛盾。在这种矛盾下，根本没有最优方案（也可以采取另外的扩大共识、搁置争议的方式，将矛盾先压一压，用时间去化解这不可调和的矛盾，但这又是美国人等不起的，因为美国自身的债务漏洞过大）。

事实上，结果取决于谁是这场国家之间大博弈的赢家，谁又是输家。输家，必然就是买单者。从某种意义上说，这场大博弈就是一场拉力赛，看谁能支撑得更久，看谁能在危机中继续保持发展的势头，看谁不出现战略上的错误。最后的赢家，给出的就是“最优”方案。这一点，犹如第二次世界大战结束后的势力划分。

显而易见，各国的金融政策、汇率政策，首先要立足于各国自身利益。作为一个国家，一定要先保证自己经济体的安全和利益，在维护自身利益的基础上，再展开合作才是正理。

个人认为，在这个过程中，各国最应该做的，就是联合起来，加强金融监管，避免贸易战、汇率战的激化，最终实现世界和平。这才是关键中的关键、核心中的核心。

但是，若真如此，那就堵了美国的后路，美国自身高达数十万亿美元的巨大“债务黑洞”又该怎么办？正因为如此，美国从次贷危机爆发以来，截止到2011年9月，仍然没有在金融监管上有什么大动作。倒是美国以外的其他国家（地区），如中国、欧盟等，加强了金融系统的监管。

说得更透彻一点，在当前的历史现实下，任何过于理想化的解决方案都只是幻想。最终，一切都是在博弈桌上分出胜负、决出方案。

人民币汇率调整的历史契机

由于中国经济本身的发展潜力，人民币汇率在市场同样面临着升值压力。道理很简单，中国经济发展的吸引力，必然导致国际资本向中国市场流动，境外资本购买人民币的需求，使得国际市场人民币供小于求。而人民币又不是资本项目下可以自由兑换的货币，就必然导致国际市场人民币供给量不够，从而出现升值压力。

自2005年汇改以来，除了2008～2010年一年多时间，因世界金融危机暂停人民币升值外，中国当局一直实行“以市场供求为基础的、有管理的浮动汇率制”。但是，由于人民币汇率并非简单的经济问题或金融问题，近几年某种程度上已演变成了国际社会的政治博弈。

肯定有人会问，为什么不让人民币可以自由兑换呢？这是因为，人民币当下不具备自由兑换的条件，原因有两个：

1. 中国缺少一个体系完善的资本市场

虽然，中国资本市场已经足够大，但体系仍然不够完善，这导致一旦人民币自由兑换，整个金融系统就有失控的风险。特别是如美联储这样的机构，可以几乎无限地释放美元。这种情况下，发行的人民币一旦被如美联储这样的资本大鳄吸纳，收集够筹码，未来某个时候，这些人民币一股脑全部抛向市场，若中国又没有足够的美元购买，人民币汇率将崩溃，上演如亚洲金融危机那样的金融货币危机。

因此，要实现人民币在资本项目下可自由兑换，必须有足够大的资本市场，能够将发出去的非贸易结算的人民币通过资本市场吸纳回来，如此，才能真正实现可控的人民币国际化。

2. 人民币在世界上仍缺少认知度

购买人民币的大都是投机资金，而非那些会长期持有人民币的境外产业资本（此处的产业资本指的是境外的产业资本，进入中国国内的 FDI① 除外）、国家外汇储备或贸易结算需求。因此，中国要实现人民币自由兑换，必须在人民币国际化到一定程度后，即在境外产业资本、他国外汇储备和贸易结算需求者持有足够的人民币之后。

未来，人民币面临的最大挑战在于，美联储仍然在向全世界释放大量美元，以图转移其内部的债务危机，如此必然导致全世界范围内的流动性过剩和长期恶性通胀。在这种世界大背景下，通过美联储释放出来的、几乎没有成本的美元货币投机资金，会加大购买人民币的力度，人民币就必然面临更大的升值压力。更何况，中国利差已经超过 3%，这又会刺激美联储释放出来的几乎没有成本的流动性向中国涌来。

历史上日本和德国的本币升值经验表明，必须以国内货币政策为主，不能让汇率政策左右货币政策，对外目标要让位于国家经济发展的战略目标。汇率政策，必须要以经济规律和经济发展水平为基础。

---

① FDI：Foreign Direct Investment 的缩写，即对外直接投资。

同时，我们也必须明白，由于中国经济体的可发展空间、未来规模潜力，与日、德两国相比完全不在一个级别上，因此日本和德国的经验不能完全用在中国经济身上。中国未来总体经济规模不可估量，根据笔者预估，中美未来经济总规模的差距程度，将如现在的美英差距。如此，决定了中国的人民币必须“志存高远”，汇率政策也必须从战略上“志存高远”。

那么，在这种大环境下，人民币应避免哪些问题？人民币汇率变动的历史契机是什么？对未来中国经济又会产生什么样的影响？

在笔者看来，人民币汇率变动一定要避免如下三种情况：

1. 对主要货币升值过快（如美元和欧元），一旦对某一个货币升值过快，直接会加剧人民币汇率的矛盾。因此，在正常情况下一定要避免对主要货币升值过快。但是，在特殊情况下（如面对欧美共同的金融攻击时），可一次性针对某种主要货币贬值来反制对手。

2. 避免对欧元和美元同时升值或贬值。对欧元和美元一起升值或贬值，这相当于将两者归为一个阵营、人民币归为一个阵营，在这两种货币重压下，人民币国际化很难找到空间。

3. 避免一次性升值。一定要避免一次性升值，一次性升值很有可能促使大量资本短期内外逃，会给宏观经济制造巨大麻烦。

对于汇率改革的时机节奏，个人认为，人民币汇率改革必须服从于如下国家发展的战略大局：

1. 人民币汇率改革，必须服从于中国城市化、工业化的进程大局。基于中国城市化和工业化进程，决定了外贸出口对当前中国来说依然很重要。因为，外贸出口不但有助于充分就业，还对中国工业化进程有加速作用。鉴于此，人民币汇率在相当长时间内仍然要保持足够稳定。

2. 汇率政策要考虑货币战争因素，避免在资本市场没有完善的情况下，允许人民币大幅升值。当下，应该加速多层次资本市场建设，继续扩大市场规模，一旦中国资本市场能够容纳国际资本的池子足够深、足够大，同时人民币在某些经济区域内已经成为贸易结算货币和相关国家的储备货币，人民币的升值才可以考虑适当加速。

3. 人民币汇率改革一定要考虑到成本。在人民币升值的情况下，升值成本的计算在于升值导致的账面损失和升值所带来利益的对比。这个利益对比，需要进行相应的科学计算和研究。但是，关键的关键、核心的核心在于，国际产业资本、其他国家外汇储备和贸易结算所需要的人民币数额给中国带来的资本流入，是否要远远大于人民币升值的成本。

4. 人民币汇率改革，应考虑国际货币之间的平衡，特别是要考虑欧元和美元之间的平衡，避免美元的一头独大。而且，只有维持欧元与美元之间的平衡，保持两者之间有足够的张力，人民币才能有国际化的空间。

在中国经济高速发展的历史背景下，人民币升值压力一直都会存在，这一点毫无疑问。在人民币升值压力难以消除的情况下，我们又该如何应对这样的局面呢?

首先，我们要抱着一种态度，即：若有其他国家非要针对中国的人民币打响货币战争，中国要敢于做到宁可两败俱伤，也不能形成对方受益我方受损的格局。

其次，由于中国实体经济较为坚实，整体经济虚拟化、泡沫化的程度相对比较低，再加上中国东部、中部和西部的经济不平衡，中国出口、投资和消费之间的不平衡，中国经济可发展、可调整的空间仍然很大。基于此，中国即使暂时在出口贸易上受损，只要启动内需和投资，经济依然能够保持较快的发展速度(前提是在保证资源供给的情况下，这也是为什么 2008 年中国救市后最快恢复高增长的根本原因所在)。相比中国，那些施压人民币升值的国家和地区(如欧、美、日)一旦失去中国这个最具潜力、最大规模的市场，以及中国这个最大的世界制造工厂，将也是灾难性的局面。特别是对美国来说，在这个世界上它还找不到任何可以替代中国的国家，只有中国的实物产品才能支撑美国虚拟的资本体系。否则，没有实物的输入，美国整个经济运转随时可能崩盘。基于此，只要中国自己稳住阵脚，没有任何国家比中国在经济层面更具有抗击打能力。

对于中国当局来说，一定要站在战略的高度，以自我的经济结构调整为核心展开布局。特别是要加速产业升级，加速区域经济结构调整，加速新兴产业投资，加速消费在经济发展中的份额。一旦这些调整到位，中国经济本身的抗击打能力将会更强。在这种情况下，如果真的与其他国家发生货币战、贸易战甚至真正的战争，撑不住的也一定是对方。

至于中国企业，应该从战略上着手做出口转内销的市场准备。同时，只要国际市场仍有市场空间，就继续保持国际市场的份额，并在国际市场上提高产品的市场竞争力(价格竞争力除外)。特别应该注意的是，要加大自身品牌体系的建设，要逐渐从加工企业的运作模式向品牌企业运作模式转型。

第九章

谁能救世界经济

黄金还是美元

本章视点

- ⊙ 印钞的“潘多拉魔盒”被打开。
- ⊙ 黄金能拯救当前的世界吗?
- ⊙ 面对这样的世界,中国该作出怎样的历史选择?
- ⊙ 人民币该本位于什么?

引言：2007年，随着次贷危机深化，市场上关于恢复金本位的呼声再起。支持者认为，金本位能够限制疯狂印钞，可以解决危机，中国应该首先考虑恢复金本位，用金本位刺破美元泡沫；反对者认为，恢复金本位属无稽之谈，中国应该加速人民币升值或放开汇率管制，任由浮动来应付危机，同时应该抛出美债，投资美股。那么，到底该如何看待这些问题呢？

印钞“潘多拉魔盒”被打开

2008年，美国在无法延缓“次贷危机”的背景下，用雷曼兄弟的倒闭，把一个单纯的美国次贷危机，彻底引爆为世界性的金融危机。世界各国突然发现，自己根本就置身于危机当中，于是“齐心协力”出手救市。

政府救市，无非使用两个手段：财政和货币。各国根据自己的经济结构，采取不同的方式。但是，任何国家，突然进行财务扩张，在世界各国财政状况大都不理想的当前，必然会大幅举债，增加财务负担，这就意味着给予各国政府加大印钞力度的动力；无论哪个国家，要进行货币大幅宽松扩张，结果肯定会制造资产价格泡沫，也就必然出现通胀压力。这种格局，实际上意味着，次贷危机导致的世界金融危机，最终迫使各国政府不得不打开“印钞”这个“潘多拉魔盒”。

实际上，以美元准世界货币的地位，美联储一旦开动了印钞机，在美国危机未能转嫁给世界各国的情况下，这个盒子就很难关上。肆意印钱的“潘多拉魔盒”犹如鸦片，或许能造就一时的虚幻，但紧接着出现的是更大的混乱，最终甚至崩溃。而一旦崩溃，很可能就是新的世界性混乱的上演。

第二次世界大战，就是源于1929年世界性经济危机来临，最终是在各国的利益关系不可调和的背景下爆发的。1929年世界性的经济危机，给人类带来有史以来最大的灾难，世界格局彻底改变。工业革命后，由西欧主导的世界格局，彻底变成美苏东西对抗格局。到1991年，苏联崩溃，于是形成美国一家独大的局面。

第二次世界大战之后，世界经济的火车头总体上是以美国为首。特别是苏联解体后，由美国单极化领导下的世界，军事、政治、经济、科技等更是以美国为火车头在运行。令人遗憾的是，美国这个火车头，在苏联崩溃、结束两级对抗的历史大背景下，不是带领世界人民走向和平发展，而是不断发动战争，试图控制整个世界。于是，这个火车头越来越贪婪、越来越懒惰，它把本来属于整列火车的“润滑油”，全部倒在车头的轮子上，并试图就如此运转下去。如今，这一辆世界列车，运行良好的车厢没几个，车头由于过度消耗，已经开始摇晃，继而导致整列火车都在摇晃。

谁能拯救这个动荡的世界

有人仍然把拯救世界的期望寄托于美元，但事实是，美元正在透支信誉，向世界转嫁其债务危机；有人把拯救世界的期望寄托于曾经是世界通用货币的黄金，认为只有黄金才能“重整河山”。

那么，到底谁能够拯救这个动荡的世界？谁可以力挽狂澜于既倒？美元，还是黄金？抑或是其他？我们有必要对此问题给予一定程度的探究，以便能够在纷乱中梳理头绪，在混乱中探出路径。

20 世纪 70 年代初，美元与黄金彻底脱钩后，美元就彻底成为法定货币，美元彻底告别“美金”时代。在准世界货币美元成为法定货币的历史背景下，全世界几乎所有的货币本质上都是法币（法定货币）。

法币，本质上并没有实际价值，不代表任何实质商品或货物，其发行者也没有将货币兑现为实物的义务，它只是依靠政府的法令使其成为合法流通的货币。法定货币的价值，来自拥有者相信货币将来能维持其购买力，而货币本身并无内在价值。换句话说，法定货币实质上就是法律规定的可以流通的纸币，它通过法定形式将生产价值虚拟地储存在其中。可以这样说，如果不考虑其中所谓的储藏价值，单单法币本身不过是人造的纸，这个特殊的纸被人为的规则赋予其交换等价值。

那么，黄金又是什么？作为货币的功能，黄金和纸没什么本质区别，也不过是商品流通的一般等价物而已。不同的是，法币是人造的纸，黄金是地球造的“纸”，它同样是被人为规则赋予其价值。人造的纸可以无限印刷，在当今电子化社会下，法币更可以不用印刷，电子脉冲下的二元制代码就可以代替纸张。相比之下，黄金却很有限，而且开采也非常困难，两者相较，黄金的增长速度比造纸慢得太多，与电子货币的速度更是没有可比性。

但是，即便如此，从本质意义上说，黄金和“纸”在货币意义上并没有本质区别。如果非要说它们的区别，那也不过是奔驰轿车与 QQ 轿车的区别而已，这种区别是量级的，而非本质。

那么，为什么当美元神话破灭后，人们仍然会寄望于黄金呢？那是因为，在以黄金为货币的空间里，人们误以为黄金可以拯救世界。

黄金，到底能否拯救世界？在某种因素下，也许能。但，以现在的现实因素来说，人们赋予黄金的精神力量，并不能有效击败这一场经济危机的洪水猛兽。再明白一点说，就是黄金的力量并不能填补这坍塌的巨大经济黑洞。

古往今来，人们总把不可解释的现象归结为灵异。人，总是会为了心灵的慰藉，去寻找一些精神上的图腾，解释各种不可解释之现象，或期望这些被神话的"图腾"能够拯救他们于水火。黄金，曾经是人类历史上的货币"精神图腾"，哪怕是当今经济世界，仍然有一部分人崇尚黄金这个"精神图腾"。

古埃及黄金制成的法老面具(图片来源于新华网)

美元是准世界货币，曾经是20世纪下半叶以来世界经济的"精神图腾"，

中国古代的黄金面具(图片来源于新华网)

黄金的图腾作用被赋予给美元,美元被称作“美金”。那么,美元“图腾”与黄金“图腾”有区别吗?从上述推理中可以知道,美元与黄金本质上并没有什么区别。有的只是力量、属性上的一些差异,就像奔驰与QQ汽车的区别而已。力量和属性的不同,有人为规则赋予的因素,也有人根据自然规律赋予的因素。毫无疑问,如果在某一个过程中,世界最终在某种背景下“得救”。如果这个“英雄”是一个新国家的货币,那么这个“英雄”背后,一定又是一个能够主导世界的国家。

人类的游戏规则是由人制定,人类制定规则的背后,一定有其潜规则,毋庸置疑。就像中国的精神图腾之一“武圣”的演变,就是一个非常具有代表性的例子。

历史上,中国的“武圣”并不仅仅是关公。唐宋以前,姜太公被历代皇帝追封为武圣。到明代万历年间,许仲琳创作了小说《封神演义》,从此,姜太公由人变成神,在民间广为信奉,但武圣的光环逐渐淡去。关公,最初是黑道、漕运、帮派、武林人士等部分领域和区域的精神图腾,宋朝以后,皇帝册封关羽。之后各个朝代都有册封,到清代成为与文圣孔子齐名的武圣。事实上,宋朝以后，民间武圣一直是民族英雄岳飞，岳飞的群众基础在元、明时期比关羽要更大，从某种意义上说，岳飞是汉人的“精神图腾”。明朝以后，在《三国演义》的广为流传下，关羽声誉日隆。

到了清朝，由于岳飞是抗金英雄，满金为同宗，这直接影响到清朝统治者的统治。因为，若一个精神图腾扎根在老百姓心里，在关键时刻会带来无穷的力量，而且这种力量会长期持续（这就是文化的力量，为什么西方文化想消灭东方文化、消灭阿拉伯文化就是这个道理，非洲被殖民后，殖民者首先消亡的就是文字、历史文化）。若想消灭这种力量，势必会遭遇强烈抵抗，因为人们需要图腾，视其为精神支柱。而且，一种图腾经历数百年的浸淫，想将其消除，必然会遇到强大的阻力（当下，西方文化无法以武力压服阿拉伯文化，不断遭到阿拉伯文化的反击，也是一样的道理）。聪明的满清统治者，用三国英雄关羽关老爷来代替岳飞的位置，就成为更好的选择。

自清世祖顺治到光绪皇帝，170 多年时间，关羽被册封六次，最后的册封为“忠义神武灵佑仁勇威显关圣大帝”，位置之高与孔夫子齐平。于是，关武圣逐渐取代岳武圣。这样的取代，对普通人来说不知不觉，但实际上却能起到消除人们心中抗金之心的目的。从统治角度来说，这种偷梁换柱之策，实在高明得很。清朝统治的终结，本质上并非因为内部问题，而是被西方列强枪炮打开国门，在被一次次洗劫后，最终矛盾激化，由孙中山领导下的革命者与袁世凯合作推翻了清朝统治。如此可看到精神图腾的重要性。

但是，人们在强调图腾的同时，往往忽略掉一些根本的东西。比如，我们的大脑和双手，它们是人类发展之源，是社会发展之源，是解决一切问题之源，不可替代。人们有了图腾，却忽略了自己，甚至把自己作用的结果归功于“图腾”神灵的庇佑。所有的图腾，只是一种信仰，充其量是一种精神力量。但是，光靠信仰和精神力量，解决不了世界发展中遇到的问题。解决问题，最终还是要靠人们自己的智慧和双手。某种意义上说，对人类来说，头脑和双手，才是真正的“救世主”。关于这一点，中国古人早已给出答案——天助自助者。

中国该作出什么历史选择

对中国来说，有人支持继续买美元，有人支持加大黄金的买入，这些真的能解决问题吗？虽然笔者支持储备一些黄金，[①]但却不能歇斯底里地去把现在持有的美元外汇大规模地改为黄金。

因为，一旦中国大规模购买黄金，黄金的价格不知会蹿升到何种程度，那样操作，某种意义上说只会害死自己。无论黄金还是美元，本质上都是被操纵的工具。两者相比较，只是操作方法和使用工具的不同而已。从结果上看，没什么本质差别。

更何况，世界上绝大部分黄金都储备在美国人手里。另外，掌握大量黄金储备的还包括德国、国际货币基金组织、法国、意大利，就连瑞士的黄金储备量都约为中国的两倍。某种程度上说，这个世界的黄金市场整体上还在美国的操纵之下，在中国本身黄金储备不足(筹码不多)，同时计价单位又是美元(美国可以无限发美元，中国持有美元再多也无济于事)，在没有足够筹码且资金也不占优势的情况下，中国人一味相信"黄金图腾"或"美元图腾"，其结果一样，都是被他人算计。道理很简单，如果按照这种逻辑去操作，相当于美国是主力，中国就只是散户。散户与主力博弈，只能是输多赢少。

其实，对于世界经济来说，最关键的并不是黄金，更不是美元，它们都不过是一个工具而已。真正关键的核心要素，是世界经济的游戏规则。对于我们来说，同样关键的是如何利用和掌控这经济游戏规则。

譬如，若当前手中有足够充裕的黄金，我们就应该推崇"黄金图腾"，这样，就可以因为自己掌握的筹码足够而拥有一定的控制权；假如，"人民币图腾"有能力统治世界，我们就应该推崇"人民币图腾"。因为，人民币是中国自己的，这一点犹如美国绝对推崇"美元图腾"一样。

美元不是中国的，黄金的主动权同样也并不掌握在中国手里，无论是美元还是黄金，对中国来说都没有足够的筹码和资金。作为这样一个角色，去相信或推崇"美元图腾"或"黄金图腾"，其结果都会被耍弄和算计。更现实点说，只要不是中国自己在坐庄的"图腾"，无论它是什么样的"图腾"，都只是为别人服务的图腾，我们都不应该盲目崇拜。

那么，作为中国，到底该信什么呢？

答案很明确，也很简单，那就是：相信我们的大脑和智慧，相信我们勤劳的

---

① 笔者认为，黄金应有节奏地买入，有节奏地增加黄金储量，但并非是把美元改为黄金。黄金的市场规模，相比我国外汇增长速度来说显得太小。增加黄金储备，有助于不时之需，毕竟在未来紧急时刻，黄金仍然可能是世界通用和认可的货币。

双手。用我们大脑的智慧，尽可能地化危为机；用我们勤劳的双手，生产、创造发展中需要的一切；用我们中国人的谋略，去改变世界经济的游戏规则，让世界经济游戏规则更公平，更有利于世界的发展。

这里，举一个任何人都会明白的例子。譬如，甲乙两人在沙漠中，甲拥有印制钞票的权利，于是他可以拿出很多钞票；乙拥有一些可以活命的水。从经济学角度说，甲一定会印制大量的钞票去购买乙拥有的水。此时，如果乙过于贪“财”，认为在沙漠中最珍贵的不是水资源而是钱，最终必然会渴死。钱，也就只是纸。如果将美国比作甲，中国比作乙。那么，当前相对乙来说，甲体格更为壮硕，体力也还很强，而乙仍然处于成长中。在无法获得足够水的情况下，甲就会想方设法从乙那里抢水。如果把这个沙漠比作世界，再把一些其他国家加进去，就是当今世界的格局。

有人建议，中国应使用金本位来定义人民币。笔者以为，这不是什么高招谋略，仅仅只是圈套，或者说是昏庸之招。

试想，中国有多少黄金？占世界存量的多少？有多少储量？又有多强的开采能力？如果以金本位我们中国的货币，以中国的黄金储量来表示中国的资产，意味着我们的单位黄金中必然含有比美国大得多的多的资产额度①，美国只要拿出少量的黄金储备，理论上即可买断中国。在这种情况下，中国就又一次成为被他国奴役的经济体。如此，中国会因此错失后面30年高速发展的战略机遇，未来一两百年是否还能翻身，就会是一个未知数。

从逻辑上推理，这就是人民币实行金本位的直接结果。因为，黄金事实上一样是人家美国人坐庄。我们一没人家钱多（黄金美元计价），二没人家筹码多（截止到2008年，美国黄金储备量是中国的13.5倍），和美国抢庄的结果，除了找死，没有别的说法。对美国来说，相对于金本位，法币化的美元就更可以无限制地掠夺世界。中国绝不能金本位，因为我们不是黄金的庄家。如果有一天，中国拥有绝对量的黄金，在有利于中国发展的情况下，金本位倒也无妨。

人民币该本位于什么

人民币当前应该本位于什么呢？

---

① 2008年的数据显示，美国黄金储备量是中国的13.5倍，而美国的经济按美元计算，如今只有中国的两倍多。

笔者认为，人民币应该本位于中国人民这双手，本位于中国人的实体经济，本位于中国整个国家的生产力，这才是中国生存、发展的根本，也是中国的未来。

新中国建立后，中国经济中没有美元，我们一样可以发展。200 多年前，世界上还没有美国，更没有美元，地球照样转，人类也一样发展。中国过去 30 年的高速发展，靠美元还是靠黄金？都不是，靠的是我们中国人的智慧和勤劳的双手。

对中国来说，当前最应该做的是三件事：

1. 保证经济能够持续健康正常发展。只有尽最大的能力谋求自身的发展、强大，靠自己的智慧和能力解决问题。

2. 保护自己不被别人掠夺。这其中，有军事保护和经济规则保护两个层面。所以，我国在军力上应该继续加强，在经济规则上一定要注意避免被他国掠夺。

3. 继续斡旋于世界，在加速壮大自己的同时争取时间。也就是说，通过利用各种博弈和合作来提高自己的地位，达到自己的目的。我们需要尽可能争取时间壮大自己，在有限的时间内增强自己的实力。

最后，笔者想说的是，放弃所谓的“美元图腾”和“黄金图腾”。无论黄金还是美元，都救不了世界，救不了中国，当然也救不了我们每个人。能够救世界、救中国、救我们每个人的，只有自己的智慧和双手。

让那些无聊的唾沫战见鬼去，中国应该本位于人民币，人民币应该本位于中国的生产力，生产力则要本位于中国人民的智慧和双手。这，才是自救和救人的终极之道，与黄金和美元没有半点关系。

延伸到整个世界，我们应该让尽量多的国家来本位于人民币，本位于中国的生产力，这就是改变世界经济游戏规则之道，也是改变中国之道、改变世界之道。

第十章

货币战争背景下，中国经济与应对方略（一）

货币战争的历史、世界局势背景

China and Currency Wars

本章视点

⊙ 世界新一轮货币战争打响。

⊙ 货币的意义。

⊙ 货币战争发生的历史背景。

世界新一轮货币战争打响

2010年10月22日～23日，20国集团(Group of 20)财政部长和央行行长会议在韩国庆州举行。此前，2010年10月19日，前任巴西总统卢拉在里约热内卢接受2010年法巴友好奖时表示，美国为解决其预算赤字问题促生不可忍受的货币战争。卢拉说："全世界都看到货币战上演，我们需要在20国集团平台上讨论这件事，找到最后解决方案。"据媒体报道，2010年11月3日，巴西新当选总统罗塞夫(Dilma Rousseff)表示：世界正在进行一场货币战争，解决方法是有序加强跨国机构，防止货币战争带来的影响。2011年8月4日，针对全球金融市场当天的剧烈动荡，阿根廷总统克里斯蒂娜出席阿根廷冶金业大会发表讲话时，呼吁拉美国家做好充分准备，防止发达国家将金融危机的严重后果转嫁给包括拉美地区在内的新兴市场国家。

巴西前总统卢拉(图片来源于维基百科)

无论是巴西前总统卢拉、现任总统罗塞夫，还是阿根廷总统克里斯蒂娜，他们都意识到，当今世界正在进行着一场没有硝烟的战争——货币战争。货币战争的危险性，丝毫不亚于真枪实弹硝烟弥漫的战争。其残酷性在于，一个国家在不知不觉间完成对另一国财富的洗劫。

这种行为，美国银行家们称之为“剪羊毛”[①]。其中，华尔街主导的两次“剪羊毛”行动广为人知：一次是20世纪80年代针对日本，日本被迫签下“广场协议”后，被大肆洗劫。结果，20多年过去，日本经济一年不如一年。另一次是针对东南亚，1997年的亚洲金融危机，损失惨重，明星般的亚洲“四小龙”、“四小虎”从此黯淡，光芒不再。

为使读者看懂当前货币战争的形势，我们有必要针对货币、货币战争的历史、世界局势背景作相关阐述。

货币的意义

货币，其实质就是一般等价物，是一种集交换媒介、价值尺度、延期支付、价值转移、完全流动、财富储藏等功能于一身的特殊商品。货币是商品交换发展到一定阶段的产物，是从商品中分离出来、固定充当一般等价物的商品。

人类使用货币的历史，可以追溯到以物易物的时代。在较为原始的社会，人们采取以物易物的方式，将剩余的物品与他人交换，换回自己需要的物品。但是，由于以物易物会受物资种类限制，比较不容易形成交换。于是，后来就出现以一种双方都可以接受的物品作为一般等价物充当交易媒介，这就是最初的货币。这种使用过的原始货币包括家畜、盐巴、稀有贝壳、宝石、石头等不容易大量获取的物品。再后来，经过长时间的自然淘汰，货币形式逐渐被金属取代。使用金属货币的最大好处是：货币需要人工、无法大量获取，同时更容易储存。再后来，数量稀少的金、银和冶炼困难的铜，逐渐成为主要货币（少量国家和地区使用过铁质货币。如今大量流通的硬币一般为铜质、钢合金、铝质

---

① 剪羊毛是美国银行家圈子里的一个专用术语，意思是利用经济繁荣和衰退的过程创造出的机会，以正常价格的数分之一拥有他人的财产。简单地说，就是利用价格波动实现低买高卖，而价格则是可以被操纵的。当银行家掌控住美国货币发行大权，经济的繁荣和衰退就变成可以精确控制的过程。此时，剪羊毛行为对于银行家来说，就如同从靠打猎为生的游牧阶段进化到科学饲养的稳定高产阶段一样。

或其他合金)。直到中国的宋朝，纸币开始出现，当时被称为“交子”。到今天，货币主要是纸质和电子货币的形式。

战国时代的刀与布钱(图片来源于维基百科)

货币的重要性，从上述的货币职能以及货币发展的历史过程就可以看出。货币覆盖的区域、领域越广，调配资源的能力越强，对经济发展的影响力就越大。某种意义上说，谁能主导货币的发行权，谁就能主导金融权；而谁掌握金融权，谁就掌握经济主导权。经济基础决定上层建筑，谁掌握了经济主导权，谁就掌握了政治权。

本章我们论述的是货币战争，货币战争主要局限于国际层面。因此，我们这里主要阐述货币在国际层面的职能与意义。

由于当前世界没有统一的政府，各国政府的经济发展水平、利益取向大相径庭，这决定了当前世界发展阶段距离统一货币还有很长的距离(世界大同是趋势，但关键问题是谁同化谁)。在没有统一货币的情况下，为便于交易，各国在国际贸易中必然会选择一种或几种货币，作为主要贸易结算货币。

本质上，这是一国货币国内职能全部(货币替代，如欧元在欧元区内替代主权货币)或部分向国外的市场空间拓展。这三个职能之间，计价作为价值尺度是货币存在的基础，但价值的储藏才是货币功能的核心，结算则是交易的需要，只要境外或国家间交易存在，储藏货币就成为必然。从某种意义上说，货币被储藏得越多，经济影响作用力和作用范围就越大。对于一个国家来说，这

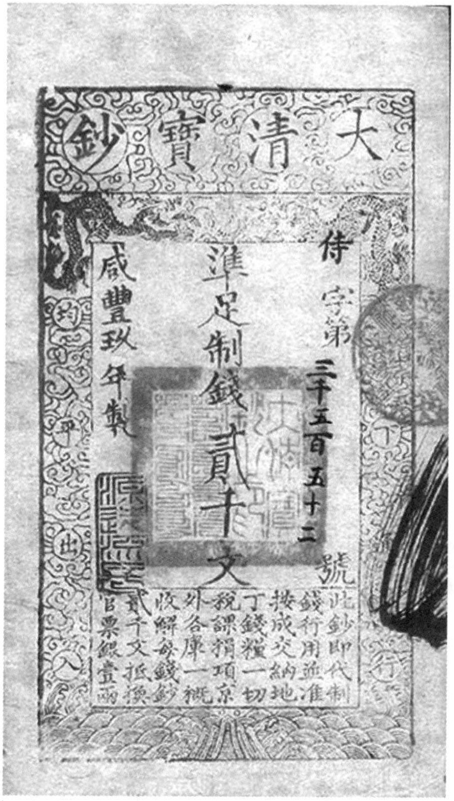

清朝时的银票(图片来源于维基百科)

样的利益是一种战略利益。当然,也只有经济足够强大的国家,才能够享受这种战略利益。

如今,世界上的货币,自瑞士最后告别金本位后,就彻底进入法币时代,即靠法定和信用支撑,而非与黄金挂钩。在这种背景下,货币本身已经不再是财富,它只是财富计量的一种符号。不过,虽然货币本身不再是财富,但因为货币不再是短缺商品,也就提高了财富和生产资料的调配能力。结果,生产效率反而因此显著提高,即货币创造财富的速度相较以往大幅加快。

当然,生产效率和创造财富效率大幅提高,同样也带来高风险。但无论如何,货币市场占有率越高,调配资源、财富的能力就越强,这种利益当然就成为国家战略层面的巨大利益,这就是为什么国家间会出现货币战争的根本原因之一。归根结底,这是国际政治经济权利的博弈。

美国著名战略家、前国务卿亨利·基辛格曾经说过:“如果你控制了石油,你就控制了所有国家；如果你控制了粮食，你就控制了所有的人；如果你控制了货币，你就控制了整个世界。”

这里的逻辑关系其实很简单，就是：如果控制了石油，就控制住了别人生活和发展的资源(控制了生产资料)，当然也就控制住了相应的国家；如果控制了粮食(控制了人的基本生存资料)，民以食为天，当然也就控制了所有的人；而货币，则是调动石油、粮食等一切资源的媒介。于是，谁控制了货币发行权，当然就控制了整个世界。

因此，说货币战略是一个国家的最高战略之一，绝没有半点夸大成分。因为，货币被认可的程度、流通的范围以及占据的市场规模，最终决定着这种货币可调配资源的规模、种类、效率(当然，并不只有货币才可以调配资源，其他各种权力、资源都可以调配资源。但是，在当前自由交易状态的游戏规则下，货币是必然的媒介，且调配资源的效率是自动市场化完成的)。换句话说，倘若一国货币成为世界主要储备和贸易结算货币，这个国家在经济调控手段上就有更多的政策选择主动权和空间，相应权力范围和影响力也就大为扩展。

这些，就是如今货币的意义。对个人，是实用意义；对国家，却是战略意义。

货币战争的历史、世界局势背景

近年，世界局势动荡，经济波动剧烈。“货币战争”这个词汇，也被炒作得炙手可热，但真正理解货币战争及其含义者，寥寥无几。包括不少研究经济、金融的专业人士，对此同样是一头雾水。于是，我们总能在媒体看到关于货币战争的各种争论、非议乃至完全不着边际的口水战，甚至个别迂腐之人会认为这只是阴谋论者的臆想。

人类有史以来，战争就从来没有停止过，货币战争无非是世界发展到时下的一个必然结果。无论信与不信，它都客观存在着。只要世界不完成大同，它就会一直存在下去。

货币战争，顾名思义，就是通过货币之间汇率波动、贸易保护，以及各种金融投资层面发生的类似战争的行动。货币战争的胜利者，通过汇率波动、投机产品价格波动等方式，低吸高抛，赚取货币中储藏的价值，获得利润。这种价格波动是财富转移的一种方式。①

这一点和投机股票没有什么本质区别，都是低位吃货，高位出货，然后带走利润。只是，与股市相比，国家间发动货币战争，动用的各种工具、资源更多，有时候甚至要动用整个国家层面包括政治、经济、金融、军事等工具，通过各种手段配合，保证货币战的胜利。这一整个过程的完成，最终实现一轮强者对弱者的洗劫。这一点，和蒙古铁骑对宋朝的掠夺、八国联军对中国的掠夺是一个道理，只不过手段不一样而已。

近二三十年，被绞杀过的经济体和货币最典型的例子就是日本和东南亚国家及其货币。1985 年，美国携欧洲列强，逼迫日本签下"广场协议"，导致日本在 1989 年泡沫破裂，走向衰落。日本曾把 20 世纪最后 10 年称为"失去的十年"，事实是，虽说已经过去二十余年，日本如今仍然在"失去"，且没有任何停止"失去"的迹象。这种失去，对日本来说还看不到尽头。而 1997 年对东南亚的洗劫，使东南亚国家经济陷入崩溃，多年的发展付诸东流，亚洲四小龙风光不再。

若想搞清楚货币战争，就必须清楚当今世界经济格局的来龙去脉。否则，就很难梳理、阐述当前的世界经济局势。

迄今，世界经济总体格局，实际上仍沿用第二次世界大战将结束时各国达成的"布雷顿森林体系"。② 布雷顿森林体系，确立了世界经济的三大游戏规则支柱组织：世界贸易组织、世界银行、国际货币基金组织。

这三大组织的主要功能是：一旦出现支付平衡危机，国际货币基金组织成员国的捐赠是可供使用的紧急储备；世界银行向成员国政府发放大数额的公共项目贷款；关贸总协定则用来建立一个"可控制"的"自由贸易"。

在这三大组织中，自第二次世界大战后，美国几乎有接近绝对的话语权。产生这样的结果，是因为这个"世界新秩序"的方案和安排主要由美、英两国设

---

① 货币的基本职能之一是价值储藏，通过货币之间对比价格的波动，在适当的低点买入、高点卖出，然后借助货币之间的兑换，将一种货币中储藏的价值转移到另一种货币。汇市投机就是这个原理，股票市场只不过多一个股权媒介而已。

② 1944 年 7 月，44 个国家、政府的经济特使聚集在美国新罕布什尔州的布雷顿森林，商讨战后的世界贸易格局。会议通过了《国际货币基金协定》，决定成立一个国际复兴开发银行、国际货币基金组织以及一个全球性的贸易组织。国际复兴开发银行，即世界银行。1945 年 12 月 27 日，参加布雷顿森林会议其中 22 国代表在《布雷顿森林协定》上签字，正式成立国际货币基金组织和世界银行。自 1947 年 11 月 15 日起，两机构成为联合国的常设专门机构。中国是这两个机构的创始国，1980 年，中华人民共和国先后恢复在这两个机构中的合法席位。从此，开始了国际货币体系发展史上的一个新时期。

计，双方的主要人物是美国财政部长助理哈里·德克斯特和英国的财政部长凯恩斯。为确保美、英两国在战后世界货币与贸易事务中的霸权地位，美、英两国着意设计有利于他们自己的条款。

首先，国际货币基金组织和世界银行的实际投票权，控制在美国和英国手中；其次，建立美元本位于黄金的机制，即所谓世界核心货币的货币锚。世界银行和国际货币基金组织演变至今，相对国际货币基金组织其他成员，欧洲诸国更具主导权，每一任国际货币基金组织的主席都来自欧洲国家。其他两个组织，几乎完全被美国主导。在这种背景下，美元当然就成为准世界货币。

说得直白一点，布雷顿森林体系，其本质就是在第二次世界大战战胜国之间的利益分赃协议下建立的世界游戏规则。第二次世界大战，最大的赢家有两个：一个是美利坚合众国；一个是苏维埃社会主义共和国联盟，简称苏联。

美国和苏联，两者的社会制度、利益取向均有巨大差异。苏联运行的是传统计划经济下的一套政治经济模式；美国则是资本主义的政治经济模式。鉴于此，世界经济三大支柱的游戏规则，事实上是建立在以美国利益为基础的游戏规则。三大游戏规则的核心，就是世界经济围绕美国展开，世界货币围绕美元展开。

美元的准世界货币地位，使整个美国经济获得源源不断的资本积累。这种积累，引导世界上大量财富储藏在美元当中，美国在货币和财政上拥有巨大的主动权。道理很简单，由于各国外汇储备大部分都是美元，其他国家无论出口商品还是进口商品都需要美元，而美元必须靠自己国家的各种商品交换。① 基于此，美国只需要向世界他国出口美元，就可以换回各种资源和制造出来的商品。这些，就是货币流通范围扩大的直接战略利益。

在最初的布雷顿森林体系中，除了美元是准世界货币外，还有一个控制法币泛滥的控制锚，就是布雷顿森林体系规定的美元必须是黄金本位制。也就是说，世界货币的格局是，美元直接与黄金挂钩，大部分国家的货币则与美元挂钩。在这种情况下，持有美元者可按 35 美元一盎司的官价，随时向美国兑换黄金。

有这样一个货币锚，美元就不能过度扩张滥发。因为，货币一旦出现挤兑

---

① 当然，货币也可以互换，但必须是在某种背景下。比如，2008 年后，中国和其他不少国家就进行了货币互换。就美国来说，自己处于货币霸权地位，根本不需要任何国家的货币。美元就是世界通用货币，不存在互换。要美元？就用各种资源或商品换。

现象，理论上，美国随时可能因为无法支付如此大量的黄金致使经济破产。兑不出黄金的美国，就相当于一个赖账的银行，其货币信誉会立刻崩塌。因此，有黄金货币锚的存在，美元就不能如现在这样几乎是毫无节制地随便乱印。①

不过，按照西方庸俗经济学理论，这种模式本身存在着一个致命的逻辑矛盾。一方面，美元是一国货币，一国货币要作为准世界货币、并成为世界储备货币，就必须要保持币值稳定；另一方面，一国货币会因为国家整体经济形势出现币值不稳的情况，理论上说，美国实体经济就需要顺差来保持美元的坚挺。然而，由于美元是世界储备货币和世界贸易结算货币，世界经济又需要美国输出美元。美国毕竟只是一国，其经济发展规模不可能长期超过世界各国发展的总和。在这种情况下，鉴于经济互相往来的规模越来越大，就必然需要更多的美元。

于是，相比美国的出口来说，其输出的美元一定会远远大于其生产产品的出口，如此必然导致逆差。如果长期逆差，经济上又会影响世界对美元的信心，大家就会抛售美元换回黄金。理论上，美国要输出美元必然造成逆差，要保持平衡就必须保持强劲出口，从而尽量维持贸易收支平衡。但是，这种长期维持，又是不可能完成的任务。

就像一个人的生老病死，世界一切都有“成住坏空”的运转周期，经济也不例外地存在周期性的变化。对一个经济体来说，必然存在波动出来的峰位和谷底。如是，当美国经济处于低谷时，持有美元者会有抛售美元换回黄金的冲动，美国就必须为此支付大量黄金，这又会进一步恶化美国实体经济。这，犹如给美国经济植入一个助涨助跌的放大器，使得美国经济周期性波动幅度加大，对美国经济总体的格局更为不利，最终妨碍美元成为世界货币。

于是，为了维持这个体系的正常运转，除经济手段外，就必须有其他强大的支撑保证避免上述状况的发生。这些支柱，包括强大的军事、政治、科技、文化等力量作为经济运行的保障。

即便如此，一旦政治或军事力量衰退，美元仍然将面临崩盘的危险。这也是为什么第二次世界大战后，美国就不停地发动战争，或挑起矛盾支持别国战争的原因之一。因为，只有战争才能进一步强化美国的政治和军事影响力，才能继续制造世界不够安全而美国足够安全的假象。如此，就能降低世界各国

① 当初的这种设计，其本质是从规则上要求每一个成员国的货币必须盯住美元，黄金货币锚起到的作用，是将黄金世界货币属性转嫁到美元这个媒介。

美元持有者抛售美元的欲望。同时，由于战争对物资的极度消耗，某种程度上能够刺激生产，促使经济复苏，美元也就可以重新回归强势。[①]

最初，美国就是通过战争以及结盟等手段来保持美元稳定。比较典型的例子：第二次世界大战后，美国马上介入朝鲜半岛的战争。[②] 虽然，从战争层面来说，美国最终以失败告终，但这场战争的结果就是扶植起来一个二战战败国——日本，同时在欧亚大陆的东面站稳韩国这个据点。日本，直接成为美国在亚洲遏制中国和苏联的桥头堡（从地缘上说，如果最终朝鲜半岛被朝鲜统一，则朝鲜半岛就进入中俄的势力范围，东西对抗的着力点将不再是朝鲜半岛，而是日本本岛。某种意义上说，日本是朝鲜战争最大的受益者）。而且，这场战争使以美苏两国为首的东西对抗更加激烈，客观上，这一点又巩固了美国在西方阵营中的政治和军事地位。当然，这一切的副产品之一，就是更进一步巩固美元在西方经济中的地位。[③]

20 世纪 50 年代初，美国介入朝鲜战争。60 年代初，又介入越南战争。根据第二次世界大战后的规律，一般情况是：一旦美国经济出现问题，发动或介入一场战争基本上就成为美国精英们的最主要选择。哪怕不能直接介入战争，鼓动别人打仗也不错。事实也的确如此，自第二次世界大战以后，美国每一次参与或支持的战争，都能帮助美国解决一时之需，甚至直接让美国经济复苏。总之，可以给美国提供自身调整的时间和空间。

美国之所以介入朝鲜战争，从地缘政治层面上说，是因为如果朝鲜统一韩国，美国将在欧亚大陆的东方失去阵地。若韩国被朝鲜统一，苏联很有可能借这个跳板向日本方向扩张。一旦日本被苏联划归到自己的势力范围，美国可能因此失去半个太平洋，在东西对抗中也将陷入劣势。

因此，从地缘政治层面说，美国介入朝鲜战争，是为借机在亚洲大陆上扎根。这样，就可以在加剧东西对抗的同时，巩固自己在西方的政治和军事影响力，并在东西方对抗中占据有利的位置，巩固美元准货币地位。甚至，如果美国最终帮助韩国拿下朝鲜，美国可直接在此处扼住中国和苏联，中国东北就成

---

① 由于美国可以印美元，理论上说，可以通过印美元买物资即可。当然，实际并非这么简单，穷兵黩武的结果，最终必然是没落。

② 当然，这种介入也可以解释为地缘政治因素，但地缘政治和经济、货币并不是割裂开来的，地缘政治是利益博弈中的一个层面，经济、货币是另一个层面，但它们实际上是服从于同一个整体——利益。

③ 美苏为首的北约和华约对抗，实际也是在各自阵营巩固自己的地位。

为东西方对抗的最前沿。甚至，中国东北有可能得而复失。这，就是为什么中国一定要抗美援朝的原因。

从经济层面说，美国介入朝鲜战争，是因为第二次世界大战后，经过几年的战后恢复发展，50 年代初，美国经济遇到新的瓶颈。介入朝鲜战争，有利于美国稳定美元在西方世界的货币地位。

20 世纪 60 年代，美国介入越南战争，可谓异曲同工。美国介入越战，从政治上说和介入朝鲜战争一样，试图在中南半岛(印支半岛)建立一个桥头堡。这样，美国就可以在遏制中国的情况下，在中南半岛展开扩张，将整个东南亚划归到自己的势力范围。

从经济层面上讲，美国介入越南战争是因为，20 世纪 50 年代后期，美国经济竞争力开始逐渐削弱，其国际收支也趋向恶化，世界上出现全球性的“美元过剩”问题。出于对美国经济的担心，各国美元持有者纷纷抛出美元兑换黄金，美国出现黄金大量外流的情况。为避免这一局势进一步恶化，美国介入越南战争，试图通过战争拖延或解决自身问题。事实是，美国介入越战初期，由于战争对经济的刺激，某种程度上的确暂时使相关问题得以缓解。

美国支持的吴庭艳政府，通过政变，从原来受法国支持的越南末代皇帝——保大皇帝——政权手中夺得南方政权。但是，令美国失望的是，在中国和苏联的支持下，北越不但没有倒下，反而愈战愈勇。美国久战不下，不但没有解决根本问题，战争的消耗反而使美国陷入泥潭而不可自拔。

终于，美国人忍无可忍。在 1968 年新一届美国总统选举中，对越战态度趋于缓和的尼克松上台。[①] 到 1971 年，美国的黄金储备再也支撑不住日益泛滥的美元。当年 8 月，尼克松政府宣布放弃按 35 美元一盎司的官价兑换黄金的美元“金本位制”，实行黄金与美元比价的自由浮动。欧共体、日本、加拿大等国宣布实行浮动。自此，世界主要货币进入法币时代，再没有本位于黄金或白银的主流货币(虽然，瑞士法郎当时还是金本位，但不久之后也放弃了)。

关于布雷顿森林体系，笔者认为，在经济学领域中有两个主流学术结论是错误的。导致这种结论性的错误，根本原因在于，西方在世界舆论和经济学术中占有几乎绝对的统治地位，大家对他们给出的学术结论可以说是全盘接受。

① 尼克松从担任艾森豪威尔政府副总统起，到约翰逊政府前期，都一直是美国对越战争升级的支持者。后来态度缓和，是基于越战的发展及竞选总统的政治需要。1973 年 1 月 27 日，美国最终被迫在结束越南战争的协定上签字。

这两个错误的结论为：

1. 美国是被迫放弃金本位制

这种说法，并非真正历史事实的呈现，而是为掩盖某种目的的借口。笔者认为，美国放弃金本位，是基于两个层面的原因：

一是世界经济发展的规模，货币本位于黄金崩溃是必然趋势。

因为，随着世界人口的增加，经济总量也在大幅增长，而黄金作为稀有金属，勘探发现的速度远低于经济增长速度。同时，黄金的开采和冶炼极其困难，其产量不可能跟上经济发展的速度。

也就是说，黄金作为价值储藏工具，在世界经济获得长足发展后，已经无法容纳得下如此巨大的财富。若要强行装入，必然要调整黄金的计价尺度，这必然会引起世界经济混乱。鉴于此，若货币继续本位于黄金，其结果必然是出现货币短缺，进而影响世界经济发展。

所以，美元抛弃黄金本位制完全是阴谋作用的结论，不合理也不客观。虽然其中或许有不小程度阴谋的成分，但决定历史进程的绝不是阴谋的力量，而是事物发展的规律。人类的人口、经济获得大幅增长后，黄金已经无法作为合适的货币存在。因此，黄金本位制的终结，只是时间早晚的问题。

二是美国利益。

终结黄金本位制，从长远来看没有问题，因为有第一条原因存在。但是，终结金本位，并非意味着必然迈入法币时代，可以将白银也作为货币，也就是说，货币从本位于黄金调整为本位于“黄金＋白银”完全可行，至少阶段性不存在任何问题。但是，美国绝不会作这样的选择，因为，无限发钞权的诱惑力实在巨大。

从美国利益来考量，终结美元本位于黄金的货币制度可以，但绝不允许终结美元准世界货币的地位。而且，只要在美国的控制下终结黄金本位制，美元的发行将不再受黄金控制。作为美国，绝对不希望终结黄金的控制后，换成一个只是相对宽松一点的“黄金＋白银”控制。于是，进入法币时代几乎是一种历史必然。如此，美国发行美元就能够不受货币本位的特殊力量约束，可以实现在发行美元时以币值的价格出售美元，然后再换回等量商品，获得巨大战略利益。

因此，美国一方面尽量延缓这一进程，以使这个过渡更为稳妥，避免美元丧失准世界货币地位；另一方面又要加速这一进程，获得滥发货币的权力。一旦这个格局成立，就可以实现美国当“老板”印钱投资，全世界都是“劳动者”为

“美国老板”打工的经济格局。于是乎，美国就稳稳坐在世界经济食物链的最顶端。美国，只需要掌握政治、军事、资源（包括各种自然资源、粮食资源）以及高科技（知识产权保驾护航）这些战略资源，就可以稳稳地控制世界。因此，某种意义上说，美国放弃金本位被动是假，主动才是真。

2. 认为布雷顿森林体系因黄金本位制的结束而崩溃的结论

布雷顿森林体系最重要的规则，不是黄金本位制，而是关贸总协定、世界银行、国际货币基金组织这三大体系下维持的美元本位制。三大体系维护下的美元本位制，才是布雷顿森林体系的根。

黄金本位制，本质上不过是布雷顿森林体系临时借用的一个介质，即为了让世界信任美元、让美元成为准世界货币的货币锚。有了这个货币锚，就能一定程度上避免美国滥发货币，美元的信誉也就有一个安全门。如今，三大支柱稳定如故，只不过是黄金本位制这个“安全门“被拆除，因此就得出布雷顿森林体系崩溃的结论，着实荒谬、可笑。一座房子，拆掉一个门，并不等于房塌墙倒，就是这个道理。

迄今为止，美元仍是准世界货币，且在世界储备货币中占近七成的份额。按照美国游戏规则制定的三大组织，仍然控制着世界经济游戏规则的制定。请问，布雷顿森林体系哪里崩溃？布雷顿森林体系崩溃这个结论，根本就是“皇帝的新装”—— 一个捏着鼻子哄眼睛的谎言。欧美学术界及其舆论之所以下这个结论并广为传播，是为达到其政治目的。我们如果也趋之若鹜传播这种观点，就太欠缺客观的态度和独立思考。

这些西方庸俗经济学给出的结论，我们的教科书、研究者基本上不加以分析就引用。基于本书的需要，我们将这两个并非以事实为依据的结论推翻掉。

美元脱离黄金的限制后，发行货币虽然可以相对肆无忌惮。但存在一个严重的问题，就是美元虽然获得滥发权，但有一个致命缺陷，如果美国滥发货币，仍然会因为失去信用而被抛弃，掌握各种资源的国家完全可以抛弃失信的美元。鉴于此，有着无限制的货币发行权的美国，必须控制资源以保障美元调动世界资源的能力，为货币滥发保驾护航。假如不能控制世界资源，美元贬值，必然导致世界资源涨价。这种涨价，世界经济同样会逐渐无法承受，经济必然进入低谷。如此的结果，不但美元地位会受到威胁，连美国的经济也会因此出现大动荡。

正是美元存在资源控制力仍然不足的漏洞，使得1973～1974年因第四次中东战争而起的石油危机让美国人也感受到切肤之痛。所以，这个问题必须解决。而解决这个问题，就必须通过控制资源来实现。

第二次世界大战后，中东仍然是各国博弈和角力的焦点。在犹太复国主义与美国国家战略利益的合谋下，美国操纵的联合国对巴勒斯坦进行了不合理的分割。通过对以色列的支持，美国将以色列这根钢钉插入中东地区。第一次中东战争因此爆发，最终，在美国的支持下，以色列战胜阿拉伯国家，美国也因此在中东彻底站稳脚跟。

第一次中东战争失败，使中东国家对殖民者保护中东的幻想破灭，北非和阿拉伯国家民族解放运动开始高涨，特别是埃及。1952 年 7 月 23 日，以纳塞尔为首的“自由军官组织”发动军事政变，推翻英国扶植的法鲁克王朝，废除君主制，建立了共和国。

正是在这种背景下，第二次中东战争爆发。英、法两国为了控制埃及收回国有的苏伊士运河，与以色列联合，向埃及发动进攻。战争的结果是，埃及获得战争胜利，英、法、以三国战败。如此结果，关键原因在于英、法两国综合实力经过第二次世界大战已经严重下降，而当时无论美国还是苏联都有进军中东的政治意图，这场战争注定英、法、以三国成为战败国。第二次中东战争的直接结果是，英、法两国退出中东权力角逐，美、苏两国取代英、法成为中东最重要的政治博弈力量。

第三次中东战争，本质上是美、苏两国的一次对抗。最终，以色列在美欧的支持下，以迅雷不及掩耳之势，仅用 10 天就击败阿拉伯国家。客观上，这也是美、苏两国在中东的真实实力对比，美、欧联合起来的整体力量，较苏联及其附属国的力量要大很多，毕竟美、欧是老牌的工业国，并且经济发展水平更高。

第四次中东战争，可以说是阿拉伯世界的复仇之战，也是知耻而后勇的一次相对来说更基于自身的战争。中东领导者埃及，从以前对苏联的依附转变为合作。第四次中东战争，是在埃及总统萨达特建立阿拉伯统一战线的基础上发动起来的。

这场战争，几乎得到所有阿拉伯国家的支持并参战。在战争初期，阿拉伯国家取得战场优势，但由于战术的失误、苏联援助阿拉伯国家的效率远低于美国援助以色列的效率等因素，使以色列获得喘息之机，最终战局发生逆转。

战争中，由于当时美国深陷越战泥潭，西欧国家试图借机削弱美国在中东的影响力，保持中立。传统学术观点认为，是苏联和阿拉伯国家挑起这场战争，这种说法并不准确。因为，在战争之前，华盛顿和伦敦就策划了一系列事件。

当时，时任美国国家安全顾问的亨利·基辛格建立了强大秘密的外交渠道。通过当时以色列驻华盛顿大使西姆扎·迪尼茨，基辛格有效控制了以色列的外交政策反应。同时，基辛格通过与埃及、叙利亚的沟通渠道，向对方传递各种假消息，促使战争爆发。根据美国情报机关的报告，美国当时已截获包括阿拉伯官员之间关于确认已经开始战争集结的通信，但这些情报被基辛格全部扣押。

而事实上，这一切的安排，都是华盛顿根据1973年5月召开的索尔茨约巴登会议纲领制定的。因此，将发起战争的责任推给阿拉伯国家和苏联，是不客观的结论。准确地说，第四次中东战争是阿拉伯世界处心积虑准备、策划，美、苏两国共同促成的。

第四次中东战争，阿拉伯国家虽然以失败告终，但也不是一无所获。从话语权上来说，这一次中东战争，颠覆了以往美、苏两国共同发表的中东问题"冻结在冰箱二三十年"的说法。在这场战争的准备上，阿拉伯国家可谓煞费苦心。

早在战争开始前8个月，埃及总统萨达特就秘密前往沙特阿拉伯组织针对美国的石油禁运。为报复美国及相关国家对以色列的支援行动，阿拉伯国家宣布对美国及相关国家实行石油禁运，直接导致1973年的石油危机。这次石油禁运，使包括西欧国家在内的世界主要国家遭遇切肤之痛。这，实际上扫清了石油美元更紧密捆绑的障碍，促成石油美元捆绑更为紧密的经济机制。因此，也有观点认为，美国促成这次战争，就有这样的战略意图。

时任埃及总统萨达特，本来寄望于第四次中东战争能够夺回因第三次中东战争失去的西奈半岛，但最终因战争失败而告吹。在第四次中东战争后，中东和平进程陷入僵局。

急不可耐的萨达特，在1977年11月做出惊人之举——访问以色列。这次访问，实际上是承认了以色列的存在，萨达特也成为第一个访问以色列的阿拉伯国家领导人。

这次访问，直接打破了原来的僵局。很快，时任美国总统吉米·卡特邀请埃及总统萨达特和以色列总理贝京前往美国戴维营(Camp David，美国总统的行宫)会面。会议从1978年9月5日一直持续到17日，最后，谈判获得成功。

1979年，以色列与埃及签署《以色列—埃及和平条约》(Israel-Egypt Peace Treaty)，以色列从埃及领土西奈半岛撤出所有军队和殖民者，以交换与埃及的正常关系和长久和平。但是，根据协议，埃及也只能在西奈驻扎极少的军队。许多阿拉伯国家对这种土地换和平的方式非常不满，埃及被阿拉伯国家联盟暂时取消了成员国资格。

由此，埃及从阿拉伯联盟的领导者变成被逐者。埃及被驱逐出阿拉伯联盟后，阿拉伯联盟因群龙无首开始陷入分裂。这是美国和以色列的一次巨大胜利，我们来看看以色列和巴勒斯坦1946～2000年的示意图，就可以看出美国和以色列在分化阿拉伯联盟后获得的巨大成功。

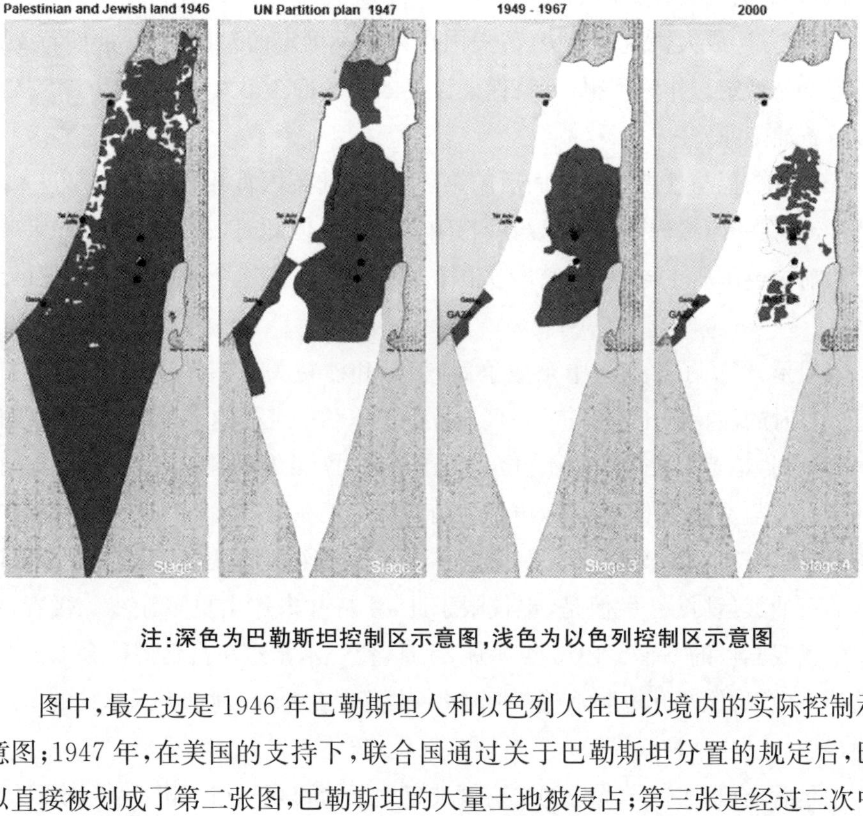

注：深色为巴勒斯坦控制区示意图，浅色为以色列控制区示意图

图中，最左边是1946年巴勒斯坦人和以色列人在巴以境内的实际控制示意图；1947年，在美国的支持下，联合国通过关于巴勒斯坦分置的规定后，巴以直接被划成了第二张图，巴勒斯坦的大量土地被侵占；第三张是经过三次中东战争后的巴以示意图；第四张是2000年时的巴以示意图，以色列的国土面积已经在1947年的1.52万平方公里基础上增加到2.07万平方公里(实际控制为2.5万平方公里以上)，这0.55万平方公里的土地源于巴勒斯坦的土地损失。

中东阿拉伯世界另一大国沙特阿拉伯，和美国其实也有着千丝万缕的关系。所谓石油禁运，沙特对美国也是网开一面。沙特阿拉伯一直未停止对越战的美军供油。至于具体数量，恐怕只有美国和沙特自己清楚了。

其实，沙特与美国的关系，可追溯到20世纪30年代初期。早在1930年，美国和沙特王室就开始建立特殊关系。1933年5月，美国公司与沙特政府顺利签订石油租让权协定。1939年，该公司取得的租让面积已占沙特领土的2/3。

第二次世界大战结束后，时任美国总统罗斯福临终前两个月，参与了一次与沙特国王高度保密、长达4小时的会见。此次会见，被美国中东专家称为"最重要的活动"。两国政府从来没有正式对外公布过会谈内容，但可以肯定的是，双方达成大概这样的协议：美国在某段不确定的时期内，保证沙特王室的安全与稳定。作为回报，沙特保证让美国从沙特获得大量石油，并参与发展沙特石油工业。

在罗斯福与沙特国王会面后的第三天，时任英国首相丘吉尔驱车进入埃及沙漠，在一座绿洲的旅馆里与沙特国王会面。但此时，英国已无力回天(沙特以前被英国所主导)。沙特与美国的联盟关系，从这个时候实际上就已经确立。

但是，经历了第四次中东战争后，美国和沙特关系出现了较大程度的倒退。当时的沙特国王费萨尔，一直致力于中东和平进程的推进，但由于美国偏袒以色列，难有太大成效。不过，美国还是从另一个侧面取得了突破。在美国外交人员与费萨尔的会面中，声称美国"青年"正在与沙特王室的敌人"共党分子"作战，需要沙特支援。结果，费萨尔决定为美军供油，这直接违反了当时阿盟的石油禁运协议。[①] 但是，也仅限于此，沙特并未作出更多让步。接着，就发生了戏剧性的一幕。1975年3月25日，费萨尔竟然在宫廷招待会上被"有精神病史"的侄子开枪刺杀(这种事情多次发生在美国，刺杀美国总统的10人中，竟有4名"精神病人")。

之后，有欧美留学背景的法赫德被定为王储和第一副首相，鉴于国王哈立德的健康原因，法赫德受命主持日常事务。法赫德一改费萨尔国王的外交政策，奉行中立、不结盟政策(实际上美国和沙特一直是盟友关系，这个不结盟只是对外宣称而已)，主张加强阿拉伯和伊斯兰国家的团结，政治解决中东问题，维护海湾地区的安全与稳定。这一主张，很快缓和了美国和沙特的关系，同时

① 由于对此事的保密，加上美国石油公司自己本身的开采量非常可观，实际上，石油危机伤及美国的程度相比德国和发展中国家要差得远。在这次危机中，美国的石油公司和银行都赚得盆满钵满。

也是继续分化了阿拉伯联盟国家之间的关系。

1982 年 6 月 6 日，以色列借口其驻英国大使被巴勒斯坦游击队刺杀，出动陆海空军 10 万余人，对黎巴嫩境内的巴勒斯坦解放组织游击队和叙利亚驻军发动大规模的进攻，第五次中东战争爆发。

这次战争，阿拉伯国家真正出战的只有巴勒斯坦巴解组织和叙利亚。以色列入侵黎巴嫩，其他阿拉伯国家都作壁上观。第五次中东战争，中东阿拉伯国家彻底分裂，中东大部分国家已经纳入美国的势力范围。在此基础上，石油美元的世界地位得以确立。

与此同时，发生的两件事使美国的石油美元地位受到了挑战。

其一，是伊朗 1979 年爆发的伊斯兰革命，霍梅尼领导的革命推翻亲美的巴列维政权，伊朗从美国的盟友变成敌人。① 其二，是 1979 年苏联入侵阿富汗。苏联入侵阿富汗，使以沙特为首的不少阿拉伯国家倒向美国(这是冷战背景下的一种必然结果)。20 世纪整个 80 年代，沙特王室的石油收入多半都是拿来支援两伊战争和阿富汗与苏联的作战。②

这两次事件，美国虽然一方面稳住了美元石油的捆绑关系，另一方面也出现了新的威胁，即伊朗的威胁以及苏联一旦掌控阿富汗后对美元石油的威胁。为扼住伊斯兰革命的势头，美国借助伊拉克和伊朗的矛盾，鼓动萨达姆发动两伊战争。这场战争持续 8 年，从 1980 年一直打到 1988 年。

中东地区的战争，客观上促进了美国的生产，刺激了美国经济。20 世纪 80 年代，中东大部分石油收入都投入到这两场战争中消耗，而这两场战争最大的受益者就是美国。两伊战场中，伊拉克的武器装备以及阿富汗战场的阿拉伯方的武器装备，很大部分来自美国。某种程度上，20 世纪 80 年代，美国经济恢复的主要动力之一，就来自中东的两个战场。1979 年之后 10 年的演变中，美国从越战中走出来并重归强势。苏联却陷入阿富汗战争泥潭，不能自拔。直到 20 世纪 80 年代末，东欧发生剧变，苏联进入崩溃边缘，美国头上的紧箍咒被彻底解开。

---

① 伊朗伊斯兰革命，使中东如沙特、卡塔尔、阿联酋、巴林君主立宪或由王室贵族控制的国家担心被革命，加速向美国靠近。没有向苏联靠近，是因为 1979 年苏联入侵阿富汗，成为阿拉伯世界的敌人。

② 沙特富翁之子本·拉登，就是那时候被美国培养起来。1990 年，伊拉克入侵科威特，让沙特王室大吃一惊。此时，本·拉登毛遂自荐，称用阿富汗自己的军队抵抗伊拉克军队。但沙特国王担心民间组织军队会威胁到王室统治，还是决定和美国合作。于是，美国介入海湾战争。在这种背景下，本·拉登和美国彻底分道扬镳，由反苏变为反美。

1991 年，苏联解体，这宣告了美国单极、霸权时代的到来。之后，包括1990 年的海湾战争、针对南斯拉夫的战争、针对阿富汗的战争以及针对伊拉克的战争，美国围绕能源控制布局大刀阔斧、突飞猛进。

在美元基本控制了中东大部分石油出口国后，中东国家通过出售石油资源获得大量美元资本。在两伊战争和第一次阿富汗战争结束后，这些资本不可能总是以美元现金的方式长期存在，需要一个投资的出口。

于是，美国又给这些国家提供了一个巨大的资本存放池——华尔街资本市场。这些资本进入美国后，让美国整个资本链变得极其坚实。美国可以利用这些资本，在世界收购资源、企业，同时将部分利益分给这些资本。如此，这些资本也就会长期待在美国市场。

这样一来，美国印刷出口美元，再让这些货币回流到华尔街这个资本大池子。在这种状态下，美国不但资本充足，本国经济体内货币流通量也相对有限，不会出现严重的通货膨胀。再加上美国可以从发展中国家分食其人口红利，获得大量廉价商品。当前世界经济的游戏规则，某种意义上对美国的不劳而获起到保护作用。20 世纪 90 年代中期后，美国更是借助世界资本制造了一轮网络泡沫，使得美国在新时代的科学技术上领先其他国家一大截。

但是，过度的消耗和虚拟化的资本，毕竟会导致经济空心化越来越严重。经济一旦陷入空转循环，就到了无比危险的境地。于是，华尔街资本的“永动机”会在合适的时候向已经发展起来的目标国家发起货币战争，通过货币战争抢掠对方的实际财富以弥补自己的亏空就成为一种选择。

当然，要建立完全美元结算的交易，以美国华尔街为主流操盘者的大宗商品交易市场就必不可少。在这种背景下，各种大宗商品期货的市场交易越来越健全，一套控制资源价格体系的市场化手段日臻完善(美元只要成为世界主要资源的计价货币和结算，就能通过货币政策来调控世界经济)。美国通过资本基本控制国际大宗商品市场，如此就可以根据美国的需要左右大宗商品价格，并以符合美国的战略利益为标准进行炒作。而对资源价格的控制，可直接用来打击竞争对手。比如，2008 年，美国通过推高资源价格，逼迫中国人民币升值，以及从大宗商品价格中炒作获利；而当俄罗斯发动对格鲁吉亚的战争后，美国又疯狂打压原油价格，打击俄罗斯的经济。

不过，人算不如天算，美国迄今仍未能完全控制国际石油资源。不幸的是，在上述过程中，由于过度贪婪与过度消耗，加上格林斯潘试图熨平所谓经济周期等因素，最终导致美国经济积压下一个巨大的“债务黑洞”。如今，这个巨大的"债务黑洞"正在一点点吞噬美国。

若美国就此衰败，那么，对美国来说可谓是成也资本败也资本。至于在过去20年间一直被奉为神明的格林斯潘，怎么被捧上神坛，就会怎么被打入十八层地狱。事实上，格林斯潘已经滚下神坛。美国国务卿希拉里就公开声称，格林斯潘就是一骗子！

如今，美国想方设法，试图将这个巨大的债务黑洞甩给世界其他国家。这个巨大的包袱，自2007年"次贷危机"爆发后，至今仍让世界各国饱受危机之苦。但是，哪怕如此，这一包袱最沉重的部分迄今仍然还在美国制造的货币泡沫下隐藏。最近，美联储进行所谓的"扭曲"操作，通过卖出短期债券、购买长期债券，将债务压力延后，但这仍然是权宜之计。目前，围绕这一切的国际博弈愈演愈烈，其最终目的，就是将这个历史包袱甩给一些已经发展起来的国家，特别是中国。而甩出来的途径，最重要的选择就是货币的汇率战争。

那么，货币战争到底怎么完成呢？其实并不复杂。主要分如下三步：

第一步：向发展中国家转移工业生产线。通过向有劳动力的国家进行投资，带动其工业发展，利用其劳动力红利为自己国家谋生产福利。如此，美国一方面可以找到新的输出美元的市场(这一点，看看中国持有多少美国国债以及中国每年用美元结算的贸易规模就知道有多少好处)，向这些发展中国家输出美元；另一方面，可以在输出美元的同时，将这些国家制造的商品输入到自己国内，供美国民众消费。

如此一来，美国经济就可主要以出口美元或高附加值的商品来维持其繁荣(如高科技产品、武器装备等)，而不必去自己制造低端生活用品。但是，美国在转移工业生产线的同时，还要尽量控制高端技术的传播(迄今，美国、欧洲均对中国有高科技产品的出口限制)，避免对方建立起完整的工业链。同时，美国还以知识产权的立法，保护自身在科技方面的领先地位。

从这一层面上说，美国就像个超级"寄生虫"(这一比喻曾从现任俄罗斯总理普京嘴里说出来)，不断寻找新的目标，利用对方的能量为自己服务。当吸干对方的最后一滴血，或发现对方已经足够强大到威胁自己的时候，要么猎杀、要么抛弃。

试想，美国消费占GDP总量超过七成，GDP七成都是靠消费创造，其他的三成怎么能够支撑着七成消费，还过着世界上最好的生活。这一切，基本上都是靠美元霸权实现。

第二次世界大战后，现实的例子包括：朝鲜战争，美国将大量生产线转移到日本；之后，向亚洲其他国家转移大量生产线；最后，向中国转移大量生产线。但无论向任何地方进行生产线转移，当对方发展得足够壮大后，都必然要遭到美国的强行打劫。日本如此，东南亚诸国如此，如今逼迫人民币升值同样如此。

与前面两者相比，美国在中国遭受到最大程度的抵抗。这一点，取决于中国是一个政治、经济、军事都独立的大国。

第二步：通过扶持发展中国家的经济，榨取这些国家的劳动力红利，保证美国经济低成本运行。这个道理也很简单，因为，经济越落后，人力成本就越低。当生产线转移后，美国就能以极低的成本生产极为廉价的商品，保证美国消费型经济的需要。于是，美国就能以低通胀的方式，保持经济稳定和发展。

但是，随着对方国家工业化的升级、资本的积淀，肯定会有控制更多资源的欲望，如此，必然挑战到美国的核心利益。这种时候，美国一定会考虑对这些国家进行经济上的打劫。因为，美国不能容忍一个威胁到其地位的对手存在。

除此之外，还有另一种情况，当美国经济过度消费导致经济萎靡不振后，美国会通过打劫其他国家的财富向美国经济输血。对日本的货币战争，很大程度上属于前一种情况；而对东南亚国家的货币战争，更多是属于后一种情况。如今，对中国的货币战争，则是两种因素皆有。

第三步：发动货币战争，对目标国家金融洗劫。这种手段，其实同样老套。但是，介于美国具有极强大的政治、军事、经济影响力，一般国家在力量上根本无法与之抗衡，最终不得不就范。

日本无奈下就范，是因为日本无论政治、军事、经济都非独立，受制于美国，决定了其最终的妥协、就范；东南亚诸国则是因为政治、军事和经济影响力与美国相比差距太甚，无法相抗衡。在无力抵抗的情况下，遇到强盗，被洗劫是没有办法的事情。

发动货币战的过程并不复杂。首先，利用美国在世界政治、经济方面的影响力，要求对方因为收支顺差过大而升值。[①] 这些理论的逻辑依据，就是设计好的西方庸俗经济学。

---

① 按照西方庸俗经济学的逻辑，顺差过大就是币值被低估，就得升值。这种逻辑简直就是强盗逻辑，别人辛辛苦苦劳动赚回来美国印的纸，美国连这些纸都不让拥有，担心向美国要求兑现。于是，要求对方本币升值，从而稀释美国对其欠债。从法律层面说，法币本身就是一种债权凭证，除非国家灭亡，否则还债是迟早的事。更何况，为什么稳定汇率有利于美国的时候就是稳定汇率，浮动汇率有利于美国就又变成了浮动汇率呢？

由于美国坐拥世界上最强大的大学、研究机构、评级机构，拥有世界上最强大的媒体宣传工具。在这种力量的主导下，培养出大批拥趸者。在这些拥趸者的吹捧和强大媒体宣传工具的放大下，就出现大量被洗脑的公众。这些拥趸者，利用这种逻辑，不断忽悠全世界接受这种有利于他们的预设：顺差过大就是币值被低估，就得升值。于是，大众也逐渐接受这种荒谬的逻辑。如果对方金融市场已经完全开放，汇率已经自由浮动，那更好办，直接通过华尔街释放出大量资本流动性，收集对方发行的货币，通过市场操作控制对方自由浮动的汇率即可。虽然通过货币战争准备一轮抢劫可能需要花很多年，但行动起来长则数年，短则一两年就能完成。

货币战争的最初阶段，美国通过它控制的炒作资金，推高大宗商品价格，加大被洗劫对象经济运行成本，从源头上榨取对手的利润。同时，大宗商品涨价，诱使对方接受升值的预期，降低经济运行成本。升值，客观上又会成为大宗商品涨价的预期……如此，最终形成一个恶性循环：汇率升值越大、越快，大宗商品涨价速度就越快；大宗商品涨得越快，汇率升值欲望就越强。

由于大宗商品价格不断上涨，在加大被洗劫方经济运行成本的同时，也带来通胀。这样，相关国家不得不以加息控制通胀。加息，又加重货币升值预期和压力。于是，美联储和华尔街释放出来的热钱，大量流入对方的经济体。

伴随着币值的大幅上升，通胀压力的不断加大(一方面是输入型通胀压力，另一方面是货币发行权逐渐丧失)，控制着世界主要舆论的各种研究机构，又开出更有利于金融洗劫的药方：鼓动相关国家的央行收缩流动性——大幅加息。加息之后，就出现与美国之间的利差，直接结果是降低热钱的投机成本和风险。热钱由于使用成本、风险系数降低，又加速推高资产价格、物价的飞涨。

于是，一国之宏观经济逐渐失控。特别是若一国的战略产业在西方资本的控制之下，相关国家当局的一切宏观政策将无法得到贯彻执行。

这种局面，又会使相关国家的学术舆论继续催促加息。央行也会继续加大加息力度，试图控制局面。最后，加息工具使用过头，美元经济体利差过大。由于升值打击出口以及加息导致资金使用成本大增，国内企业不堪重负，于是出现倒闭潮，整个国家的宏观经济陷入衰退；而资产项目下的资本却赚得盆满钵满，开始撤离。此时，通胀好像被控制，但由于实体经济的生产已经彻底崩溃，经济马上转入比通货膨胀更恐怖的通货紧缩。大量的失业，老百姓的生活质量急剧下降，整个社会进入动荡和混乱。

面对这样的局面，相关国家央行不得不开始大幅降息来改变这一切，美国经济体却因为资本账户下获得的利润开始复苏，美国经济进入加息周期，强势美元的预期出现，在相关国家赚了盆满钵满后的资金，加速向强势美元的美国回流。如此一来，所在国资产价格马上暴跌，企业因资金链断裂呈现倒闭潮，币值因为大量热钱撤离致使汇率崩溃。整个国家的经济、民生等等，陷入混乱甚至崩溃。

由于局面失控，政府当局甚至可能面临倒台风险（不少国家在这种情况下发生“颜色革命”，受扶植的亲西方政权上台）。读者可以回忆一下，自 2005 年到 2008 年，人民币升值是不是就是这样的过程。若不是美国次贷危机最终掩饰不住，中国到后面可能真的会面临一个非常惨淡的局面。

这个局面一旦出现，“伟大的救星”就开始登场。受欧美控制的国际货币基金组织、世界银行相继出现，特别是世界银行，会逼迫相关国家以几乎“卖国”的方式注入资金或贷款，以帮助其稳定经济、稳定政权。若不同意，就可能由美国支持一个反对派，用“颜色革命”推翻现政权，由他们扶持一个新的傀儡政权执政。新政权由于受到美国的支持，经济压力得以很快缓解。于是，新政权和美国就成为人民的“大救星”。而实际上，新政权不过是美国政权的一个傀儡。典型的例子如格鲁吉亚政府，对美国几乎是言听计从。

当然，什么时候都少不了资本家。一旦傀儡政权上台，美国的资本家就随之出现，开始以“救世主”的身份，以极低的价格收购这些国家的资产，彻底控制相应国家的战略命脉产业，这个国家就此进入一个恶性循环。政治不稳定，经济发展时好时坏。如果没有什么历史机遇，恐怕就再也起不来，甚至未来还可能因此付出更大的代价。而对于美国来说，这些小国家，美国需要的时候就给点甜头，没用的时候就撇在一旁。即便如此，美国仍然间接控制着这个国家。

美国，在不断地扮演着既是强盗又是大救星的角色。而现实是，美国经过这一轮的洗劫，自己的经济又开始繁荣。之后，美国就又会寻找新的目标，继续重复上述过程。

正因为如此，美国经济总是能不断随着世界经济波动而波动，但总是能够通过发动货币战争或现实战争解决问题。于是乎，美国就成为被神化的人间“上帝”。美国鼓吹的价值观、各种学说也就被奉若宝典。一些愚昧的人们，被“上帝”一次次变卖，却会为这一次次被变卖高声欢呼。

而事实上，此时的“上帝”与“撒旦”根本就是同一个。只是，在光明下它扮演的是“上帝”，在黑暗下就露出“撒旦”的真面目。

第十一章

货币战争背景下，中国经济与应对方略（二）

本轮经济危机与货币战争的世界大背景

China and Currency Wars

本章视点

- ⊙ 美国是如何借力中国抽腿越战泥潭的？中国又是如何借力美国打开包围局面的？
- ⊙ 苏联是如何深陷阿富汗战争泥潭，最终一步步走向瓦解的？
- ⊙ 苏联瓦解的原因是什么？
- ⊙ 中、越有什么样的历史渊源？
- ⊙ 对越自卫反击战，中美如何反击苏、越企图？
- ⊙ 20 世纪 70～80 年代，美国如何实现从深陷泥潭到一跃而起？
- ⊙ 21 世纪，美国为什么会从强盛走向穷兵黩武的衰落？
- ⊙ 美国如何通过网络泡沫吸引资本并最终套牢资本？

美国借力中国抽腿越战泥潭

自 2007 年美国“次贷危机”以来，4 年多时间过去。在此期间，世界各国联合救市，危机得以暂时“缓解”。但是，救市只是向市场注入流动性，危机本身并未解除。相反，随着时间的推移，危机逐渐从金融领域向国家主权信用领域演化。本轮世界性的经济危机，更成为自 1929 年以来最严重的一次世界性经济危机。

这轮危机到底是如何演化来的呢？要想了解本轮经济危机的根源，有必要了解近几十年的人类发展历史。找到其因，方能究出如今之果。

笔者认为，要搞清楚本轮危机的来龙去脉，应追溯到 20 世纪 60 年代，美国参加越南战争。这里，我们就以此为切入点，对该事件的演绎进行推究。

第二次世界大战后，受地缘战略、经济因素等作用力的促使，美国直接参与了越南战争。美国参加越南战争的初期，曾一度因为战争的需求，拉动、刺激了其经济的大幅增长，美国经济在短期内受益。但这场战争，越南并非是单打独斗，而是在中苏的支持下与美国抗衡。特别是中国，更是派出数十万的军力协助越南人民军。

越南战争大致分为五个阶段：第一阶段，南北越内战阶段；第二阶段，美国间接介入阶段；第三阶段，美国直接介入阶段；第四阶段，美国准备撤军阶段；第五阶段，美国撤军阶段。

其中，在第二阶段，也就是 1961 年开始至 1964 年，肯尼迪政府发动“特种战争”，美国间接介入越战。介入越战后，自 1962 年起，美国经济大有起色，GDP 增长从 1961 年的 2.3%上升到 1962 年的 6.1%。之后，GDP 增长趋于下降。1963 年，由于南越政权的内讧深化，美国抛弃吴庭艳政权。在美国的支持下，杨文明、阮庆等军人通过政变，推翻了吴庭艳政权并枪毙了吴庭艳。越南军政府上台执政，但战事毫无进展。

1965 年，按捺不住的美国直接介入战争，在美国直接介入的 1965 年、1966 年的两个年度，美国 GDP 增长率均超过 6%，达到 6.4%和 6.5%，战争对经济的短期刺激作用可见一斑。

但是，由于北越政府获得中国和苏联的巨大支持，战争陷入僵持状态，美国国防开支越来越重，经济逐渐被拖入泥潭。

1967 年，美国经济从上一年超过 6%的 GDP 增长率一落千丈，仅为 2.5%。而且，由于越战财政开支过大，美国经济逐渐陷入衰退。1969 年 12 月，美国爆发新一轮经济危机。1970 年，美国经济陷入停滞，GDP 增长率只有可怜的 0.19%。新任总统尼克松自 1968 年当选后，开始着手撤军筹备工作。1973 年，美国确认从越南的撤军。1973 年 1 月 27 日，参加关于越南问题的巴黎会议四方：越南民主共和国、美国、南越反政府武装、越南共和国，在法国首都巴黎正式签署《关于在越南结束战争、恢复和平的协定》(即巴黎和平条约)。随后两个月内，美国军队全部撤出越南。

美国国内反越战的浪潮一浪高过一浪

正是在美国深陷越战泥潭、苏联展开对美国战略进攻的压力下，中美关系开始解冻。两国关系发生逆转的战略契机，实际上出现在 1969 年。1969 年 3 月，苏联军队数次武装入侵黑龙江省乌苏里江主航道中心线中国一侧的珍宝岛，并炮击中国岸上纵深地区。中国边防部队被迫进行自卫反击，中苏关系彻底恶化，从貌合神离转向直接对抗。

中国当时虽然落后，但却是一个地方大国，且老一辈革命家特别是毛泽东、周恩来等，都是顶尖的战略家。中苏珍宝岛冲突后，1969 年 4 月 1 日，在中国共产党第九次全国代表大会的报告上赫然出现这样一段话："我们要作好充分准备，准备他们(美帝、苏修)大打、准备他们早打。准备他们打常规战争，也准备他们打核大战。总而言之，我们要有准备。毛主席早就说过，人不犯我，我不犯人，人若犯我，我必犯人。他们一定要打，我们奉陪到底。”这一报告中，最重要的国际战略信号就是，中国最大的国家敌人由一个变成两个，从原来的“美帝”变成“美帝、苏修”。

据尼克松政府国家安全实权派人物、时任美国国家安全事务助理基辛格称，美国很快接收到这一重要战略信号。在苏联展开对美国战略进攻，且美国深陷越战泥潭的背景下，美国认为此时继续打越南战争已不再是一笔划算的买卖，完全可以利用中苏关系的恶化“以中制苏”，而不必去和中国为敌盲目消耗国力，美国就可以达到遏制苏联扩张的目的。前提只有一条，就是和中国改善外交关系。

对美国来说，和中国改善外交关系具有绝对的主动权。只要美国承认中华人民共和国为中国唯一的合法政府，就能改善与中国的关系。而对于中国来说，中苏关系的恶化，在外交上使中国比较被动，急需寻找突破口。在这种情况下，中美两个对抗的大国的外交改善，某种意义上说，这是双方战略上的需要，因为双方有着一个共同的威胁——苏联。

当然，这其中彼此也一定互有条件。譬如，中国必然要求美国从越南撤军；而对美国来说，撤军则是顺水推舟的事情。在中苏对抗的第二年即 1969 年 10 月，时任美国总统尼克松请即将访问北京的巴基斯坦总统叶海亚—汗转告中国政府，美国准备改善两国之间的关系。

美国的这一战略调整，使其在后面近 20 年的东西对抗中与苏联相比占尽优势，苏联最终分崩离析。可以这样说，美国如今的霸权地位，是 20 世纪 70 年代开始借助中国的力量实现的。反过来，中国接下来的改革开放、经济崛起，同样也是借助美国的力量。中美的特殊关系，就是在这个阶段形成。

因此，从战略上说，美国在越南战场的重创，某种意义上可以说是因祸得福。正是美国在越南战场陷入泥潭不可自拔，使西方对苏联的压力骤减。同时，鉴于美国对苏联的包围形势，苏联不得不投鼠忌器。如此的结果就是，中苏矛盾激化，最终形成对立格局。而中苏对立格局的结果是，美国得以从越南战争中抽身。美国只要在西南方扼住苏联的咽喉，就能制服这头庞然大物。于是，美国在龟缩的同时，和中国这一大国合作，在东方牵制住苏联，成功遏制苏联在东方的继续扩张。

20 世纪整个 70 年代，美国基本处于守势。守势下的美国，促成第四次中东战争。并在之后的数年，彻底分化阿拉伯联盟，将阿拉伯联盟从苏联阵营争取到自己这一边。当然，这也都是拜野心勃勃、同时又投鼠忌器的苏联所赐。

苏联帝国梦的破灭

1967 年第三次中东战争中，苏联支持的阿拉伯国家损失惨重。阿拉伯国家在第三次中东战争中的失败，使其对苏联的信任度大幅下降。在第四次中东战争前，阿拉伯国家在埃及的领导下，不愿再充当苏联的附庸。于是，在第四次中东战争中，苏联和中东的关系已不是附属关系而是合作关系。

在第四次中东战争中，苏联援助阿拉伯国家的效率远低于美国援助以色列的效率，使阿拉伯国家在第四次中东战争中还是以失败告终。在这种情况下，苏联在第二次世界大战后苦心经营十几年建立起来的中东势力网，面临着即将失去的危险局面。鉴于此，苏联战略上选择南下印度洋，控制中亚枢纽地区，避免苏联在美苏对抗中落于下风。

1973 年 7 月，达乌德在“旗帜派”（该派主要是由一些受过苏联训练的青年军官组成，受苏联支持）的支持下，完成对阿富汗当时政权的政变，推翻阿富汗 200 多年来的封建君主专制政体，并就任总统。达乌德上台初期，积极奉行亲苏政策，深得苏联领导的赏识，苏联正好乘机积极向阿富汗渗透。

但是，苏联外交上一贯的霸道干预和控制，使达乌德非常不满。从 1975 年开始，达乌德清洗亲苏势力，并向苏联以外的世界寻求援助。1977 年 2 月，阿富汗通过共和国宪法。根据宪法筹建的民族革命党成为唯一合法政党，亲苏的“旗帜派”分子被彻底清洗出政府和军队。

很快，苏联进行报复。1978 年 4 月 27 日，人民派和旗帜派的军官联合发动军事政变，苏联飞行员驾机直接参加进攻总统府的战斗。次日，总统府被攻占，达乌德以身殉职，阿富汗政权再次更迭。政变后，表面上，人民派虽然和旗帜派一样完全倒向了苏方，实际上，人民派领导人很快展开对旗帜派的清洗。

最后，亲苏方的旗帜派领导人塔拉基和人民派领导人阿明矛盾激化。1979 年 9 月 14 日，塔拉基暗杀阿明不成，反被阿明反手一击。9 月 16 日，阿明政变成功，公开强烈表示对苏联的不满。

接着，苏联再次报复。1979 年 12 月 27 日，在苏联的支持下，塔拉基政权时期担任阿富汗革命委员会副主席和副总理的巴布拉克·卡尔迈勒发动政变，推翻哈菲祖拉·阿明政权。这次政变，实际上是在苏军的直接参与下完成的。1979 年 12 月 24～26 日，苏联出动 200 架次大型运输机，突击向阿富汗首都喀布尔运送 5 000 多人的军队、300 辆装甲车和几十辆坦克，苏联驻喀布尔地区的部队增加到近 1 个师的兵力，这些部队控制了喀布尔空军基地和各个军事要地。与此同时，在与阿富汗接壤的苏联边境地区，还有 5 个师处于集结待命状态。12 月 30 日，据报道，苏联在阿富汗的军队已经增加到 2.5 万～3 万人。

苏军入侵阿富汗，遭到世界各国的一致谴责。美国、北约、伊斯兰国家认为，这是苏联为谋求私利和打破已有的战略力量平衡的直接尝试。

1979 年 12 月 28 日，时任美国总统吉米·卡特发表声明："苏联军队进入阿富汗是对和平明目张胆的威胁，它可能标志着我们双边关系根本和长期的变更。"卡特要求苏联立即撤军，并停止干涉阿富汗内政。两天后的 1979 年 12 月 30 日，中国政府发表声明，强烈谴责苏联的霸权主义行径，坚决要求苏联停止对阿富汗内政的干涉，撤出一切武装部队。1980 年 1 月 6 日晚，邓小平在宴请来访的时任埃及副总统的穆巴拉克时说："最近，苏联悍然派兵大规模入侵阿富汗，粗暴地干涉其内政，严重地威胁着亚洲和世界的和平与安全。苏联这一行动，是它为谋求世界霸权而采取的一个重要步骤。"1980 年 1 月 7 日，孟加拉国、牙买加、尼日尔、菲律宾、赞比亚五个不结盟组织理事国，代表世界上 50 多个不结盟国家，向联合国安理会递交不结盟国家通过的关于阿富汗局势的决议草案，要求尊重阿富汗的主权、领土完整、独立和不结盟地位，并立即无条件从阿富汗撤走一切外国军队。

苏联入侵阿富汗，一下子成为世界公敌。更为重要的是，阿拉伯世界开始全面反苏，同时倒向西方，苏联第二次世界大战后经营的中东势力网彻底瓦解。

与此同时，苏联的入侵激起了阿富汗人民的强烈反抗，全国各地大规模起义不断。在这种情况下，苏联当局为保住对这个经营多年国家的控制权，决定加派兵力(这也是迫不得已的选择，因为，如果苏联在失去中东的情况下再失去阿富汗，结果必然是整个空间被美国联盟封死，被包围下的苏联很难持续发展)，一场复制美国越战失败的战争就此展开。包括沙特在内的阿拉伯国家不断为阿富汗抗击苏联侵略提供资金和人力，而包括美国在内的西方则提供武器弹药。苏联，不可避免地如美国陷入越战泥潭一样，堕入阿富汗战争的深渊。越战，是因为越南背后有中苏两个大国。而当时抗击苏联的阿富汗背后，则是阿拉伯世界和以美国为首的西方世界。

此时，再看苏联形势。东方有日本、韩国作为美国的桥头堡与军事基地，根本无法突破。而且，即便突破，后面就是太平洋，对苏联来说战略意义并不大；南边是一个东方大国——中国的牵制；西面和西南面是北约的势力范围。对于当时的苏联来说，客观上的确只有阿富汗这一个通向印度洋的突破口。一旦打通并控制，即可向前延伸到印度洋，接着伸向非洲。如此，东、西冷战下的实力对比，就会明显改观。

因此，从某种意义上说，苏联发动阿富汗战争，是中苏关系破裂后苏联战略上不得已而为之的唯一选择，苏联也是考虑借美国衰弱之机形成突破。这种战略压力，在中美关系解冻后更是紧迫。

但是，苏联在阿富汗的10年战争，直接拖垮其实力上本来就弱于西方的经济。10年战争，苏联在国际上显得无比孤立，经济难堪重负。与此同时，更严重的是，苏联内部持续的“不同政见者运动”愈演愈烈，党内派别林立，宗教矛盾、民族矛盾尖锐激化。1989年2月，不堪重负的苏联军队黯然撤出阿富汗。

苏联的战败，积累的内部矛盾难以向外转嫁和宣泄，意味着苏联向外扩张的战略失败。在这种情况下，如果内部团结，矛盾疏导及时并进行有序的体制改革，国家应该不会崩溃。

令人遗憾的是，苏联党内派别林立、分歧严重，燃烧起来的民族矛盾彻底激化。最终，这个强大的帝国在1991年分崩离析。1991年8月19日的“八月政变”失败之后，苏联已名存实亡。1991年12月26日，苏联寿终正寝。

苏联的解体，本质上是苏联在美苏竞争中的全面失败。由于苏联内部矛盾特别是民族矛盾过度激化，在不能很好疏导的情况下，瓦解的命运就不可避免。

笔者看来，苏联之所以瓦解，根本原因在于以下四点：

1. 外交上，过度扩张导致树敌过多，特别是中苏对抗后，社会主义阵营逐渐走向瓦解，本来是盟友的中国变成对抗的敌人，直接导致苏联战略上在中东走到输不起的地步。不巧的是，第四次中东战争，又让苏联极不如意，中东势力网的瓦解，迫使苏联不得不亲自操刀上阵，试图通过掌控阿富汗向中东施加影响力并跨入印度洋。这种投鼠忌器的选择，源于早先战略上的接连失误，而这种战略上的失误，来源于过度的贪婪性扩张。

2. 过度的军事扩张、霸权主义，特别是阿富汗战争，彻底拖垮苏联经济。1973～1978年，苏联的军备开支比美国多出近1 000亿美元。相比欧美，本身

1991 年 8 月 19 日的“八月政变”使得苏联解体提前到来

就是计划经济的苏联，经济修复能力更差。在整体经济实力弱于西方的情况下，加上过度消耗，苏联经济不陷入崩溃才令人奇怪。

相比苏联，美国有准世界货币，有强大的资本市场，这些都能帮助美国休养生息。同时，美国充分利用苏联霸权主义下的蛮力，借力打力，完成对苏方势力的分化、瓦解，苏联却不具备这些，更何况在 20 世纪七八十年代近 20 年时间一直处在过度消耗亢奋状态。过度亢奋且缺少新鲜血液补充，必然体力不支倒下。

3. 苏联内部矛盾过于严重。这种内部矛盾包括官民矛盾、联盟之间的矛盾、宗教矛盾、党内派别林立导致的路线矛盾和长期高压下一触即发的民族矛盾等。这些矛盾，在苏联解体前的最后几年持续激化，不可调和。

4. 苏联在阿富汗的战争失败后，直接面对的是已经足够修复的美国，美国通过各种手段对苏联进行和平演变。

在这四重巨大压力下，最终，北极熊自己打败了自己，苏联在 1991 年一夜瓦解。

中美击碎苏越中南半岛“美梦”

说起中国和越南的关系，可谓源远流长，而且极其复杂。为了对时局的发展理解更深刻，有必要阐述一下中越两国之间的历史渊源。

传说中越南的第一个国家是文郎国，后改名为瓯雒国，实际是由秦国灭亡的古蜀国后裔、开明王朝王子开明泮（蜀泮）逃到越南北部时创建。之后，秦征服百越，越南属象郡管辖之下。

秦末，陈胜、吴广领导农民起义，各地群雄并起，中原一片混乱。此时，秦朝南海郡尉任嚣病重。临死前，他召来时任龙川县令赵佗，向其阐述依靠南海郡傍山靠海、有险可据的有利地形建立国家、以此抵抗中原各起义军队对南海郡侵犯的设想。任嚣当即向赵佗颁布任命文书，让其代为行使南海郡尉的职务。

于是，拥兵数十万的秦朝龙川县尉河北正定人赵佗，看准时机，封关、绝道、筑起三道防线，聚兵自卫。公元前 207 年，瓯雒国被赵佗所灭，赵佗于公元前 205 年完成对桂林、象郡的兼并，统一岭南地区。公元前 204 年，建立南越国，赵佗自称“南越武王”，定都番禺（今广州）。越南人认为南越国是越南历史上的第一个国家，称之为赵朝。

公元前 196 年，汉高祖刘邦遣大夫陆贾出使南越，劝赵佗归汉。在陆贾的劝说下，赵佗接受汉高祖赐给南越王印绶，臣服汉朝，南越国成为汉朝的藩属国。

公元前 112 年，南越国发生叛乱，汉武帝派兵征讨，于公元前 111 年平叛灭南越国，在其地设置九个郡县。自此，越南再次被纳入中国郡县版图，中国王朝直接统治其长达 1182 年。直到公元 10 世纪的五代十国时期，中原大乱，越南叛乱，再次建立国家。但即使如此，越南也一直是中国的属国或藩属国。

越南曾用名大越国、安南、越南。直到中国明朝明成祖时期，明朝趁越南王室内乱，出兵占领越南并在升龙（今河内）设立交趾布政司（行省，与如今的行政省基本等同），实行直接统治。1802 年，阮福映建立了阮朝，同年完成全国统一，取国号“南越”。1803 年，清朝政府（嘉庆 8 年）将安南国改为越南国，封阮福映为国王，越南由此得名。直到沦为法国殖民地之前，越南与中国一直是藩属关系。

南越武王、南越武帝赵佗(图片来源于维基百科)

19 世纪后期，法国不断发动对越南的殖民侵略，清兵多次派兵抵抗。1882 年 8 月 25 日，法国迫使越南签订《顺化条约》，取得对越南的“保护权”。越南屈服后，法国立即禁绝越南与中国的一切关系，并故意造成越南与中国的直接对峙的局面。之后，中法经过多次交战，最终不敌，被迫于 1885 年与法国签订《中法新约》，从此，越南彻底沦为法国殖民地。

1940 年 9 月 22 日，日本派兵攻打凉山，经过几个小时的较量，时任越南总督德古向日军投降，越南控制权易手。1945 年 8 月 11 日，日本宣布无条件投降。1945 年 9 月 2 日，临时政府宣布越南民主共和国的独立，胡志明宣读《独立宣言》。1946 年 2 月 28 日，中华民国与法国签订协定，承认法国在印度支那的保护权，以换取其把上海、汉口、广州的租界和广州湾交给中国，并把滇越铁路转卖给中国。但是，欧洲二战最丢盔弃甲的军队之一——法军，蛮横地欲强行接管中华民国军队在越南的防务，遭到中华民国第 53 军 130 师少将师长王理寰的强力抵抗，法军不敌败北。

1946 年 5 月初，中国军队全部撤出越南。7 月 6 日，越、法双方在法国枫丹白露正式谈判。9 月 14 日，两国签订临时协定。但是，法国的谈判实为缓兵之计，只不过是因为法国忌惮中国军队和其他盟国的压力。当盟国各方力量先后撤离越南后，法国马上180度大转弯。1946年12月，法国发动对越南的进攻，全面侵越开始。

经过4年战争，法军始终无法消灭藏在深山中的越南游击队。1949年9月，中国共产党取得内战胜利，胡志明派人同中共中央直接联系请求支援。之后，中国人民解放军百万雄师南下，中越边境交通线被打通。1950年1月15日，胡志明政权外交部长黄明鉴致函中国总理兼外交部长周恩来，宣布"承认毛泽东主席所领导的中华人民共和国政府"、"决定与中华人民共和国政府建立正式外交关系，并交换大使"。周恩来总理于1月18日复函表示，欢迎中越两国建立外交关系。于是，中国成为第一个承认越南民主共和国的国家。

1950年1月，时任中央人民革命军事委员会办公厅主任罗贵波，奉命以中共中央联络代表的身份，于1950年1月先期赴越了解实际情况。根据罗贵波从越南发回的考察报告及其与越共中央协商的结果，中国立即向秘密开进我国的越军主力2万人提供武器弹药、医药和通讯器材方面的全部武器装备，进行整编训练，组建正规军，为实施打通中越边境交通运输线、便于越南接收中国物资援助为目的的边界战役做准备。同时派遣以韦国清（中国人民解放军第十兵团政委）为团长，由约40名师、团级军官和机要人员组成的中国援越军事顾问团，前往越南帮助工作。同年6月22日，中国委派时任西南军区副司令员兼第四兵团司令员陈赓即刻抽调人员火速组成中央代表团，于7月7日乘火车奔赴越南进行支援。

在中国的支援下，越军逐渐取得战场优势。1954年5月，越南军民取得"奠边府战役"的胜利，全歼法军主力16 000余人，迫使法国于1954年7月20日在日内瓦签订关于在印度支那恢复和平的协议，越南北方完全解放，彻底取得抗法战争的胜利。1954年的日内瓦会议，也是新中国成立以来中共领导人第一次登上国际舞台。

但是，1955年7月17日，美国撕毁《日内瓦协议》，取代法国在越南南方的地位，设定所谓的越南共和国。美国支持的吴庭艳，发动政变取得政权，吴庭艳任总统。自此，越南南方沦为美国新殖民主义的殖民地。

之后的越南战争中，中国一直坚决支持越南抗战，直到1973年美国撤出越南。中越关系，在胡志明主席主政时期一直非常友好。1960～1962年，连续三年生日，胡志明都在中国度过，由此可见中越当时的友好程度。

1969年，胡志明在河内逝世，临终遗言都不忘提到对中国的友情珍视。他说：希望我们党对积极活动、有情有理地为恢复建立在马克思列宁主义和无产阶级国际主义基础上的兄弟党的团结作出积极的贡献。面对中苏现状，我本人十分痛心，但我党要对他们多做团结工作。

胡志明去世后，周恩来总理在越南战争激战正酣的情况下，不顾个人安危，亲赴河内吊唁，周总理和胡志明深厚情谊可见一斑。

胡志明逝世后，黎笋上台，取得北越领导权，并在1975年击垮南越政权统一越南。1976年，南越并入北越时，黎笋将越党第一书记改称总书记。与胡志明的亲中相比，黎笋则主张亲苏。

1976年，完成全国统一后，在苏联的支持下，黎笋着手推行“印度支那联邦”计划，试图吞并整个支那半岛。越南一面加紧对老挝进行全面控制，同时出兵柬埔寨，推翻红色高棉政权。另外，黎笋政权在苏联的怂恿下，在越南南方发动大规模排华暴乱，大批驱逐在越南境内的华人，不断侵占我国边境领土，撕毁1958年越南政府承认东沙群岛、西沙群岛、中沙群岛、南沙群岛属于中国的声明，侵占我国南沙群岛96%以上的岛屿。在与中国交恶的同时，越南与苏联建立更为亲密的盟友关系。作为回报，苏联1979年特授予黎笋“列宁和平奖”。

苏越结盟，站在越南的战略角度，是想借统一之势吞并整个印度支那半岛（中南半岛），一举奠定南亚大国地位；站在苏联的战略角度，由于中苏交恶，苏联从中国向南扩张之路堵死，可借越南黎笋政权野心在中南半岛做大之机遏制中国，同时以越南为跳板在南亚建立势力范围。苏联为了达到这个目的，曾经一度租借越南的金兰湾。越南不顾以往中国对其援助的情谊，反而在战略上配合苏联遏制中国，并侵占中国领土和领海，实行以邻为壑的政策。

1978年，中国确定改革开放方针。1979年1月1日，中美建交。1979年1月29日，中国改革开放掌舵人、时任副总理的邓小平，应美国总统吉米·卡特邀请，正式访美。

访美期间，邓小平在与卡特交换双边重大战略问题时指出：世界不安宁主要危险来自苏联，同时表示中国愿与美国一起抗苏。同时，邓小平批评苏联在世界各地扩张，支持越南侵略柬埔寨，与越南一起提出要在亚洲建立集体安全体系，这对世界很危险。针对苏联支持越南入侵柬埔寨的问题，邓小平还向美国暗示将进行自卫反击。中国对越自卫反击战打响后，卡特专门通过美苏之间的热线打电话告诫苏联，不要采取任何可能恶化目前局势的行动，阻止苏联对中国进行军事冒险。

1979年2月17日，对越自卫反击战打响。很快，号称“世界第三军事强国"的越南就被打了个稀里哗啦。1979 年 3 月 16 日,中国宣布达到目的撤军,对越自卫反击战结束。不过,两国边境上陆续的交火并没有真正结束,打打停停,持续了 10 年。

这一战击碎了越南"印度支那联邦"的美梦,也使得苏联企图借越南在南亚立足并进行帝国扩张的野心彻底破灭。中国之所以速战速决,是因为中国经济拖不起,不能重蹈美国陷入越战泥潭的覆辙。同时,中国还有更重要的改革开放大计。

这一战后,邓小平给出了 30 年和平发展时间的判断。之后,越南虽然并未从柬埔寨立即撤军,但中国打破其梦想的目的已经达到,持续 13 年的柬埔寨战争不但消耗了越南的元气,也消耗着苏联的元气。这一战,对美国来说,在战略上彻底遏制了苏联在东方、南方企图突围的可能;对中国来说,奠定了改革开放 30 余年来的周边安全环境。

接下来,中、美维持了 10 年的蜜月期,直到 1989 年,两国关系因政治事件大幅倒退。中、美这种关系的倒退,源于东欧剧变、苏联在美苏对抗中挫败并试图改善美苏关系的大背景。说白了,两国共同最大的敌人苏联倒下后,因共同敌人走在一起的关系也自然降温。

美国在失去对手后,很快塑造世界新秩序,将世界直接推向单极化。中国在苏联解体后,北方再无关乎国家生死存亡的战略威胁,广阔的发展前景和空间彻底打开。试想,如果没有苏联解体,中国哪里有那么长的时间可以全身心投入经济建设?

美国华丽转身,一跃而起

解放战争后,蒋介石国民党政府败退台湾。从那时起,支持蒋介石政府的美国就一直和中国处于敌对状态。20 世纪 50 年代,中美两国在朝鲜开战。进入 60 年代,因为苏联试图控制中国,推行霸权主义,中苏关系趋冷。鉴于越南战争的存在,中美关系依然敌对,美国的战略仍然是遏制中苏。

此时,苏联在连续 10 年都无法压服中国配合其霸权主义的情况下,于 1969 年 3 月,粗暴地发动珍宝岛流血事件,挑起边界冲突,在中苏边境陈兵百万并驻军蒙古人民共和国。此举严重威胁到中国的国家安全,把中苏关系推向战争的边缘。

于是，中国宣布苏联为“社会帝国主义”国家，并视其为头号敌人，与苏联霸权主义进行斗争。这一战略性的信号变化，没有逃过美国人的眼睛。深陷越战泥潭的美国，开始考虑利用中国的力量遏制苏联，进而集中力量在中东方向对付苏联。在这种历史背景下，就有了前述的中美关系解冻、美国撤军越南。

美国在越南战争中，军事、经济、政治全方位遭受打击。特别是经济，美国经济的疲软已使欧洲萌生脱离美元本位制的念头。为解决危机，美国通过一系列步骤，在1971年将美元与黄金脱钩。美元本位于黄金的历史结束，于是，美国通过发行过量货币来实现危机转嫁就成为可能。

中美关系确认解冻后，美国于1973年彻底从越南撤离，放弃越南这块南亚的地盘争夺。与此同时，美国很快促成1973年的第四次中东战争。为了报复美国对以色列的支持，中东国家发动了石油禁运，石油危机爆发。

在第九章中，我们作过阐释，美元与黄金脱钩后，虽然理论上已拥有滥发货币的权力，但这一权力受制于美国对资源的控制力。在这种情况下，美国如果滥发美元，世界经济一旦进入美国完全不可控制的循环，美元的国际地位必然受损，甚至崩溃。因此，美国要想实现对世界贸易、经济、金融、货币等一系列的控制，必须在美元与黄金脱钩后，拿到资源的绝对定价权。

1973年5月，84位世界顶尖金融和政界人士，悄悄聚集到瑞典银行业名门瓦伦堡家族的海岛度假胜地索尔茨约巴登。在由“彼尔德伯格俱乐部”组织的这次密会上，美国代表沃尔特·利维生动地描绘出欧佩克(OPEC，石油输出国组织)的石油收益即将出现4倍增长的“愿景”。实际上，美国政府、金融资本家等相关方面，已经完成操控石油价格的准备。

1973年10月，埃及和叙利亚向以色列开战，第四次中东战争爆发。伊拉克、约旦、阿尔及利亚、利比亚、摩洛哥、沙特阿拉伯、苏丹、科威特、突尼斯和巴勒斯坦解放组织均派遣部队或飞机参与作战。事后证明，美国在这场战争中赚得盆满钵满。

事实上，这场战争的导演，除了阿拉伯国家和苏联以外，另一个大导演就是美国的幕后策划。结果表明，包括战争的结局都在美国的控制之内。美国策划这场战争的大概过程，在第十章中有述。

最终，美国支持下的以色列赢得战争。而阿拉伯产油国因为石油危机，沦为世界舆论的公敌。同时，苏联在阿拉伯世界的信誉丧失殆尽。这一点，奠定了阿拉伯国家联盟分裂，并出现多数阿拉伯国家倒向美国的基础。果不其然，美国采取一系列手段分化阿拉伯国家的阵营。而阿拉伯国家,或迫于压力,或因为诱惑,最终联盟走向分裂,部分国家投入美国怀抱。

1979 年,苏联入侵阿富汗,直接强化了美国在中东的地位,石油美元紧密捆绑局面就此形成,石油的定价权彻底落入美国华尔街大鳄们的手中。有了石油美元的捆绑,在 20 世纪 70 年代中后期,美国经济逐渐恢复。在阿富汗战争和 1980 年开始的两伊战争的需求刺激下,1982 年底,美国经济彻底走出危机,恢复稳定增长。

20 世纪 80 年代,美国还干了一件大事——针对日本的货币战争。1985 年,美国领着西方盟友,逼迫日本签署"广场协议",对日本第二次世界大战后 30 多年的发展成果进行洗劫,日本就此走向衰落。

起先,日本也有通过建立大资本市场逐渐从经济上拖垮美国的想法。但是,一个没有政治、军事、经济一系列绝对主权的国家,不可能完成这样的任务。就日本来说,能够在政治、军事、经济均没有绝对主权的情况下,发展到那样的高度,已经是奇迹。只不过,在美国的控制下,这种奇迹不可能让日本继续下去。

20 世纪 70 年代中期到 80 年代末期十多年时间,美国一跃而起,由西方的领导者变成世界的领导者。于是,美国的利剑也即将出鞘。

美国,从"利剑出鞘"到"穷兵黩武"

1989 年,苏联从阿富汗撤军后,矛盾无法通过外部解决,亟待内部消化。由于苏联内部各种矛盾,特别是民族矛盾、阶级矛盾、党内矛盾等日趋激化,政坛、民间乱象丛生,帝国摇摇欲坠,大厦将倾。苟延残喘的苏联,自顾尚且不暇,当然更无法继续进行美苏对抗。此时的美国,环顾世界,已经彻底没有对手。洗劫日本经济之后的美国经济,总体实力与越战时期相比,要强大得多。这,就是美苏 20 世纪 80 年代末的状态。

20 世纪 70 年代到 80 年代,曾发生过两次石油危机。第一次石油危机,是因为第四次中东战争,阿拉伯国家就此展开的石油禁运,导致石油价格飙涨 4 倍,这次石油危机,触发第二次世界大战后最严重的一次世界性经济危机;第二次石油危机,是伊朗伊斯兰革命触发,石油价格从 1979 年的 13 美元/桶猛烈攀升至 1980 年的 34 美元/桶。

这两次石油危机，第一次，因为沙特放水，美国受损相对较小；第二次，因为中东的两个战场给美国带来巨大的经济刺激，对美国来说，不但没有太大影响，反而总体刺激经济增长。但两次危机，都让美国深深感受到，如果不能掌握原油资源，美国对世界经济的控制力就相对有限，总是会受到原油生产国的限制。

苏联入侵阿富汗的战争和两伊战争结束后，美国经济面临下滑窘境，联邦预算赤字、濒临崩溃的银行以及急剧上升的失业人数等，都深深困扰着老布什政府。对这种情况下的美国来说，如果有一场战争刺激美国经济，且最好发生在中东，既能解决美国经济增长问题，又有利于美国直接介入中东的石油市场。于是，一直和布什家族交好的萨达姆，在美国当局正打着"瞌睡"时，递过去个"热枕头"——1990 年 8 月 2 日，伊拉克入侵科威特。

萨达姆与美国的关系，可以追溯到 1959 年。1958 年 7 月，伊拉克前军官阿卜杜勒·卡里姆·卡塞姆发动军事政变，推翻伊拉克王室。由于卡塞姆政权有亲苏倾向，美国政府既震怒又惊慌，当时的美国中情局局长艾伦·杜勒斯公然宣称，伊拉克已经变成"世界上最危险的地方"，美国中情局断然决定物色在伊拉克的"棋子"，刺杀卡塞姆。当时只有 20 多岁、身为复兴社会党成员的萨达姆，被美国中情局"相中"，成为美国中情局资助的"六人暗杀班"成员之一。

当时，萨达姆住着由中情局租的房子，领着中情局的薪水。1959 年 10 月 7 日，"六人暗杀班" 因为手段过于业余，刺杀行动失败，萨达姆负伤逃跑。在中情局特工的帮助下，萨达姆逃到叙利亚，接着被埃及情报官员转送到黎巴嫩首都贝鲁特。1960 年，又被转送到埃及首都开罗。在开罗，萨达姆住在中情局为他租借的上流社会公寓里，经常拜访中情局官员居住的大使馆；同时，萨达姆在埃及开罗大学修读法律。

1963 年，在美国中情局的协助下，伊拉克复兴党发动政变，并刺杀伊拉克强权人物卡塞姆。政变后，伊拉克建立以复兴党为主的政权，但总统由党外人士阿里夫担任。5 年后，以萨达姆"恩师"艾哈迈德·哈桑·贝尔克为首的复兴党军官集团，联合阿卜杜勒·拉扎克·纳伊夫青年军官集团，推翻阿里夫，复兴党再次掌权，贝尔克任总统。在此期间，萨达姆在复兴党内职务很快提升，1969 年 11 月，萨达姆当选为伊拉克革命指挥委员会副主席，成为伊拉克名副其实的第二号人物。

1979 年 7 月，贝尔克被迫"因病辞职"，"中情局特工"萨达姆宣誓就职伊拉克总统。同时，萨达姆还兼任伊拉克革命指挥委员会主席、总理和阿拉伯复兴社会党(伊拉克)地区领导机构总书记的职务，集党政军大权于一身。客观上，从美国支持的复兴党执政开始到萨达姆接任总统，伊拉克复兴党政权基本是由美国一手扶植起来，特别是萨达姆政权更是如此。

萨达姆上台后，急需树立威信，加之萨达姆一直有加大伊拉克控制中东石油能力的野心。于是，萨达姆瞄准波斯湾西北部阿拉伯河，试图完全控制该水道，以控制两国的石油出口通道。鉴于伊朗新政权反美，美国对萨达姆的行动非常支持，并提供大量的武器装备。与此同时，伊拉克还获得苏联和法国的大量武器装备。而沙特阿拉伯、科威特，则主要是提供经济支援。

1980 年 9 月 22 日，伊拉克利用伊朗对当时的伊拉克外长阿齐兹有刺杀企图为借口(这和 2011 年 10 月，美国声称破获伊朗试图刺杀沙特驻美大使何等相似)，抓住机会向伊朗发动进攻。两伊战争一打就是 8 年，非常惨烈。

这 8 年，萨达姆政权在沙特和科威特等阿拉伯国家财政支持下，由美国、苏联、法国向其提供大量武器装备。当然，在这些交易中，大量中东国家的石油收益有不少又进入美国人的腰包。

两伊战争，让伊拉克在财政上捉襟见肘，欠阿拉伯国家、东欧和苏联的债务高达 650 亿美元。其中，欠科威特外债 140 多亿美元，沙特阿拉伯则更高。伊拉克希望石油输出国组织减少石油产量，以提高石油价格。如此，伊拉克就可以借石油涨价之机，偿还掉所欠债务。但是，科威特却违反了欧佩克在 1986～1987 年石油危机之后为稳定世界石油价格达成的协议。一方面逼迫伊拉克还钱，另一方面加大石油产量，希望藉此迫使伊拉克解决它们之间的边境争执。

在 20 世纪整个 80 年代，萨达姆和美国政府特别是布什家族的关系一直很好。自 1987 年，老布什就不断在国内游说向伊拉克大量出售武器。1989 年 1 月，老布什担任副总统后，支持萨达姆的力度继续加强，甚至向伊拉克提供大量的授权贷款。

美国的这一系列动作，当然有特殊目的，其目标就是希望萨达姆交出伊拉克的巨大石油利益(布什家族是美国石油资本的代言人)。但是，萨达姆拒绝以交出石油主权换取未来不确定的贷款担保。1989 年底，布什政府突然终止对伊拉克大约 23 亿美元的授权贷款。随后，伦敦《金融时报》曝出一系列耸人听闻的消息，称萨达姆正在用那些贷款建造大规模杀伤性武器甚至核武器。1990 年初，西方所有银行突然全部中止对伊拉克的贷款。

美国一直都梦想在中东长期驻军，这样就可以真正掌控经济的血液——石油。在两伊战争期间，美国派出一定量的部队驻扎中东。直到两伊战争结束一年多，美国驻扎在海湾地区的军队还没有任何撤离的意思。相反，美国多次声称或暗示将留下驻军。此时的国际大环境，又恰逢苏联内部混乱、自顾不暇。萨达姆向阿拉伯国家警告说："现在苏联自顾不暇，两伊战争已经结束，直接威胁已经不复存在。美国偏偏在这个时候重申要留下来，这不得不让人关注。"1990 年 2 月，萨达姆呼吁：石油丰富的阿拉伯国家应该联合起来，利用拥有世界上无与伦比的能源，与欧洲、日本、苏联建立一种能够让阿拉伯国家尽快获益的关系。萨达姆的意思，是让阿拉伯世界联合起来，这样就可以更大程度上掌握话语权，也就能成就一个大中东。

对这种想法，美国非常警惕。但对美国来说，他们需要一个更大的借口。1990 年 7 月，伊拉克和科威特在原油价格上的对峙达到顶峰，冲突大有一触即发之势。1990 年 7 月 27 日，美国向萨达姆释放了非常强烈的错误信号。美国驻巴格达大使阿普利尔·格拉斯皮要求在巴格达会见萨达姆，讨论当时的紧张局势。据后来伊拉克官方记录显示，格拉斯皮向萨达姆表明美国立场，即华盛顿不会干涉伊拉克和科威特的争端，美国保持中立。该记录在会面后不久由伊拉克政府发布，一年多后由美国国会证实确有此事。结果，这一信号直接导致萨达姆对中东形势的错估，作出使他后悔终生的决定。因为，这将促使美国藏锋 18 年的战争"利剑"重新出鞘。

1990 年 8 月 2 日凌晨 1:00(科威特时间)，在空军、海军、两栖作战部队和特种作战部队的密切支援、配合下，伊拉克共和国卫队 3 个师 10 万大军，浩浩荡荡攻入邻国科威特，海湾战争爆发。不到一个星期，伊拉克军队就占领科威特城。

但是，科威特王室事先已得到伊拉克将入侵的情报，早早带着黄金和各种贵重物品，开着劳斯莱斯逃跑了。据一位流亡欧洲的科威特前政府官员透露，是美国中央情报局及时通知王室，伊拉克将要入侵科威特。令人啼笑皆非的是，该政府官员称王室由于紧张过度，忘记把这一消息通知自己国家的军队。

伊拉克入侵科威特，世界震惊，沙特国王简直不敢相信自己的盟友会这么干。与此同时，世界上各国纷纷谴责伊拉克，联合国先后多次通过反对伊拉克入侵科威特并对伊实施制裁的决议。其中反应最强烈的就是伊拉克最大的盟友——美国，老布什专门发表讲话谴责伊拉克。接着，和萨达姆"莫逆之交"的老布什总统，很快决定采取大规模军事行动。

与此同时，为使这次“保护中东”的战争不至于亏本，美国采取了特别行动。首先，美国和英国联合冻结科威特的所有资产，控制了被认为是世界上最大的单一投资基金——位于伦敦的科威特投资局。据媒体估计，当时科威特投资局的总资产规模达1 000亿～1 500亿美元。

很快，1991年8月7日，针对伊拉克的“沙漠盾牌”计划获得批准，8月中旬，多国部队最高层成立协调性作战指挥机构，接受沙特阿拉伯武装部司令哈立德中将和美军中央总部司令施瓦茨科夫上将的统一指挥（实际上就是美国指挥）。美国对外最初的声明是：保护沙特阿拉伯免受伊拉克入侵。在军费问题上，美国特使向沙特阿拉伯国王特别提及战争经费问题。沙特国王当时只有一个想法，就是如何打败萨达姆。所以，当美国特使访问沙特提出军费问题时，国王让其直接找财政部长。国王对特使说：钱不是问题。

资料显示，截止到1990年1月底，时任美国国务卿詹姆斯·贝克就从德国、日本、科威特和沙特募集到545亿美元。别人出钱让自己打仗，而且还有利于控制中东的石油，对美国来说真是再好不过的事情。

而且，这一仗，美国从一开始就有战略打算，要打破原来的冷战格局，奠定世界新秩序。1990年9月11日，老布什总统宣布：

在这个多事之秋，将诞生新的世界秩序，这个新秩序将以联合国创始人设想的方式运行……世界新秩序正在艰难中产生。

经过近3个月的部署，多国部队分别于当年11月8日和11月底完成两个阶段的部署，共50万兵力。当然，最主要的就是美国。美国在海湾地区的总兵力达43万人，其中陆军26万人，海军5万人，空军4万人，海军陆战队8万人。主要武器装备有：坦克1 200辆，装甲车2 000辆，作战飞机1 300架，直升机1 500架，军舰100余艘。

1991年1月17日，当地时间凌晨2：00，在伊拉克拒不执行安理会第678号决议的情况下，多国部队展开对伊拉克的大举空袭，史称“沙漠风暴”行动。在多国部队的攻击下，伊拉克军队不堪一击。战争只打了一个多月，到2月28日就宣告结束。

海湾战争是美军越战后主导参加的第一场大规模局部战争，美国首次使用大量高科技武器，在制空、制电磁等方面取得压倒性优势，精确打击概念从此深入人心。

海湾战争后，包括沙特在内的阿拉伯国家，以为美国会很快撤出军队，但他们想不到的是，美军根本就没打算走。最终，沙特、科威特等国不得不接受

1991 年 2 月 26 日，驻扎科威特的伊拉克军队试图沿 80 号公路撤回伊拉克境内。他们遭到了以美军为主的空中力量阻击，约 2 000 辆伊方车辆被摧毁，残骸绵延 36 公里，该路段因此被称为"死亡公路"

美国强行驻军的决定。美国的这些行动，使其在原本已经分裂阿拉伯国家的基础上，进一步将一只脚插到中东并站稳。而这，实际上是美国早已做好的布局。

海湾战争，美国的收获主要包括：

1. 战略上，美国为塑造世界新秩序打下坚实基础。在苏联倒下的时候，美国展示了自己强大的战争能力，在世界面前树立强大、威猛的"肌肉猛男"形象，为按照美国战略需要塑造世界新秩序打下坚实的基础。

2. 在中东彻底站稳脚跟，实现了对石油资源相当程度的控制，石油美元的世界地位得以巩固。中东几乎每一个战略要冲都有美军基地，而中东重要产油国大多数都不得不成为美国的盟友，接受其"保护"。如今，美国在中东的基地驻扎在土耳其、沙特阿拉伯、卡塔尔、巴林、阿联酋、阿曼、科威特、埃及、肯尼亚、埃塞俄比亚等国。其中，陆军基地 9 个、空军基地 19 个、海军基地 6 个。其他如伊拉克、阿富汗还有大量作战部队，中亚如乌兹别克、塔吉克、吉尔吉斯均有美国军事基地。

3. 压抑了近 20 年的战争机器得以重启，消耗全由别人报销不说，美国还隐瞒了实际的战争成本。这一点，在战争结束后的4月初，被里根政府助理前国防部长劳伦斯·科布爆料证实，隐瞒实际战争成本其目的是利用同盟国的捐款弥补国内预算削减。后来，据消息灵通人士透露，美国从海湾战争中获得净盈利可能达190亿美元。

4. 在打击伊拉克的同时，捎带打击潜在对手。据1991年2月6日伦敦《泰晤士报》报道，沙漠风暴行动轰炸伊拉克3周后，战争中最悲惨的事情发生，“曾经非常繁荣的柏林—巴格达铁路在海湾战争中遭到破坏。对伊拉克桥梁、交通枢纽和铁路货运站的轰炸使得中东本来就很少的铁路网变成废墟”。这，实际上是打击了德国第二次世界大战后介入伊拉克重建的能力。当时，东、西德刚合并，整体实力有所提升。美国担心德国乘机在欧洲做大并介入中东。

有了石油美元作为基础，美国经济顿时解放。20世纪90年代，是美国经济的黄金时代。道琼斯指数从海湾战争后开始突破3 000点大关，一路凯歌，到2000年初，飙升到接近12 000点，涨幅达4倍。纳斯达克更是牛气冲天，从1994年的不足700点起步，只用6年时间超过5 000点，这就是著名的90年代的网络泡沫。当然，这里面还有其他因素，但最关键的因素在于美国塑造的世界新秩序，即美国单极霸权主义的形成，以及石油美元的牢固捆绑。

美国这把利剑出鞘后，自20世纪90年代初，苏联倒台和伊拉克战争的结束，世界进入单极世界。在这种大背景下，接下来的两三年，美国经济总体发展非常良好，1994年GDP增长更是超过4%。

但是，对于美国这个投资已经基本饱和的国家来说，仅靠消费，经济无法可持续发展。以美国的经济结构来说，必须大搞虚拟经济，通过虚拟经济调配更多的世界资源，保持美国经济可持续性增长。在这种背景下，资产泡沫化和商品消费化就是必然的发展出路。于是，一个新的高科技概念被捧上台面，那就是互联网产业。

在互联网产业概念的刺激下，大量资本涌入，美国在这个阶段吸收了大量外来资本。大量外来资本的涌入，创造了一批如微软这样的世界性垄断企业。那个时期的美国，经济非常强大，不但美股走牛市，美元同样也呈牛市。在世界经济一片大好的形势下，美国也准备好新的打劫对象——东南亚。

美国为什么要打劫发展中的东南亚国家？

美国打劫东南亚，一方面是经济利益，另一方面是国家战略。经济利益是基于资本家的特性，资本从诞生那天起，就充满着嗜血性。因此，当如东南亚这样的发展中国家发展起来后，必然就成为资本家"剪羊毛"的目标。基于国家战略方面则是因为，资本的趋利性使得它总是在向两个方向流动：一个是流向发展中国家，进入其产业资本；另一个是流向美国的虚拟资本。这两个方向，并非绝对矛盾，虚拟经济需要实物消费，必然需要发展中国家生产各种必需品。但是，它们又存在着本质的冲突，因为两者是资本的竞争者。一旦产业经济足够发达，产业经济就会向产业资本升级，之后必然发展资本市场，于是就会对美国经济构成威胁。

因此，这种时候，无论从资本家角度还是从国家利益角度，美国都有必要对东南亚实施"打砸抢"，将更多资本逼到美国市场。1997年，美国的高科技产业发展到极其关键的时刻，迫切需要高额研发资金，若不大量融资和外来输血，高科技很可能功亏一篑。于是，针对东南亚国家的打劫拉开序幕。

这一次打劫，最主要还不是针对直接投机赚取的差价，直接到手的无非就是索罗斯们的那些投机盈利。这样一轮抢劫，东南亚经济受到巨大打击，大笔投机热钱回流美国。同时，大量产业资本因为对东南亚经济危机的恐惧，大量流入美国市场避险。当然，其中也有美国制造的网络科技概念预期的吸引。于是，我们可以看到，1996～1998年，美元指数大幅上涨，这是大量资本流入美国留下的痕迹(也必须承认，这个过程中同样有大量资本流入中国，这部分内容我们在后面章节中阐述)。这一番打劫，美国1997年的GDP增长达到惊人的4.5%，是整个90年代中最好的年份。接着，在高科技投资的刺激下，美国经济连续3年GDP增长超过4%。

在经济运行当中，无论是投资过热或投资过冷，只要是经济总体发展出现巨大不平衡，结果必然是经济危机。就美国当时的状况来说，一方面是过度的消费，另一方面是网络泡沫的投资过热，这使得美国经济极其不平衡，其创造的价值相对于整体投资规模来说，已经到无法承受的地步。与此同时，美国的通胀压力明显加大，CPI在1999年和2000年连续两年大幅攀升。2000年4月，网络泡沫破灭，一轮投资热潮过去，美国经济遭到重创，经济快速下滑。

在这一轮网络投资泡沫中，美国同样收获巨大。譬如，收获了21世纪关键技术——计算机网络科技的技术制高点。这一制高点，美国可以通过世贸组织的知识产权，保护其在未来很长时间内获得巨额技术红利收入。

试想，比尔·盖茨凭什么靠一个软件就能成为世界首富？就是因为知识产权保护。这就是凭借对高科技的垄断，为美国带来巨额财富。关于这一点，欧洲曾经多次对微软公司进行反垄断调查并进行天价罚款。试问，8亿件衬衫才能换一架波音，这公平吗？所以，从某种层面上说，过度的知识产权保护，再设置过高的门槛，就形成对相应弱势者的掠夺。特别是国与国之间，这种掠夺更是赤裸裸。

据此，我们也可以看出，法律的关键不在于法律本身，而在于立法者；在于制定的法律是保护谁的利益，是否公平。对一个国家来说，宪法保护的对象是谁是最根本的问题。就我们国家来说，只要宪法保护广大人民利益的本质不改变，其他任何发展过程中出现的问题，通过民智的开启都可以纠正。而一旦宪法本质改变，修复的难度可以说是要经过一次全民族的炼狱。

不过，无论如何，最终，美国的这一轮网络泡沫还是破灭。毕竟，美国的这个巨大泡沫，是用回流至美国的巨额资本堆积出来的。如今，网络泡沫破灭，在出现新的投资机会前，大量资本很自然会选择世界新的投资热点。如此，就会有大量资本考虑撤出美国。

对美国来说，一旦大量资本撤离，必然面临严重的经济危机。因此，在这个时候，美国要做的绝不是保护投资者，而是考虑用尽一切办法留住这些资本。最后，美国采取的策略是，以最快的速度将资本套住，使资本没有足够时间撤离，不得不留在美国。为了达到目的，美国在政策上采取了如下步骤：

第一步：用几乎和涨起来一样快的速度，把纳斯达克指数从 5 000 多点打回到 1 100 点，使投资者根本无法出货。这一举措，套住大量资本。于是我们看到，虽然纳斯达克泡沫破灭，投资者损失惨重，但如微软、甲骨文、惠普、雅虎等公司，仍然活得很滋润，甚至成为世界上最强大的高科技公司。

道理很简单，资金融到手，将融到手的资金用于开发技术。其中，研发成本不用掏腰包，但技术却属于自己。这些高科技公司，在市场上都赚得盆满钵满，比尔·盖茨更成为“世界首富”。

在这个过程中，美联储通过不断加息，故意刺破泡沫。所谓格林斯潘任泡沫增长，那不过只是一个美丽的谎言。有纳斯达克走势和美联储政策的证据存在，这一点就无从抵赖。因此，在这个世界上，但凡是国家层面的资本玩家，一定都不会放弃对资本市场的控制权。中国如是，美国亦然，不同的只是手段的差异。更何况，美联储、华尔街本来就是一体，格林斯潘不过是他们选出来的代理人。还有一点必须清楚，美联储和白宫并非隶属关系，而是合作关系。

第二步：走弱势美元之路。虽说纳斯达克被干掉，很多资本被套死，但道琼斯指数总体跌幅不大。如果美国长期无法提供新的投资机会，资本最终仍然会选择撤离，这是由资本的趋利性决定。资本没有国界，莫说中东的主权投资资本不是美国的本土资本，就连华尔街那些大资本玩家也没有祖国性。对他们来说，只有资本利益，没有祖国概念。所以，如果一个国家失去持续投资的机会，资本一定是树倒猢狲散。因此，对资本来说，国家只不过是一个平台。

基于此，美国的第二步必须通过弱势美元，把这些 20 世纪 90 年代流入的大量资本深套在美国，让它们无法从美国资本市场脱身出逃。[①] 试想，原来冲进去的成本位置，如今在股市里赔掉一部分，汇率上再折损一部分，在没有绝对稳妥投资机会的情况下，资本一般不会选择割肉出局。何况，这些钱在美国国内并没有太大变化，只要不出逃，在对外汇率的变化就不会形成实亏。因此，若没有特别好的投资机会，这些资本也只能老老实实留在美国。

如此，这些资本就变成长期资本，很可能会生根不走。在这种背景下，美国自 2002 年开始走弱势美元，如此就对这些被套资本再建构一个“汇率套”。有“汇率套”在，哪怕那些资本借美国的投资机构对外投资，最终的获利仍会兑换回到美国。

从上述美国操作资本市场的细节上看，中国从华尔街应该学习的东西还有很多。当然，要实现对资本的吸引，中国要利用自身的优势，而不是如现在的美国搞得如“庞氏骗局”一样。

第三步：制造新的经济增长点，走资本市场牛市（当然，无论如何，纳斯达克也涨不回去）。美国找到的新经济增长点，就是房地产市场。事实上，美国自身没有巨大的购房需求。而且，由于最近三四十年美国贫富差距的不断拉大，大量美国人根本消费不起房子。

在这种背景下，美国当局在没有相应监管措施的前提下，强有力地推出几乎不需要担保的针对住房的消费或投资贷款，以刺激住房投资市场的高速发展。在住房市场发展的刺激下，道琼斯指数从 2002 年开始走出牛市，直到 2007 年次贷危机爆发。

这三步中，第一步很好理解，这里不作过多阐释。第二步和第三步则极其复杂，其中包含着阿富汗战争、伊拉克战争以及格林斯潘的熨平经济走势的相关细节。实际上，美国的过度贪婪以及格林斯潘试图熨平经济走势的“高超”手法，使美国最终陷入今天这般田地。可以断定，格林斯潘不但会走下神坛，如若美国就此衰落，其还会被钉在历史的耻辱柱上。历史，会给予格林斯潘最

① 从这个角度来说，美国政府和华尔街的利益一致。至少，华尔街的大鳄们一时半会不会离开美国老巢。

公平的评价。当然,那些把格林斯潘当作神的人,回头再看,会觉得自己当时是多么荒谬与可笑。

美国走弱势美元很好理解,目的是试图通过稀释美元的"含金量",减轻美国的债务压力。同时,通过减轻资产负债表的压力,获得更大的融资能力。通过更大的融资能力,实现对世界经济进一步强有力的控制。也就是说,美国就是要利用资本杠杆效应,在崩溃前把全世界都控制在自己手下。如此,美国的债务就变成世界的债务,危机自然化解。

要达到这个目的,美国就必须加大对石油资源的控制力。为了进一步控制石油资源,美国以"9·11"为借口,发动针对阿富汗的入侵战争。① 阿富汗是中东必争之地,是亚、欧、非的要冲,早在两千年前,这里就是东西方交流的重要通道。也就是说,谁控制了阿富汗,谁就卡住了亚、欧、非的咽喉。从地缘上看,美国一旦将伊拉克、阿富汗连起来,就可以挤压伊朗的生存空间,甚至直接开战拿下伊朗。如果阿富汗、伊朗、伊拉克全部落入美国囊中,美国不但可以控制石油,还能卡死中、欧、俄,将欧亚大陆切成三块。如此一来,这世界不但是美国说了算,在很长时间内,这些国家连反击的机会都没有。

于是,美国拿下阿富汗后,很快就开始第二场战争——2003 年入侵伊拉克。战争,从短期看能够拉动经济增长,特别是别人打仗购买你的武器或你打仗别人出钱时更是如此。

自 2001 年发动阿富汗战争开始,美国经济马上从网络泡沫破灭中走出来,开始新的增长。2002 年,美国 GDP 增速由 2001 年的 0.8%增长至 2002 年的 1.6%。2003 年,美国发动入侵伊拉克的战争。在战争的刺激下,GDP 继续增长,这种势头一直维持到 2004 年,当年的 GDP 增速达 3.6%。

打仗,需要烧钱,长时间穷兵黩武,必然带来巨大的消耗。据报道,自 2001 年开始反恐以来,10 年时间,美国付出惨重代价。首先,是 6 000 多名士兵在战争中丢掉性命;其次,包括支付的利息和老兵的医疗护理费在内,美国的战争费用高达 4 万亿美元,相当于美国从 2005～2010 年累积的预算赤字。

这些钱从哪里来?美国纳税人显然拿不出这样一笔巨款供政客和资本家们消遣,资本家更不会掏自己的腰包。但是,美国有准世界货币的发行权,美

① 之前,针对南联盟的战争目的是肢解欧元,限于篇幅就不再赘述。有一点需要清楚,欧元的建立构成对美元的挑战,于是美国发动了战争肢解南联盟,同时将南联盟的种族矛盾彻底激化,使得欧盟整合南联盟等国家的进程陷入停顿,欧元甚至因此难产。

国的债券是世界上最好的投资品。于是，发行更多的债券、美元就成为美国的最佳选择。

如是，我们看到，美国不断发行美元，美元不断贬值。当然，这些钱仍然不够，打仗的高消耗必须有足够强大的再造血功能，才能长期保证战争财源。在这种背景下，格林斯潘所谓的熨平经济计划得以出炉。

格林斯潘采取的办法是，在战争的同时，美联储不断降低利率。仅2001年，美国降低利率动作就高达11次，利率从6.0%在一年内调至1.75%。与此同时，美国启动专门针对穷人的住房贷款计划，通过杠杆严重透支穷人的购买力，促使房地产业的发展。

通过房地产业的投资和消费，刺激经济增长(这一点和让人民币升值来透支中国购买力本质相同，只是方式不同而已)。在这种疯狂的政策下，美国穷人几乎不用任何担保就可以贷款买房(不需要担保，但利率比美联储贴现率要高得多)。与此同时，由于美联储极低的贴现率导致楼市遭到热炒，于是房价的上涨阶段性地抵消了次级贷的高利率风险。于是乎，大量的楼房被以无抵押贷款的方式卖给本来买不起房的人，大量房市投资者则通过炒房赚钱。

理论上，房地产泡沫只要不破，且能将规模控制在合理的范围内，这种贷款并不可怕。现实情况却恰恰相反，由于美国金融监管极其薄弱，加上楼市投机热潮到来，次级贷款的增长犹如滚雪球，越滚越大。此时，美国政府基于宏观经济的需要，不但不加以控制，反而因为利益去推波助澜。美国当局以及华尔街的资本家们当然知道持续膨胀的高杠杆风险，于是一种新的以次级贷款为核心、经过精心包装的次级贷款理财产品面世。这种产品通过各种方式、渠道向全世界金融机构和国家主权投资者扩散。这，就是次贷危机的种子。

美联储发行美元，实际上很大一部分是以美国政府债务的方式发行(当然，金融机构还会通过杠杆创造出更多衍生货币、衍生债务)，即美国政府以政府税收为担保发行国债。国债首先由投资者认购，比如主权基金、金融机构等。认购完成之后，余下的由美联储全盘进行收购，美联储用于收购的资金就是凭空印出来的，这些钱通过美国政府之手，变成美国政府的购买力释放给市场。

在这个过程中，美国政府扮演着不断借债者的角色，投资者是被借债者，美联储则是在拿了债券后享受美国政府和纳税人付给的利息，同时还向市场吐出完全没有成本的等量美元。这相当于，美联储用美国政府的货币发行权(信用)去赚美国纳税人支付的国债利息，无异于空手套白狼。

如是,这个游戏规则就是,美联储永远赚钱,美国政府永远借债,包括美国人民乃至世界人民则是这些债务的承载者。美国政府如今进行的借旧债补新债,本质上是不准备还,让时间将这些债务化成水、化成泥。结果就变成:美联储永远挣钱,美国政府永远欠钱,美国政府欠的钱由美国人民乃至世界人民偿还。

美联储是资本家的,美国政府本来代表的应是美国人民的利益,可事实上至少一半程度上成了资本的傀儡。试想,一旦美国信誉倒台,资本家可以卷包走人,美国人民能卷包去哪里?

但是,这个世界容不下过度的贪婪。任何过度的贪婪,都会导致失衡,必然要付出代价。最近这些年,美国对外试图控制整个世界、不断发动战争,国内过度超前消费,这些都给美国资产负债表带来巨大失衡,美国自身已呈现出过度透支状态。美国,已经从原来的利剑出鞘,到了如今的穷兵黩武。

这种穷兵黩武式的消耗,使美国的实力越来越弱①,不能速战速决的伊拉克战争和阿富汗战争,消耗着大量资源。在战略上,伊朗迟迟不能拿下,美国不但无法有效控制欧亚大陆,反而使中、欧、俄频频向自己施压。

到 2007 年,由于道琼斯指数的大幅上涨,加上美国经济本身亏空过于严重,已经无法掩盖其中巨大债务黑洞。如此,道琼斯指数的上涨,原本被套进去的资金蠢蠢欲动,不少资本有撤离美国的冲动,新增资金进入美国的力量在不断下滑。试想,20 世纪 90 年代冲进美国的资本,虽然经过纳斯达克暴跌被套,随后又因美元频频贬值而无法择机脱身,但如果一方面面临道琼斯指数的继续上涨,另一方面是巨大的危机预期,必然会让那些资本有抽逃的想法。美国原本就是虚拟经济,靠的就是不断有新的投资注入美国经济体系,不断用这些新入的资本去购买、消费他国的产品,以保持经济正常运转。如果这些资本撤离,哪里还有那么大的购买力维持整个经济的正常运转?一旦出现这种情况,美国国家经济的资金链必然面临断裂的风险。美国,经不住这种资本撤离,而资本撤离也是美国最为担心的隐患。

最后,还是那个试图"熨平"经济走势的格林斯潘,不得不再次拿起加息的武器,刺破股市和房市泡沫,同时加速美元贬值。这样做的目的,就是坚决套牢资本,套牢之后再想解决的办法。某种意义上说,这场次贷危机是美国迫不

---

① 美国纳税人的纳税能力在那摆着,而美国的富人通过基金会、企业等进行避税,使得美国中产阶级和中产阶级以下的纳税能力根本没什么提高空间,无法维系其持续的消耗。

得已主动刺破(具体参考前面章节)。

次贷，犹如一颗被引爆的炸弹，在炸伤大家的同时，也让世界看清美国的真面目。对美国来说，次贷犹如“七伤拳”，不但伤人还伤己。伤人是故意，伤己属无奈。随后，各种救市政策相应出台。全世界各国救市，拿的都是自己的钱，只有美国救自己的市还是用别人的钱。即使如此，仍然没法填补这个债券黑洞。因为国际博弈因素的存在，次贷危机演化为金融危机，最后演化为自1929年以来最大的世界性经济危机。自2007年至今，危机已进行四年多，恐怕未来10年甚至更长时间，这场危机都会一直是“正在进行时”。

笔者看来，如若没有最终的埋单者，这场危机基本上就不可能结束。这场危机，在未来的演绎是：美国为保霸权而战，其他国家为保护自己利益、反霸权而战。美国，要找到能够背负且不得不背负这场债务危机的客体，通过转嫁危机的方式，继续维持霸权统治。其中，中国是美国最大的目标。因为，中国有大量人口，人口红利加上产业升级，还有巨大经济潜力可挖，再加上中国近些年的财富积累，美国如果能够从中国吸走这些资本，同时享受中国廉价商品带来的好处，危机当然就可自解。

在这种战略思考下，自经济危机后，美国就开始诱使中国与其一起搞G2共管世界模式。所谓的G2共管世界模式，实质上就是美国规则下的G2共管，其本质还是G1。这样的G2，无非是中国支持美国继续当“世界老大”，美国就支持中国作一个徒有虚名的“世界老二”而已。

如此的结果，美国白吃、白喝、白拿，然后把压力甩给中国。于是乎，世界矛头对准中国，由中国负责世界的问题。美国花钱，中国买单，直到把中国国力抽干为止。到那时，世界各国对中国表示不满，美国就可以说你已经不再适合“老二”的位置。如此这样一轮过后，美国可继续寻找下一个被榨取的对象，比如印度。但那时的中国就沦为一个被“吸血鬼”抽干精血的皮囊，中国人民奋斗百年的成果很可能就此万劫不复，付之东流。

其中的厉害，中国当局应该非常清楚。因此，中国当局向全世界宣布拒绝美国的“好意”。站在中国战略角度，中国不能也不会答应。从中国的角度说，世界新格局必须符合中国及世界各国人民的利益。当然，这又是美国人不能接受的。于是，这场世界性的大博弈，轮番上演各种变异的版本。如：格鲁吉亚的战争、次贷危机、金融风暴、迪拜危机、希腊危机、朝鲜半岛危机、南海危机、南亚危机等等。

迄今为止，经过数年的博弈，将各方面力量进行对比，美国不但没有胜利的把握和希望，甚至已经导致美国立足世界的根基——美元、北约、中东和平进程等都陷入动荡和尴尬的境地。当然，作为主要博弈力量的中、欧、俄，也同样在为自己的利益博弈。这四方中，你中有我、我中有你，各个利益层面交织在一起，剪不断、理还乱，但每一方都绞尽脑汁，以实现自己利益的最大化。

就现在世界形势来说，中、欧、俄、美，任何一方都输不起。一旦应对不力，就可能成为被另外三方瓜分的对象。当前的世界格局，就是如此现实与残酷。事实上，人类有史以来从未停止过这样的博弈。

综上所述，如今的美国依然强大，正所谓“瘦死的骆驼比马大”。只是，美国已开始日薄西山，岌岌可危。如今的美国，已从伊拉克战争时的利剑出鞘、意气风发，到今天的穷兵黩武、穷途末路。这一切，缘于其自身不切实际、试图以一己之力控制世界的贪婪之念，这种极度贪婪且逆潮流而动的做法，必然被历史车轮碾得粉碎、抛进历史的垃圾桶。

但是，必须清醒的是，美国的衰落，并不意味着中国的崛起之路将是一帆风顺的。恰恰相反，一个穷兵黩武、穷途末路的美国，很可能会狗急跳墙，随时可能会做出对中国非常不利的举措。面对挑战，需要中国人自立自强，同时拿出足够的勇气和智慧。

第十二章

货币战争背景下，中国经济与应对方略（三）

从帝国衰落到中华崛起

China and Currency Wars

本章视点

- ⊙ 中国曾经是最为开放的国家。
- ⊙ 西方世界是如何借他人之力完成崛起的?
- ⊙ 中国为什么从开放走向封闭?
- ⊙ 闭关锁国的清王朝被西方列强炮舰轰开“大门”。
- ⊙ “百日维新”失败,清帝国彻底沦陷。
- ⊙ “辛亥革命”后,没落帝国迎来第一次触底反弹。
- ⊙ 军阀割据终结,国共合作决裂,中国进入官僚买办资本时代,蒋介石一跃成为官僚买办资本的头子。
- ⊙ “蒋家王朝”成也买办资本,败也买办资本。
- ⊙ 新中国成立后,头三十年的经济发展成就、工业发展成就、农业发展成就与教训。
- ⊙ 中国为什么选择改革开放?
- ⊙ 中国如何通过改革开放开始伟大崛起?

2011年，中国成为世界第二大经济体、世界第一制造业大国、世界第一大贸易国、航空航天大国、经济增速最快、最平稳的大国……如今的中国，经过数代人的努力，重新崛起于世界民族之林。中国的今天，是数代、数千万计的人用生命的代价换来的。中国还不富裕，中国还有很长的路要走。中国的体制尚不完善，还需要我们每个人更加努力，实现民富国强，安居乐业。

如今的中华民族，正处在伟大复兴的关键时刻，工业化进程已到最后一轮产业化升级阶段，经济发展模式已走向证券化、消费化的最后阶段，人民群众的生活已进入各方面社会保障福利增长和收入快速增长的阶段。在这种关键时刻，世界权力版图的此消彼长，各种内外部压力纷至沓来，世界各地均出现不同程度的混乱。我们需要保持足够清醒的头脑，清醒地认识中国一百多年来从苦难中过来的历程，珍惜今天，冷静地对待未来。

鉴于此，我们有必要把中国从清末帝国衰落到如今中华崛起的过程进行简单的梳理。限于篇幅以及本章的主题，这里主要从经济层面梳理历史脉络。以史为鉴，继往开来。

帝国的衰落与西方的崛起

曾经无比开放的中华帝国

中国五千年的灿烂文明，总体上非常开放，甚至是主动对外开放。

早在公元前140年，张骞奉汉武帝诏书出使西域，闻名世界的“丝绸之路”被开辟。唐朝，玄奘历经千辛万苦赴天竺取经，鉴真不畏风浪艰险东渡日本传播中华文化。

航海方面，中国宋朝的航海技术已经非常高超，大量从海底打捞出来的宋朝商船充分证明，当时中国对外的贸易往来非常繁荣。元朝，意大利威尼斯旅行家、商人马可·波罗在中国长达17年的游历，带走大量中华文明的结晶。明朝，更有世界上最伟大、最杰出的航海家郑和七下西洋，传播中华文化，给他国带去福祉。

郑和七下西洋，比西方大航海时代(又称“地理大发现”)早近百年。郑和下西洋的舰队规模近3万人，规模之大、造船技术之高，西方当时的海盗船完全无法比拟。据《明史·郑和传》记载，郑和航海宝船共62艘，最大的长148

米、宽 60 米，是当时世界上最大的木帆船。船体 4 层，有 9 桅，可挂 12 张帆，锚重几千斤，起航要动用二三百人。

郑和下西洋的宝船，旁边是哥伦布航海用船（图片来源于维基百科）

郑和下西洋，比哥伦布发现美洲大陆早 87 年，比达·伽玛早 92 年，比麦哲伦早 114 年。在世界航海史上，郑和开辟了贯通太平洋西部与印度洋等大洋的直达航线。600 多年前，从 1405 年开始 28 年间，郑和率领中国大明王朝的 200 多艘船航行世界海域，造访各国。据哈佛大学李约瑟博士估计，1420 年间，中国明朝拥有的全部船舶不少于 3 800 艘，超过当时欧洲船只的总和。无论航行到什么地方，郑和率领的大明王朝船队在当时都是唯一强大、不可挑战的力量。在这种情况下，中国给他国带去的不是侵略，而是向贫穷落后的小国散财。遗憾的是，郑和下西洋是中国对外交往的最后一次盛举。之后，中国逐渐趋于保守。

中国这种对外交往之所以没有继续，笔者认为最主要的原因在于以下两点：

1. 郑和下西洋，政治目的远远大于经济目的。首先，官船出海并未带动商船，其原因在于：明朝初期，中国绵长海岸线时常受倭寇骚扰，朱元璋在明洪

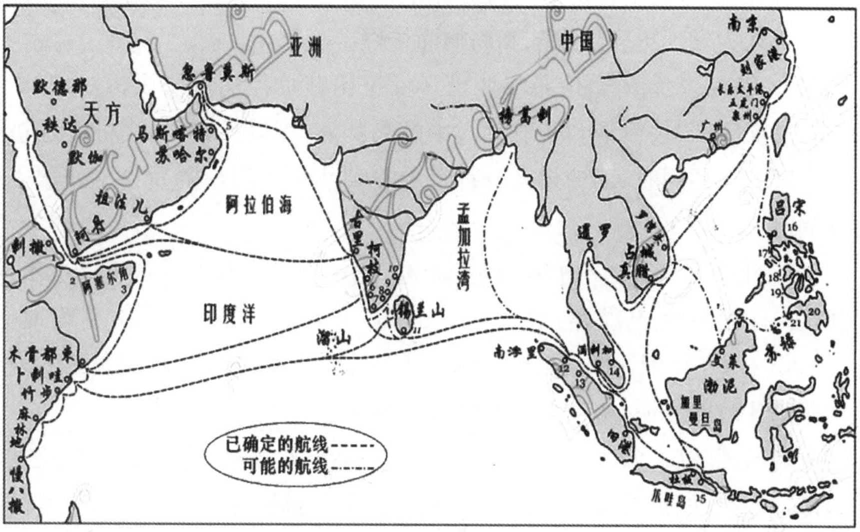

郑和七下西洋航线图

武四年就颁布禁海令。之后虽时有开放，但规模都很小。可以说，宋代的海外贸易，到明朝已基本没落。元朝，忽必烈曾两次攻打日本，都以失败告终，这实际上也打消了中国统治者向海外扩张的想法，毕竟中国的陆地足够大。再者，这种对外交往也没有发动起来民间的商业贸易。如此，航海开支全部由明朝强大的国力支撑。在没有经济利益驱动的情况下，对外交往自然不能持久。尤其是国力衰退后，这种交往就难以为继了。

2. 基于第一条，中国没有带动民间商业贸易的往来，最根本的原因在于，中国地大物博、资源丰富、各种制造工艺在当时世界领先，农业社会下内部足以自给自足，没有和那些小国做贸易的主观意愿。

冉冉升起的西方世界

1433 年，郑和下西洋结束。此时，中国虽然距“闭关锁国”甚远，但对外交流处于衰落当中。与此同时，西欧伊比利亚半岛的两个国家——西班牙和葡萄牙，却因为宗教信仰，与数百年前一直向西扩张的阿拉伯伊斯兰教国家进行斗争。在宗教战争的促动下，15 世纪初开始，从葡萄牙的亨利王子到西班牙的伊莎贝拉女王，均跨越地中海，向阿拉伯控制的北非发动战争。在战争过程中，沿非洲海岸的马德拉群岛、加那利群岛、佛得角群岛和向西越过大西洋的亚速尔群岛被发现。群岛上富饶多产的资源以及其战略基地和泊船港口的功能，促使两国加大力度向更远的地方拓展。整个 15 世纪，葡萄牙和西班牙的水手们都在为发现更多新大陆和岛屿而忙碌。

1492 年，意大利人哥伦布与西班牙女王伊莎贝拉达成协议，哥伦布奉命率领一支探险队“去发现和获取大洋中的岛屿和大陆”。最终，美洲大陆被哥伦布发现。与此同时，葡萄牙人一直在沿非洲几内亚海岸的贸易中获取丰厚的利润。

1497 年 7 月 8 日，受葡萄牙国王派遣，达·伽马率领船队从里斯本出发，寻找通向印度的海上航路，经加那利群岛，绕好望角，经莫桑比克等地，于 1498 年 5 月 20 日到达印度西南部卡利卡特 。1519～1521 年，葡萄牙人麦哲伦奉西班牙政府之命，率领船队首次完成地球环航。

发现新大陆后，西欧人一贯的做法是：如果对方强大，就与之贸易，最初对中国即是如此；如果对方属于相对落后的土著或部落，就进行抢掠，对美洲印第安人、澳洲土著等均如此；如果对方从强大走向没落，同样会遭受抢掠，比方说对清末的中国。在这种近乎惨无人道的掠夺过程中，西方积累起走向强大的第一桶金。

在此阶段，西方文化上也出现巨大变化。首先，中国宋朝对外贸易时，指南针和船舵传入阿拉伯世界，随后传入西方。其次，元朝的向西扩张，打通了河西走廊，中国四大发明中的造纸、印刷术和火药传入西方。造纸和印刷术，结束了西欧中世纪只有僧侣、贵族和宗教人士才有机会读书的历史；指南针和船舵传入西欧，使航海成为可能；火药在中国主要用于炮仗，到西欧则成为攻城略地的利器。此时，在阿拉伯世界保留完整的古希腊文化传入西方。结合古罗马文化，从 14 世纪到 16 世纪，引发西欧近代最伟大的一次文化革命——“文艺复兴”。

文艺复兴，西欧人在哲学上学习苏格拉底、柏拉图和亚里士多德，在基础科学上学习欧几里得和阿基米德，在生物科学方面学习如希波克拉底和加仑的全部著作。这种古代学术的世俗化，彻底拉近生活、生产与思想的距离，哲人的思想逐渐被广泛应用于生产、生活和各种创造发明。文化的进步，加上航海冒险向外扩张、掠夺所获得经济利益的积累，从 16 世纪至 17 世纪，酝酿出现代科学革命。在科学革命的基础上，18 世纪至 19 世纪，影响近代人类发展轨迹的最重大事件——工业革命的发生，西欧就此走向强大。

文艺复兴发源地意大利名城佛罗伦萨(图片来源于维基百科)

走向封闭的中华帝国

我们再看自明代以后的中国。

除了郑和下西洋以外，整个明代的早期和中期，海禁时紧时松，航海发展基本上处于停滞状态。中后期，中国的一些海商和倭寇相互勾结，形成嘉靖年间的倭患。[①] 隆庆皇帝(公元 1567－1572 年在位)之后，部分地方开放海禁，海上贸易得以重新发展。

此时，恰逢西班牙和葡萄牙刚刚开辟出新航路，西方殖民者陆续来到中国沿海进行贸易。趁明末农民起义和东北满族实力日益强大、中国大陆大乱之际，西班牙殖民者侵占了台湾北部和东部一些地区。1642 年，西班牙被荷兰殖民者赶走，台湾成为荷兰殖民地。直到 1661 年，南明(此时明朝已灭，只留南明小皇帝割据一方)将领郑成功率 2.5 万将士及数百艘战舰进攻台湾，并于 1662 年 2 月迫使荷兰总督签字投降。1644 年明朝灭亡后，清兵入关建立清王朝。康熙 22 年(1683 年)，由海军大将施琅收复台湾，中国官方在海洋上的发

① 郑成功的父亲郑芝龙就是海盗出身，年轻时流落到日本，和田川小姐生下郑成功。郑成功 7 岁时，因郑芝龙归顺大明回到中国。郑芝龙是中国资本主义萌芽的早期代表人物。

展基本处于停滞状态。

17世纪末,康熙皇帝允许天主教在中国传播。西方教会一贯的排他性也很快显现,随着教会在中国影响力的扩大,西方人开始通过教会干涉清政府当局的内政。罗马教皇格勒门十一世竟然订立"禁约",禁止中国教徒尊孔祭祖。这一切,遭到康熙皇帝的严词拒绝。自此,清政府开始对天主教会提高警惕。随着中外贸易往来日趋频繁,天主教在中国的传播、扩张仍在延续。与此同时,中国南方时常发生反清起义。清政府担心外人和汉人联合起来反清,1717年,清政府下令不许中国商船到欧洲人控制下的南洋地区进行贸易。

1720年,清政府开始实行针对天主教的禁教政策。1727年,清政府明确规定外国商船只能到广东虎门和福建厦门两处进行贸易。1757年,乾隆皇帝宣布西洋商船只准在广东虎门一处停泊。

自此,中国正式实行闭关政策。1759年,时任两广总督李侍尧奏准乾隆皇帝颁布《防范外夷条规》,并根据条规建立一个由经官方特许的商人组成的垄断性外贸组织——"公行"机构。外国人来广州做买卖,必须经由"公行",其行动也由"公行"的行商负责约束。外国商人只准在规定时间,即每年的五月至十月间,来广州进行贸易,期满必须离去。

中国到清政府时之所以发展到闭关自守的地步,其根本原因有两个:

1. 中国经济、文化历史相较他国的发达程度,导致与外部交流积极性不足。当时,中国农业经济极为发达,整体规模非常庞大,经济自给自足;文化上,两千多年儒家文化发展非常平稳,佛教、儒教、道教三教并存,和睦相处。以当时中国的经济发达程度以及文化的根深蒂固,中国整个民族在当时并没有学习外来文化的动力。在文化上和经济上皆无动力,政治上的稳定,使得这种外来力量发展空间更小。于是,清政府政治上选择了闭关锁国。如此,中国经济、文化也就丧失了和外部交流的机会。

2. 清政府基于自身统治的需要。清朝是少数民族,以如此人数之少的满族,统治人口巨大的汉族,政治上的担心程度可想而知。为防范西方殖民主义者和内部民族主义者结合,采取闭关锁国以图偏安的国策,也就顺理成章。

国门被列强大炮轰开

随着中华文明和阿拉伯保留的古希腊文明在西欧发酵,在中国闭关自守之时,西欧却发生着天翻地覆的变化。从14世纪中叶文艺复兴开始,西欧经过15世纪、16世纪、17世纪的酝酿发展,于18世纪中叶在英国爆发工业革命，确立资本主义发展制度。资本主义的扩张性原理，加上生产效率获得巨大提升的工业革命，其迸发的能量完全非小农业和家庭手工业相结合的自给自足农业社会生产模式可以比拟。

到19世纪，在中西方的贸易中，中国出口的产品主要是瓷器、丝绸和茶叶。由于中国是农业化社会，对于工业品的需求很低，西方从中国进口大量商品，却没什么可以卖给中国，这使西方人非常苦恼。为了改变过大的贸易逆差，英国人从17世纪中叶欧洲水手传入中国的恶习——吸食鸦片中，发现巨大商机。于是，英国人在缅甸和印度大面积种植鸦片，并将鸦片倾销走私输送到中国。

自1790年至1838年，英国东印度公司对中国的鸦片走私规模由每年数百箱，暴增至每年数万箱，四十多年共输入到中国四十多万箱鸦片。按当时每箱750银元计算，总价值超过3亿两白银。1839年，林则徐被任命为钦差大臣，奉命到广州禁烟。同年6月，林则徐在虎门海滩当众销毁2万余箱(200多万斤)鸦片。中国政府禁烟，遭到英国的强烈反对。双方矛盾在不可调和的情况下，采取武力决胜负。最终，第一次鸦片战争在1840年6月28日爆发。

正在吸食鸦片的清末男子(图片来源于维基百科)

这场战争，让中国从沉湎在天朝大国的梦中惊醒。英国在有印度、缅甸殖民地作为后勤补给的情况下，以强大的海军轰开中国闭关锁国的大门。1842年，清政府战败后被迫签订《南京条约》，开放广州、厦门、福州、宁波、上海的通商口岸，向英国赔款2 100万银元，并将香港岛割让给英国。

第一次鸦片战争，也让列强们彻底看清楚清政府的虚弱。不久之后的

1856年，在俄国和美国的支持下，英、法两国向中国发动第二次鸦片战争。1860年，英法联军攻入北京城，烧杀抢掠，最后火烧圆明园。

中国战败后，清政府在刺刀的威胁下，被迫先后签订《天津条约》、《北京条约》、《瑷珲条约》等不平等条约，列强彻底侵入中国本土。在《中俄北京条约》中，中国丧失黑龙江以北150多万平方公里的土地。

在第一次鸦片战争后的1843年，洪秀全成立“拜上帝会”。经过八年的发展，于1851年成立太平天国。太平天国的成立，引起英国的极大兴趣，包括传教士、商人等英国人均为太平天国提供大量支持。自1853年开始，英国政府与太平天国就有接触，但双方并未建立合作关系。第二次鸦片战争的爆发，正是清政府全心剿灭太平天国的时候。第二次鸦片战争后，英国人从清政府手里获得大量特权，而太平天国却无法拿出清政府给英国人的好处。为保护自己的果实，英国最终支持清政府灭掉了太平天国。

自此，中国由一个天朝大国，沦落成为一个半殖民半封建的国家。

维新失败，帝国沦陷

两次鸦片战争的失败，中国人彻底清醒。1861年，清政府当中开始兴起以曾国藩为首的洋务派。洋务派主张利用官办、官督商办、官商合办等方式，发展新型工业，增强国力，维持清政府的统治，所谓“师夷长技以制夷”。

中国的洋务运动，虽然在思想上比早先的闭关自守迈出了一步，但当时的中国统治阶级和知识分子反思得并不彻底。这一点，从洋务派领袖曾国藩最得力的助手、时任江苏巡抚李鸿章于1864年5月的奏折中可以看出。李鸿章在奏折中说：“鸿章以为，中国欲自强，则莫如学习外国利器；欲学习外国利器，则莫如觅制器之器，师其法而不必尽用其人。欲觅制器之器与制器之人，则或专设一科取士。士终身悬以富贵功名之鹄，则业可成、艺可精，而才亦可集。”

李鸿章称得上是当时最先进的洋务派，他的思想也只不过停留在“莫如学习外国利器；欲学习外国利器，则莫如觅制器之器”的层面，根本没有往社会制度上考虑。在这种不从制度这一根源去反思问题的前提下，中国洋务运动的失败就不可避免。试想，一个皇权至上的农业化社会生产模式制度，如何能够将资本主义游戏规则下产生的工业大生产运作起来？

与中国形成鲜明对比的是近邻——日本。在中国发生两次鸦片战争时，同样和中国走闭关锁国之路的日本，1853年被美国炮舰轰开国门。在中国开始洋务运动后不久，1868年1月3日，德川幕府战败垮台。1868年10月23

日，天皇宣布改元明治，日本"明治维新"开始。

相比中国的洋务运动，日本的明治维新更加彻底。最初，日本改革家们的想法基本与李鸿章之流类似，即用西方的技术对东方的体制进行改良。但是，1871年12月，一个日本使节团渡海赴欧美考察，彻底改变了这一想法。日本考察团历时22个月，访问美、英、法、德、荷、俄、意等12个国家，考察政府组织机构、议会的功能与运作、法院的权力等，也对公司、证券交易所、矿山、工厂、港口、农牧、兵营、要塞、学校、报社、福利设施等进行详细的研究。最后得出结论，必须彻底改革，即从政治体制、社会运行机制等方面进行全面改革。

很快，政治上，日本废藩置县，加强中央集权，颁布宪法；经济上，殖产兴业；社会上，改历、易服、剪发；军事上，效仿西方，建立近代化军队，崇尚"武士道"精神，效忠天皇；文化上，派遣留学生到欧美国家学习，效仿建立现代教育体制，建设现代报社等；思想上，大力吸收西方思想文化和社会风俗习惯。自此，日本开始"脱亚入欧"，彻底融入西方列强。

日本走资本主义道路，自然遵循资本主义游戏规则。资本主义，犹如一个大机器，必然有生产资料和生产出来的商品。并且，这个机器必须不断膨胀，一旦停滞，必然崩溃。基于资本主义这个社会大机器的工作原理，以及日本国土太小、自然资源贫乏和市场狭小的现实条件，日本在进行工业革命后，很自然就遇到发展的瓶颈。

在瓶颈靠自己无法突破的情况下，自1879年，日本开始走对外扩张之路。

首先，日本对琉球进行吞并。之后，随着产业革命进入高潮，日本急需对外商品输出和资本输出。1887年，日本政府制定针对清王朝的所谓"清国征讨策略"，试图向中国实施侵略。日本迈出的这一步，事实上是将自己未来的国运赌在和中国的战争上。

1890年开始，日本以国家财政收入的60%发展海军和陆军。1893年起，日本明治天皇决定每年从自己的宫廷经费中拨出30万日元，再从文武百官的薪金中抽出1/10来补充造船费用。这，就是日本军国主义的疯狂战争赌博。

1894年，日本开始以朝鲜为突破口，对亚洲大陆进行侵略，中日甲午战争爆发。经过不到一年的时间，中国以洋务运动的"精华"——北洋水师全军覆没结束战争。清政府被迫签订丧权辱国的《马关条约》，赔偿令人咋舌的白银2.6亿两巨款(加掠夺的现金与物资，合计3.4亿两白银，折合日元5.1亿日元，是日本年财政收入的6.4倍)，割让台湾及其所有附属岛屿、澎湖列岛和辽东半岛。

在《马关条约》的签约现场，日本人为羞辱中国人，特意给中国主谈代表李鸿章布置一把矮一截的椅子（如图）。李鸿章签署条约后，当晚吐血。

《马关条约》签署现场

甲午战争惨败，不但割地赔款，更伤及整个中国的自尊心，中华民族数千年的自我优越感瞬间崩溃，大量中国人丧失民族自信，这也是为什么近百年来大量中国人崇洋媚外的根本原因。在这种情况下，中国民族危机加剧。

《马关条约》签订后，康有为、梁启超联合 18 省 1 300 多名举人"公车上书"[1]，提出拒和、迁都、练兵、变法等要求。1896 年，沙俄攫取东北路权，占领旅大，英国租威海卫，法国取广州湾，举国震惊。1897 年，德国强占胶州湾，康有为再次上书要求变法。此时，亲政的光绪皇帝深深感受到中国的危险，开始接受变法建议。

1898 年 1 月，光绪皇帝命康有为条陈变法意见。同年 4 月，康有为、梁启超组织保国会，号召救国图强。同年 6 月 16 日，光绪帝在颐和园勤政殿召见康有为，任命他为总理衙门章京，准其专折奏事，筹备变法事宜，史称"戊戌变法"。

---

① 原指入京请愿或上书言事，也特指入京会试的人上书言事。出处《史记·东方朔传》："朔初入长安，至公车上书，凡用三千奏牍。"《汉书·张敞传》："天子思敞攻效，使使者即家所 在召敞。敞……即装随使者诣公车上书。"

“戊戌变法”试图效仿日本进行中央集权，建立新学校传播欧洲学风，鼓励西方式的生产方法，按西方的方法建立一支军队。但是，还未掌权的光绪帝，显然只能将这一系列伟大计划停留在纸面上，整个清廷的主要权力仍控制在慈禧太后手中，而慈禧却是彻底的旧秩序的维护者，她本身就是旧秩序之首。维新不过持续百日，即宣告失败。

维新失败后，光绪被软禁，谭嗣同等“六君子”被拉往菜市口开刀问斩。这次变法失败，实际上已经确认清政府已丧失执政的合法性。随着清政府自我革新势力的最后一次努力，人民的最后一丝希望被慈禧彻底摧毁，当整个社会达成“只有革命才能救中国”的共识之后，原来的王朝也就到终结的时候。

1900 年，始发于 19 世纪末的义和团运动，在北京总爆发。英、俄、日、法、德、美、意、奥八国联军借机侵入北京，清政府匆忙逃往陕西西安。八国联军在北京犯下滔天罪行，对皇城、衙门、官府大肆掠夺，造成大量中国文物和文化遗产失窃、破坏。议和后，清廷以赔款 4.5 亿两白银(中国当时总人口 4.5 亿，4.5 亿两意即每人一两，以此羞辱中国人)，分 39 年付清，加上利息共计 9.8 亿两，是当时中国财政总收入的 12 倍。

这次赔款，被称为“庚子赔款”。战争中，沙俄出兵侵占我国东北全境。八国联军中的美国，当时在世界上殖民地相对较少，看到中国的潜力，向清政府减少约 1 000 万两白银的赔款，退款专用于中国向美国派遣公费留学生，以图通过对中国知识分子的影响实现对中国的渗透，清华大学就是在此背景下成立。

1904 年，为争夺中国的殖民地，日本和俄国在中国东北爆发战争，已经被打得没了骨头的清政府，在双方战争中保持中立。最终，留有封建残余的大鼻子沙俄帝国没有打赢资本主义工业国的小鼻子日本。日本的胜利，让中国的知识分子、特别是留日知识分子认识到，皇权专制国永远无法战胜立宪国。这，使得中国的立宪民权运动加速，也加速了清廷的覆灭。

1908 年，慈禧濒临死亡，但仍然迷恋权力。为了不被清算，慈禧在死前一天，下狠手毒死年仅 38 岁的光绪帝。1911 年，辛亥革命爆发，清廷在袁世凯的逼迫下退位。此时，中华民族最后一个帝国——清帝国彻底覆灭，中国进入内乱加外患的民国时代。

混乱的民国时代

帝国衰落后第一次触底反弹

清帝国覆灭后，由于革命党实力整体较弱，掌握着原清廷北洋军军权的袁世凯，逼迫清廷退位，当上“中华民国”第一任大总统。在1915年12月，做了几年大总统的袁世凯，在国会、民众请愿团、筹安会和1993人各省国民代表的“推戴”下，恢复君主制，建立洪宪帝国，行君主立宪政体。

这一行为，促使袁世凯和革命党人大决裂，也导致北洋军内部的分裂，段祺瑞、冯国璋等对袁世凯称帝非常不满。同年12月25日，蔡锷、唐继尧等在云南宣布独立，并组织护国军发动护国战争，蔡锷任护国军第一军总司令。很快，贵州、广西相继响应。1916年3月，在全国巨大的压力下，袁世凯被迫宣布退位，恢复“中华民国”年号，起用段祺瑞为国务卿兼陆军总长。同年5月，袁世凯因病不治身亡，袁世凯旧部势力分裂，中国自此进入军阀割据时代。

与此同时，世界上正在爆发一场人类有史以来最大的战争——1914年，第一次世界大战爆发。第一次世界大战爆发的原因有很多，但根源仍然是资本主义游戏规则下，国家间资源和市场的竞争产生的利益矛盾不可调和，到最后的必然选择和结果。

我们知道，在欧洲列强中，德国工业革命发生得最晚，19世纪30年代至40年代才开始。但德国的后发优势，使德国到1870年基本上完成工业革命。当年，德国在世界工业总产量中的比重上升到13.2%，超过法国。自此，德国由后进者跨入先进的资本主义国家行列。1870年，英国的工业产量占世界总产量的31.8%。19世纪后期，德国工业化速度进行得非常迅速，直追英国。到1914年，德国的工业产量占世界总量的14.3%，稍大于英国的14%。

德国工业总产量的激增，意味着对英国海外市场的直接挑战，资源也同样面临着巨大的竞争。由于德国从1871年国家统一后，才开始进行殖民地的争夺，而当时世界上的殖民地基本上被瓜分完毕。德国要想继续扩张，就必须从其他国家手中抢夺殖民地。德国最初的目标是瞄准葡萄牙、荷兰和比利时这样的规模小且富裕的殖民地，但是德国人发现，世界上几乎所有地区都受到英国殖民地的阻挡。

而且，当时争夺殖民地还不止英德两家，世界各地列强们不断发生冲突，这种冲突在第一次世界大战前从来没有间断。在冲突不断的过程中，德国、奥地利和意大利逐渐形成联盟，法国和俄国，俄国和英国也构成协约国。最终，这些矛盾在民族主义的激化下，因费迪南大公 1914 年在萨拉热窝被刺总爆发。

战争爆发后，很快席卷全球，演变成一场 15 亿人卷入的世界大战。第一次世界大战，历时 4 年 3 个月，参战的国家、地区达 34 个，双方动员兵力 7 400 万人，死伤 3 000 万人。这场大战是一场消耗战，虽然协约国胜利，但欧、亚大陆诸国实际上没有一个赢家，最大的赢家是孤悬于欧亚大陆之外的美利坚合众国。

美国在 1917 年当双方都精疲力竭时才参战，它的参战实际上决定了战争的胜负。同年，俄国因内部矛盾激化，爆发“十月革命”。新上台的苏俄政权为建设苏维埃保存实力，在第一次世界大战结束前不到一年的时间，与德国及其盟国签订和约，退出一战。

1917 年，中国在日本的支持下，参加第一次世界大战。段祺瑞政府并没有派出军队，只是派出十余万劳工到法国等协约国进行战争支援。第一次世界大战结束后，中国也一跃成为战胜国。但是，中国作为战胜国，在巴黎和会上，不但没有收回被德国侵占的中国山东领土，反而被日本强占去更多，这直接导致 1919 年 5 月 4 日的五四运动。

虽然中国在第一次世界大战中只是一个小配角，成为“战胜国”后，不但没有分到什么好处，还吃亏不少，但这仍然可称为自中华文明衰落后的一次触底反弹。因为，中国虽然没有分到什么赃，但毕竟不是被分赃者。

更重要的是，这一次作为“战胜国”却无法得到相应礼遇，彻底激起中国各个阶层的反抗，特别是知识分子和学生阶层。而这一反抗，奠定了近代中华民族自立自强的精神基础，这正是五四运动的历史意义。

同时，我们必须看到，五四运动后的知识分子对中华传统文化的严重破坏。特别是知识分子大力推广“日式”白话文，使中华文化出现部分断层(中国本身就有白话文，四大名著皆为中国之白话文，中国如今大部分人读不懂古文，极其阻碍中华文化的传承)。当时，甚至很多人要求废汉字，幸亏中国没有走上这条路，否则将万劫不复，再无崛起之机。

一个国家和民族，一旦遗失其历史、文化，就再无民族精神可言；一个失去民族精神的国家和民族，必将万劫不复。比方说欧美国家殖民非洲、印度等国，首先就是废掉对方的历史、文字。而文字，是文化传承的基因。

军阀割据终结，国共合作决裂，中国进入官僚买办资本时代

客观地说，第一次世界大战，经济上给中国还是带来一定好处。第一次世界大战期间，由于英、法、德等交战国在战争中消耗巨大，向中国商品的输出大幅下降，自身的商品需求反而增加，这种情况在一定程度上刺激了中国民族工业的发展。

1912～1919年，被称为民国商人的“黄金时代”。这个时期的工业发展，以私人资本为主，侧重发展轻工业，特别是棉纺织业和面粉业最为成功。

当然，这个阶段民族工业的发展，还得益于另外两方面因素：

一是政治结构松散和一战局势，使中国的外部压力暂时缓解，给予了民族工业发展一定的空间。

二是实业救国的思潮涌动，一批有识之士积极投资兴办企业，如清末状元商人张謇、周学熙和荣宗敬、荣德生兄弟等（荣宗敬为前中华人民共和国副主席荣毅仁之伯父，荣德生是荣毅仁之父）。

但是，随着第一次世界大战的结束，20世纪20年代初，列强诸国的资本经过休养生息后，开始重新回到中国市场，使刚有一点基础的民族工业备受打击，好不容易占领的市场份额纷纷丢失。与此同时，中国进入军阀割据时代，各个割据势力争权夺利，无一可以成为资产阶级的利益保护人，中国民族商业面临越来越大的生存压力。

此时，广州军政府在孙中山的领导下，1922年开始接受俄共的援助，与其合作，制定“联俄、联共、扶助工农”三大政策，并在1924年对国民党进行改组，吸收共产党合而为一。1923年，苏联（1922年12月30日成立）开始援助国民党建设军队。

1925年初，孙中山应直系军阀冯玉祥的邀请，北上商讨国事。不料肝炎复发，于1925年3月12日在北京病逝。为统一全国，国民党政治委员会决议筹组国民政府。

1925年7月1日，国民政府在广州成立，汪精卫任国民政府主席，设置军事委员会，蒋介石、汪精卫、谭延闿为常务委员，汪精卫为兼任主席（1925年10月，毛泽东曾任国民党中央宣传部代理部长）。之后，取消各地方部队名称，统一称作国民革命军，计划北伐。

孙中山去世后，汪精卫成为国民党领导人，继承孙中山的三大政策。但以

蒋介石为首的国民党右翼，在 1925 年 11 月召开西山会议，反对容共。1926 年 3 月 20 日，蒋介石为排斥共产党人，制造“中山舰事件”，周恩来和毛泽东等极力反击。最后，在国民党左派支持下，苏联、中共和国民党右翼达成妥协，蒋介石出任北伐军司令。

1926 年 7 月 4 日，国民党中央在广州召开临时全体会议，通过《国民革命军北伐宣言》。9 日，国民革命军在广州誓师，北伐战争正式开始。北伐军势如破竹，1926 年 9 月，消灭吴佩孚直系军，拿下武汉。同年 11 月 8 日，国民党中央政治会议决定，将中央党部和国民政府迁到武汉。此时，战争形势对国民政府非常有利。

由于蒋介石的主要势力在江浙沿海一带，一旦完成迁都武汉，蒋介石很可能会被汪精卫与苏联代表合谋卸去兵权。在这种情况下，蒋介石和中国资产阶级代表江浙财阀合谋，1927 年攻克上海和南京，于 4 月 12 日，在上海背叛革命，发动反对共产党的“四一二”政变。

事变后的三天中，上海共产党员和革命群众 300 多人惨遭杀害、500 多人被捕、5 000 多人失踪。接着，蒋介石以“清党”的名义，在江苏、浙江、安徽、福建、广西等省自治区对共产党员和革命群众进行大屠杀，约 25 000 名共产党人和左翼人士遇难。

与此同时，奉系军阀张作霖也在北京捕杀共产党员。1927 年 4 月 28 日，李大钊和其他 19 名革命者被奉系军阀杀害。这次政变，以蒋介石为首的国民党反动派，从民族资产阶级右翼摇身一变成了大地主、大资产阶级的代表，而共产党人则成为蒋介石“入伙”的“投名状”。

不过，蒋介石的这一举措，最终于 1949 年被“打土豪，分田地”的共产党埋葬。究其根本原因，是因为，在中国这个农业社会里，无产的农民占据绝大多数，资产阶级、地主阶级虽然掌握着大量资源，但其绝对数量过少，政治力量根基不深。一旦政治稳定下来，必然形成官僚资本蚕食私营资本的局面。在这种情况下，资本内部的内耗，被更广大的没有任何资产的无产阶级埋葬，也就只是时间问题。这种必然导致革命的运行原理，明明白白地写在马克思所著的《共产党宣言》中。只是，相比其他成熟的资本主义国家来说，当时的中国这方面更为严重，更容易被连根铲除。

发动“四一二”政变一个月后，南京国民政府军队 5 月继续北伐。把共产党清除出国民党后的蒋介石，为筹集北伐军费，把枪口对准资本家们。

手段很不光彩，采用的是蒋在上海弄堂里跟黄金荣、杜月笙之流学的黑帮路子——绑架。这次，蒋介石不太走运，国民党军队在北伐时被奉系军阀打了个稀里哗啦，丢失了华东重镇徐州，上海、南京立刻告急。在这种情况下，蒋介石威信大跌。此时，南京政府桂系逼宫，在武汉的汪精卫开出蒋介石必须下野才会迁往南京的条件，加之孙中山的儿子孙科和广东元老派联合起来一起施压。最终，蒋介石不得不在 1927 年 8 月 13 日发表声明“主动”下野。某种意义上，这也是蒋介石以退为进。下野后的他，马上就开始为再次主政做准备。

下野后的蒋介石深深感受到：在当时的中国，没有金钱，就无法稳定权势。于是，蒋介石开始亲日、亲美。下野一个多月后，1927 年的 9 月 28 日，蒋介石在亲日分子张群的陪同下前往日本。蒋介石此行的目的有二：一方面，向当时的美国买办家族——宋氏家族——三小姐宋美龄求婚；另一方面，向日本示好。当年 11 月 5 日，蒋介石会见日本首相、军国主义分子田中义一，向其保证维护日本在华根本利益，为此蒋介石甚至发表《对日宣言》，高呼“中日亲善”。

同年 12 月 1 日，回沪后的蒋介石和宋美龄在上海大华饭店举行婚礼。用现在的话说，这是标准的闪婚。蒋宋联姻在当时中国引起巨大轰动，这场婚姻被媒体称为“中美合作”的政治婚姻。这次与宋氏家族的联姻，使蒋介石同时搭上美帝国主义这条线。

蒋宋联姻

蒋宋联姻不足半月，在国民政府内讧不断、财政捉襟见肘的情况下，12 月 10 日，蒋介石恢复“总司令”职务。两个多月后，1928 年 2 月，国民党第二届四中全会召开，蒋介石再次当选中央常务委员会主席兼军事委员会主席，不久，当选中央政治会议主席。党、政、军大权集于一身，蒋介石彻底站稳脚跟。

自此，蒋介石成为官僚资本的代言人，包括宋家在内的一些资本家，也由买办资本升级为官僚资本，中国彻底进入由蒋、宋、孔、陈四大家族把持的官僚买办资本时代。

官僚买办资本最终成了“蒋家王朝”的掘墓人

官僚买办资本一旦把持中国市场，中国民营资本的生存空间就举步维艰。在这种背景下，民国商人的“黄金时代”宣告结束，中国民族工商业日益萎缩。

1937 年 7 月 7 日，日本制造“卢沟桥事变”，开始全面侵华。日本发动侵华战争后，为了获得更多的战争资源，对沦陷区采取野蛮的掠夺政策，沦陷区内几乎没有民族工业的生存空间。与此同时，在国统地区，则是四大家族的金融、工业垄断与压迫。在这样双重压力下，中国民族工业几近破产。电视剧《大染坊》中的商业奇才陈寿亭命运的起落，就是当时中国民族工业的真实写照。

1945 年 8 月 15 日，日本投降。由于蒋介石一心想建立独裁国民政府，在国共无法达成共识的情况下，第二年 6 月，中国进入全面战争。解放战争时期，国民党政府为获得美国对其在中国内战的支持和支援，1946 年 11 月 4 日，时任国民政府外交部长王世杰，与美国驻华大使司徒雷登在南京签署《中美友好通商航海条约》。条约共 30 条、68 款。主要内容包括：

缔约此方之国民有在彼方“领土全境内”居住、旅行与从事商业、工业、文化教育、宗教等各种职业的权利，以及采勘和开发矿产资源、租赁和保有土地的权利；并且在经济上享受国民待遇。此方商品在彼方享有不低于任何第三国和彼方本国商品的待遇，此方对彼方任何物品的输入，以及由此方运往彼方的任何物品，“不得加以任何禁止或限制”。此方船舶可以在彼方开放的任何口岸、地方或领水内自由航行，其人员和物品有经由“最便捷之途径”通过彼方领土的自由；此方船舶包括军舰在内，可以在遇到“任何危难”时，开入彼方“对外国商务或航业不开放之任何口岸、地方或领水”。

该条约表面上看似公平，双方享有的权利对等，但实际上，以当时中国的工业基础、经济实力以及中国的远洋运输能力来说，该条约的好处可以说只是单方面针对美国。根据该条约，中国领土全部向美国开放。美国虽然也对中国全部开放，却因为鞭长莫及而不能达。

国民党的这一条约，对国民经济和民族工业造成毁灭性的打击。条约签订后，国统区的经济不但有国民党政府更为野蛮掠夺和战争消耗，更加上“山姆大叔”的经济掠夺,情形可想而知。

从后面历史演化的结果上看,与美国签署的这一条约,非但没有对国民政府起到任何支持作用,反而因为空前的经济危机引发更为严重的社会危机,在无法生存和看不到未来希望的情况下,民族资产阶级和小资产阶级纷纷响应共产党号召(这就是大量民主人士靠近共产党的历史大背景),最终加快了国民政府的瓦解,以四大家族为主的“蒋家王朝”就此覆灭。

1949 年 10 月 1 日,中华人民共和国成立。1949 年 12 月 10 日,蒋介石彻底兵败,从成都乘机逃往台北。新中国的成立与国民政府的倒台,宣告动乱的民国时代彻底结束。自此,中国结束了一百来年的混乱与动荡,进入了新的、正常的发展轨道。

新中国的崛起

新中国的崛起,截止到今,可分为三个阶段:第一个阶段,自新中国成立后的 1949 年开始至改革开放前的 1978 年,时间跨度 29 年;第二个阶段,自 1979 年至这次全球金融危机爆发的 2008 年,时间跨度约为 30 年;如今,我们正处在第三个阶段,即从 2008 年开始,笔者估计,这一周期也将维持 30 年左右。

笔者还观察到一个有趣的现象:

辛亥革命 1911 年爆发,清朝在 1912 年崩溃,1917 年中国进入军阀割据时代;中国抗日战争 1944 年出现转折,1945 年抗日战争胜利,1949 年新中国成立;中国文化大革命 1976 年结束,1978 年确认改革开放方针,1979 年开始改革开放。这一系列重大历史转折、事件,都遵循着一个 30～33 年的周期性变化。自 1976 年至今,第 32 年恰好是 2008 年,而中国经济新一轮重大转型,正是自 2008 年开始。而且,前面两次,从转折出现,到一个确立性的重大事件发生,一般间隔时间为 3～5 年。因此,如果历史仍然遵循这样的大周期,从 2008 年算起,3～5 年内,中国很可能会发生影响未来 30 年走向的大事。

下面,我们就针对上述三个阶段进行梳理和分析。

第一阶段

新中国成立后头三十年的经济成果

近些年,某些观点试图将新中国头三十年和改革开放后三十年的发展割裂开看待，为体现改革开放三十年的成就，疯狂贬低新中国成立后头三十年的发展。这，既不客观，也不科学，更不正确，有违科学发展观。正如胡锦涛同志在中共十七大报告中指出的："改革开放伟大事业，是在以毛泽东同志为核心、党的第一代中央领导集体创立毛泽东思想，带领全党全国各族人民建立新中国、取得社会主义革命和建设伟大成就以及艰辛探索社会主义建设规律取得宝贵经验的基础上进行的。"中国改革开放的基础，是建立在新中国前面三十年的发展基础之上，结合当时国内、国际政治形势以及发展机遇作出的重大历史选择。这一历史选择，给中国的发展带来巨大飞跃。但是，改革开放的发展成果，非但不能成为否认历史的根据，反而更加确认和肯定了之前的发展基础。

一个国家的经济发展，就如一个人、一个家庭的经济发展一样，要看体现在哪些方面。就拿个人作例子，改革开放后，有两类人比较极端：一种是刚有点钱就像暴发户一样，花钱如流水，这种人往往是赚多少、花多少，甚至负债开销；另一种是看起来不修边幅、不讲排场，但却可能家财万贯。在经济上能说前者比后者富有吗？当然不能。我们周围的一些白领，有些人省吃俭用，将节省下来的钱全部用来购买如 LV、爱马仕这样的奢侈品；有些人却在保持生活质量的情况下，将结余做投资、储蓄。前者看起来光鲜，却没后者的生活质量和殷实。新中国头三十年的经济发展成果，虽然一定程度上改善了人民的生活水平，但更多的并非体现在人民生活水平的提高，而是体现在工业发展、农业发展、教育发展、医疗水平提高、科技发展等综合方面。这些，实际上是中国今天崛起的基石。没有这些积累，中国根本不具备改革开放后腾飞的坚实基础。

为了让读者对新中国头三十年经济发展有一个较为清晰的认识，我们有必要进行一些说明和数据对比。

新中国，是在旧中国半殖民地半封建社会、加上四年内战这个烂摊子的基础上开始恢复、建设。在新中国成立初期的 1949～1952 年，新中国的经济处于恢复期。到 1952 年，在基本完成国民经济恢复和民主改革任务后，党中央提出过渡时期的发展路线。到 1956 年，基本完成社会主义三大改造。之后，中国进入社会主义经济制度下的发展模式。

在这个过程中，虽然全中国都是"摸着石头过河"，但干劲十足。从 1949～1978 年差不多三十年时间内，中国将一个几乎没有任何工业基础的国家，建设成为一个有比较完整的工业体系和国民经济体系的国家。同时，在这个过程中，中国还经历了抗美援朝战争、抗美援越战争、对印自卫反击战以及20世纪60年代末至70年代和苏联的对抗。

在国民经济增长方面，按当年的价格计算，我国社会总产值从1949年的557亿元增加到1978年的6 846亿元，在29年的时间内增长11.29倍，年均增长约9%。以可比价格计算，如果社会总产值指数以1952年为100，增长到1978年的725.8，在26年的时间内增长6.26倍，年均增长率7.3%。在这个时间周期内，1958～1962年，也就是“第二个五年计划”的前两年，中国经历了“大跃进”；后面三年，是三年困难时期，生产出现年均负增长0.4%的滑坡，其余年份均保持高增长。“一五”期间，年均增长速度为11.3%。三年困难时期后的1963～1965年，三年平均增长率更是高达15.5%。哪怕是1966～1970年，即“文革”期间的第三个五年计划，年均增长也达9.3%。“文革”后期，由于政治动荡，1971～1975年，也就是“四五计划”时期，经济增长放缓，但年均增长仍有7.3%的水平。[①]

在社会总产值高速增长的同时，国内生产总值(GDP，是西方市场经济国家国民经济核算体系的重要指标)的增长速度同样可观。对于我国的GDP数据，这里有必要作一个简要说明。在改革开放前，我国并未使用GDP作为经济核算指标。改革开放前，由于帝国主义封锁，我国很少对外直接投资，也鲜有境外资金到国内投资，因此GDP和GNP(国民生产总值)基本相当。如今的数据，是在改革开放后，为便于进行国际比较，根据张风波主编的《中国宏观经济结构与政策》一书推算的结果。

根据《中国宏观经济结构与政策》推算结果，我国1952年的GDP为680.9亿元，1978年增长到3 488.6亿元，增长4.12倍，年均增长率为6.5%。[②] 这个速度虽然比不上改革开放后，但与第二次世界大战后世界平均水平相比，仍然高出许多。根据世界银行公布的数据显示，20世纪五六十年代世界GDP年均增长率为4.8%，70年代的世界GDP年均增长率为3.4%。其中，发达国家60年代GDP年均增长4.9%，70年代年均增长3.2%。而且，中国这样的增长，还是在包括三年困难时期GDP增长的一度下降及“文革”后期极“左”思想对经济的负面影响下取得的。

新中国成立后头三十年的工业成果

工业方面，新中国成立前，我国机器制造业几乎是空白。毫不夸张地说，

---

① 《中国经济统计年鉴》，中国统计出版社1983年版。

② 张风波主编：《中国宏观经济结构与政策》，中国财政经济出版社1988年版。

连一颗螺丝钉都需要进口。新中国成立后的三十年时间内，我国建成门类较为齐全、完整和独立的工业体系，从轻工业、重工业直到高尖端的航空航天。

1952～1980 年，我国工业投资额累计达 395 519 亿元，工业新增固定资产 2 734.5 亿元，年均新增 94.29 亿元。1952 年，工业生产总值为 343.3 亿元。到 1980 年，达 4 992 亿元。按可比价格计算(可比价格，指计算各种总量指标所采用的扣除价格变动因素后的价格)，在 28 年的时间内增长 17.9 倍，年均增长高达 11%。其中，工业生产指数，如果以 1952 年为 100，到 1978 年达 1 598.6，年均增长 11.2%。[①] 钢产量，1953～1957 年，年均增长达 31.7%。1958～1965 年，年均增长为 10.9%。1966～1978 年，年均增长 7.6%，世界排名从 1949 年的第 26 位上升至 1982 年的第 4 位；同期原油增长分别为：27.1%，29.2%，18.6%，世界排名由 1950 年的第 27 位上升至 1982 年的第 5 位；同期内燃机商品数量增长分别为 76.7%，19.1%，19.5%；同期发电量增长为 21.5%，17%，10.8%，世界排名由 1949 年的第 25 位上升至 1982 年的第 6 位；同期金属切削机床增长分别为 15.4%，4.4%，12.5%；同期纺织品增长分别为 17.4%，11.3%，4.6%；等等。[②]

这些工业成就，在新中国建立初期的 50 年代，除了中国自身的努力外，与苏联的大力援助密不可分。20 世纪 50 年代，苏联对我国的工业化建设给予大量援助，其中最重要的就是从第一个五年计划开始的 156 个重点项目工程(其实是 157 个，没有公开公布的一个，就是中国最著名的监狱——北京秦城监狱)。苏联援助我国的项目，以军工、冶金和机械占比最重，比如飞机、汽车、造船、兵工厂、电力、煤炭、钢铁、制铝、机械、化学、造纸、矿山、炼油厂、水电站、路桥等。这些项目的资金，大部分来自于苏联的贷款。

当然，这些援助并非是无条件的。一方面，这是双方基于政治方面的考量。因为，中国的强大有利于苏联领导的社会主义阵营壮大；另一方面，是双方的经济利益基础。对中国来说，获得了最为短缺的资金和先进的技术；对苏联来说，在经济上可以通过中国的贸易补偿获得巨大经济利益。

1952～1966 年，中国人民克服重重困难，完成了这 156 个项目。这 156 个项目，与我国自力完成的 1 000 多个限额以上建设项目相配套，我国初步完

---

① 马洪主编:《现代中国经济事典》，中国社会科学出版社 1982 年版；根据《中国统计年鉴》1981 年版资料推算。

② 《中国统计年鉴》1981 年版；张风波主编，《中国宏观经济结构与政策》，中国财政经济出版社 1988 年版。

成基础工业化的产业链。15年的时间，完成这样的工业体系建设，可谓是一个伟大的创举。而且，这还是在1958年中苏关系恶化后，苏联陆续撤出专家、减少贷款并在1960年全部撤走专家的情况下，以毛泽东为首的国家领导人，不但顶住了苏联强大的政治压力，在苏联全部撤走专家后，还能组织力量将这些项目顺利完工，确实难能可贵。

在这期间，如大庆油田、万吨水压机、五万吨远洋轮、十万吨水力发电机组、百万伏高压标准电容器、武汉和南京长江大桥、三门峡水利工程以及“两弹一星”等，都是当时世界最尖端的高科技产品，这些巨大成就有些甚至是在三年自然灾害困难时期或“文革”时期取得的。

特别值得一提的是“两弹一星”，客观上，它奠定了中国本土和美、苏一样，成为他国军事势力的禁区。1964年爆炸原子弹，1967年爆炸氢弹，1970年送人造卫星上天。在军事意义上，更引人注目的是，1966年，中国将搭载核弹头的东风－2号导弹打到1 200公里外的预设目标区，并成功引爆核弹头(美国为2 700公里)。迄今为止，已知的只有中国、美国和苏联搞过类似实验。如果没有这些国防和民用工业基础的支撑，中国连自身国防安全都保不住，更谈不上具备改革开放的历史条件。事实上，20世纪六七十年代，中国的国际地位高速攀升，其速度远比改革开放后三十年要快。尤其是在意识形态方面，形成中、美、苏三足鼎立的局面。

20世纪60年代中期，在完成基础工业化的同时，为大力发展工业，我国同时开展“大三线”建设。“大三线”最初是指包括湘西、鄂西、豫西在内的西南和西北地区，70年代，范围扩大到长城以南、京广线以西的广大地区，包括西南的四川、贵州、云南，西北的陕西、青海和甘肃的大部分地区，中原的豫西、鄂西，华南的湘西、粤北、桂西北，华北的山西和冀西地区。

我国开展“大三线”建设，主要基于三方面原因：

一是从根本上改变旧中国工业主要集中在沿海一带的不合理布局；

二是提高“大三线”地区的人民经济生活水平；

三是根据当时国际形势，为巩固国防需要。

从我国发展到现在需要进行中西部大开发的情况看，这种布局极具战略眼光。令人感动的是，为响应国家建设号召，大批建设人员满怀爱国热情，从生活优越的沿海大城市奔赴人烟稀少、生活艰苦、交通不便、物资匮乏、施工困难的大三线地区工作、生活，甚至就此扎根。

20世纪70年代末，一整套较为完整的三线工业体系建成。这一体系的建成，使我国工业体系纵深得到长足发展，对加强民族团结、改善工业布局以及国防建设的意义非常重大。同时，大三线也是改革开放后在沿海形成经济突破口的坚实大后方。

从战略上讲，正是在新中国成立后有了较为强大的工业体系，使得中国在美苏两强争霸下能有后续发展空间，才会有我国改革开放的战略契机。否则，在东、西对抗的背景下，中国如果连国家安全都无法保证，保不准美、苏矛盾的爆发或调和是以瓜分中国的方式进行。类似的情况我们并不陌生，清末时期的中国正是如此。

新中国成立后头三十年的农业发展成果与教训

新中国成立后，在农业方面，总体上虽取得丰硕的成果，但同样有血的教训。首先，新中国成立后，通过三年土改，农民拥有了土地；之后，通过互助合作运动，一方面，大幅提高农业的生产效率、降低生活成本；另一方面，通过剪刀差的方式，支援国家工业建设。

本来，党中央计划，1958 年春季，农村人口中有约一半加入初级农业生产合作社，1960 年基本完成半社会主义改造，1960 年后再逐步分批、分期地过渡到全社会主义。但是，到 1957 年，全国已有 97.5%的农户加入农业生产合作社。这种速度，使当时领导层产生了过分乐观的情绪。

1958 年，毛泽东提出“超英赶美”的口号[①]。之后，在中央领导层的头脑发热下，这一口号迅速点燃全国的“浮夸风”。粮食亩产“卫星”[②]、大炼钢铁运动陆续爆发。这一切，给国民经济和人民生活造成极大的困扰和伤害。

随着苏联减少并结束对中国的援助，1959～1961 年，中国又遭遇三年困难时期。这一时期，中国出现大量人口非正常死亡的情况。关于当时的死亡人数，笔者查阅大量资料，仍然找不到一个确切、合理、让人信服的相关数据分析。随着 20 世纪 80 年代相关统计数据的公布，各种传言不绝于耳。从最初估计约有 1 000 万人，到后来美国估计为 2 000 万人，再之后更有一些专家、学者继续鼓吹到 3 000 万人，最近网络上竟传言到 4 500 万人。这一数字，已经

---

① 这一口号最早明确提出于 1957 年，毛泽东在回应赫鲁晓夫的“苏联要 15 年赶超美国”说法时，谈到要让中国在 15 年内赶超英国。随后，这一提法得到刘少奇在中华全国总工会第八次全国代表会议上发言的支持。毛泽东的期望，是通过“大跃进”等群众运动方式，使中国在指标性工农业品在产量上赶超英美发达国家。

② 1958 年 8 月 13 日《人民日报》头版头条刊登“麻城建国一社出现天下第一田　早稻亩产三万六千九百多斤”。

如一个泡沫般，越吹越大。如今，比较被认可的数字是 1 000 万～1 500 万人。但是，对这个数字，笔者查阅一些统计数据、分析，认为同样存在较大争议。

笔者查阅一系列资料，认为北京大学巩献田教授的分析较为客观。

首先，其相关分析全部来源于“中国 1949—1982 历年人口统计数字表”和 1982 年的第三次人口普查的数据对比。[①] 根据“中国 1949—1982 历年人口统计数字表”的数据显示(1958 年、1959 年和 1960 年数据来自 1964 年第二次人口普查，这些数据 1983 年公布)，1958 年末，人口 65 994 万，出生率 29.22‰，死亡率 11.98‰，自然增长率 17.24‰；1959 年末，人口 67 207 万，出生率 24.78‰，死亡率 14.59‰，自然增长率 10.19‰；1960 年末，人口 66 207 万，出生率 20.68‰，死亡率 25.43‰，自然增长率－4.57％。所谓死亡 1 000 万人这一数字，应该来源于 1960 年相比 1959 年的人口净减 1 000 万人。但 1 000 万人的减少，一方面是人口出生率较前面大幅下降，另一方面则是当年死亡率较往年大幅上升造成。这说明，1960 年一定有大量人口出现非正常死亡。但是，这个数字究竟应该是多少呢？

国家统计局数据表明，1953～1959 年，死亡率平均为 12.5‰，而 1960 年高达 25.4‰，如此可推算，1960 年死亡率比前面 7 年年均高 12.9‰。我们可以通过计算得出当年死亡人数比往年平均高出的数字，正确算法应该是：(年初数＋年末数)÷2＝人口年平均数，(67 207 万＋66 207 万)÷2＝66 707万；人口年平均数×死亡率高出部分＝非正常死亡数，66 707 万×12.9‰＝860.5 万。按照这个数字，当年死亡人口数比过去 7 年年均死亡人数多出 860.5 万人。但是，这里是否存在逻辑推理的错误？我们继续拿一些官方数据进行对比。

根据 1983 年正式公布的数据，1960 年，我国出生人口数是 13 915 080 人。在 1990 年至 2000 年当中，进行了“第四次”、“第五次”全国人口“普查”，还进行了全国人口 1％抽样调查。下面，我们就根据第四次(1990 年)、第五次(2000 年)全国人口普查和 1995 年 10 月 1 日完成的全国人口 1.04％抽样调查进行对比。

1983 年正式公布的“中国人口统计数据”显示，我国 1960 年出生人口数是 13 915 080 人，死亡人数是 16 963 590 人；1990 年第四次全国人口普查后，由中国统计出版社出版的《1990 年人口普查资料》显示，1960 年出生年满 30

① 国家统计局编：《中国统计年鉴(1984)》，中国统计出版社 1984 年版。

岁的中国人，1990 年 7 月仍然有 14 443 119 人生活在中国境内，经过 30 年后，1990 年还存活的 1960 年生人数量，比 1983 年公布的人口出生数增加 528 039人；1995 年 10 月 1 日完成的全国人口 1.04%抽样调查后，在当年《统计年鉴》中的数据显示，1960 年出生年满 35 岁的中国人，在 1995 年 10 月仍然有 14 491 481 人生活在中国境内，经过 35 年后，1990 年还存活的 1960 年生人数量比 1983 年公布的人口出生数增加 576 401 人；2000 年第五次全国人口普查后，出版的《2000 年人口普查资料》显示，1960 年出生年满 40 岁的中国人，2000 年 10 月仍然有 14 684 726 人生活在中国境内，经过 40 年后，在 2000 年还存活的 1960 年生人数量比 1983 年公布的人口出生数增加 769 646 人。这意味着，经过 40 年，不但没有死亡，人口数反而增加，这显然不合逻辑。根据数据显示，其他年份的数据都是正常递减，只有 1960 年生人的数据出现这种“怪现象”。这只能说明一个问题：1983 年公布的数据存在统计上的问题，错误很可能是出现在 1964 年公布的第二次人口普查。

根据上述数据，我们可以计算出，1959 年出生人数大约为 1 650.4 万，而在第四次人口普查和第五次人口普查中的数据分别为 14 378 026 人、13 059 787人，我们以 2000 年数据为准，可计算出 1959 年出生的中国人 2000 年仍在中国居住率为：1 437.802 6 万÷1 650.4 万(1959 年人口平均数)×100%=87.118%。我们再用这个数字反推 1960 年出生、2000 年仍然在中国居住的人口，可得出一个相对客观的 1960 年的出生人口数据：1 468.472 6 万÷87.118%=1 685.613 万人。这意味着，1960 年实际出生人口，要比 1983 年公布的数据多 294.105 万人(1 685.613 万－1 391.508 万)。如此，关于 1960 年人口减员 1 000 万的说法因为出生人口统计数据问题就站不住脚。

而关于 1960 年死亡人数问题，个人认为孙经先先生研究得出的结论相对比较接近历史事实[①]：

1. 由于我国工业发展和生产“大跃进”，1956～1959 年期间出现了从农村到城市人口大迁移，在大迁移中出现重报、虚报户籍人口 1 144 万人。这些重报、虚报的户籍在 1960～1964 年期间被注销。由于遇上经济困难，我国在 1960 年 9 月至 1964 年期间进行了城市人口大精简工作，形成了从城市到农村的人口大迁移，在大迁移中有 1 510 万人口漏报了户籍。上述漏报户籍人

① 孙经先：“关于我国 20 世纪 60 年代人口变动问题的研究”，《马克思主义研究》，2011 年第 6 期。

口中的绝大多数在 1970～1979 年补报了户籍。由于上述原因,造成 1960～1964 年期间我国户籍统计人口减少 2 654 万,这是我国 60 年代初户籍人口非正常大幅度减少的根本原因。这一减少与人口死亡无关。

2. 1960 年我国户籍人口统计比 1959 年减少 1 000 万人,其中 695 万是由人口户籍迁移的原因造成的,与人口死亡无关。由于 1960 年漏报出生人口 420 万,所以 1960 年实际人口比 1959 年至少增加 115 万。

3. 1983 年前国家统计局公布的数据是通过汇总全国户籍登记得到的真实数据,没有经过人为的修改和伪造。数据中的所有人口数字都是户籍数字,所出现的所有矛盾都只是表面上的,都可以用本文的方法加以合理解释。60 年代初我国人口非正常死亡人数,已经包含在国家统计局公布的人口死亡率之中。国家统计局公布的 1960 年我国人口死亡率因出生人数漏报应当下调,具体下调幅度有待进一步研究。

综上所述,无论是笔者根据资料进行的逻辑推理,还是如巩献田教授、孙经先先生的研究结果,都不可能得出三年困难时期所谓上千万的死亡人数。虽然不能确认当年死亡的实际数字,但却可以肯定,那些上千万甚至数千万的传说,都不太靠谱。科学的结论需要对相关数据以及当年相关历史资料进行充分研究,当前,这方面的研究仍然不够。可以肯定的是,那些单纯进行数字叠加,完全没有逻辑的所谓千万级别以上的死亡数字,均不足以令人信服。

在粮食生产方面,根据国家的统计数据,我国粮食年产量从 1949 年的 11 320吨增至 1979 年的 33 212 吨,增长 1.93 倍以上,年均增长 3.7%;同期棉花年产量从 44.5 吨增长至 220.7 吨,增长 3.96 倍,年均增长 5.68%;同期油料年产量从 256.4 万吨增长至 643.5 万吨,增长 1.51 倍,年均增长率 3.2%。按可比价格计算,农业总产值指数增长的速度以 1952 年为 100,到 1978 年增至 229.6,26 年时间增长接近 2.3 倍,年均增长率为 3.25%。哪怕是"文革"时期的 1966～1976 年,粮食产量也是年年丰收,产量从 1965 年的 19 445 万吨增长至 1976 年的 28 631 万吨,年均增长率 3.94%。畜牧业,中国 1952 年的牲畜总头数恢复到新中国成立前的最高水平,达 2.28 亿头,1957 年达 3.28 亿头,1978 年增至 5.65 亿头,1952 年至 1978 年增长了 1.48 倍。[①] 如此高的农业生产增长率,一方面说明新中国成立后成果丰硕,另一方面也与我

① 《中国统计年鉴》1998 年版;马洪主编,《现代中国经济事典》,中国社会科学出版社 1982 年版。

国在新中国成立前和新中国成立初期生产工具落后、生产效率低下有关。而且，必须看到的是，粮食增产的速度远远赶不上人口增长的速度。粮食产量虽然增加，但需求更大，这也是为什么当时人民生活艰难的另外一个重要因素。

新中国成立后头三十年其他方面的发展成果

新中国成立后，除了工、农业等方面的巨大发展外，其他如交通运输业、建筑业、商业、科教文卫等都获得巨大发展。新中国成立后的1949～1980年，我国铁路里程从2.2万公里增长至5.19万公里，增长1.36倍；公路从8.07万里增长至88.82万里，增长10倍；民航里程增长15.82倍。商品经济，在改革开放前虽然发展受到一定限制，但社会商品零售总额仍然从1952年的277亿元增长至1981年的2 350亿元，增长7.5倍。科学技术方面，新中国刚成立时，全国专门从事科学研究的知识分子不足500人，各项科技研究基本处于空白状态，全国大多数人为文盲或半文盲。①

经过20多年的发展，到20世纪70年代，我国已建立起较为完整的教育体系和较为庞大的知识分子群体，科技上更掌握了以"两弹一星"为代表的国际领先成果。从新中国成立到1976年，我国高校共培养大学生(包括大专、函授和业余大学毕业生)超过300万人。小学入学率从国民党统治时期的23%跃升至1976年的96%。中学方面，1931年，中国中学毕业生约1万人；1936年，全国一共仅54万中学生；1952年，初中和高中入学人数分别为124万和14万；1966年，分别为272万和20万；1976年则增至2 344万和861万。中国之所以能在改革开放后逐渐成为"世界工厂"，与新中国建立后我国在基础教育上的巨大投入密不可分。新中国的教育很多方面看起来都不太成功，比如并未培养出各学科的学术"大师"，但在基础教育方面取得的成就却是无比辉煌的。②

与中国形成鲜明对比的是印度，1991年，印度进行经济改革时，有一半国民既不会读也不会写，结果，印度相比中国工业化程度要差很多，这也是为什么中国能成为世界工厂而印度却不能的重要因素之一。如今，印度在未实现工业化的情况下，就开始走虚拟经济之路，这是"魔道"，注定可持续发展力非常有限。

1966～1976年的反思

新中国成立后，虽然取得了丰硕成果，但因为其间的"大跃进"、"文化大革

---

①② 摘自"新中国前30年生产建设的伟大成就"，《高校理论战线》，1999年第10期。

命”等，中国也走了不少弯路。“大跃进”使中国在经济上，包括人民的生命安全上，都付出了惨重代价；“文革”带来的灾难同样可怕，大量文物被损害，我国的政治矛盾激化，导致“文革”后期各种悲剧的上演。

反思“文革”的得失，有助于我国在未来改革中保持稳步发展。对于如今关于“文革”的研究成果，笔者认为，中国社会科学院近代史研究所学术委员、中央文献研究室副主任、原中国史学学会会长金冲及教授的看法较为理性、客观。

《毛泽东传(1949—1976)》第三十四章中这样阐述①：

显然，毛泽东这时对国内阶级斗争形势的估计已十分严重。他担心，干部严重脱离群众的状况如果发展下去，会变成“官僚主义者阶级”，“最后必然要被工人阶级把他们当作资产阶级打倒”。当时主持中央“一线”工作的领导人和许多大区、省一级的领导人对此却没有作出相应的反应。这使毛泽东非常不满。自1959年以来党内高层领导中对形势估计、农村“包产到户”问题等的意见分歧，一步步积累起来，更使他认定问题首先出在党的上层。他曾对身边的护士长吴旭君说过：“我多次提出主要问题，他们接受不了，阻力很大。我的话他们可以不听，这不是为我个人，是为将来这个国家、这个党，将来改变不改变颜色、走不走社会主义道路的问题。我很担心，这个班交给谁我能放心。我现在还活着呢，他们就这样！要是按照他们的做法，我以及许多先烈们毕生付出的精力就付诸东流了。”“我没有私心，我想到中国的老百姓受苦受难，他们是想走社会主义道路的。所以我依靠群众，不能让他们再走回头路。”“建立新中国死了多少人？有谁认真想过？我是想过这个问题的。”

他(毛泽东)逐渐形成这样的想法：中国会不会放弃社会主义而走上资本主义道路，关键还不在城乡基层，而是在上层，尤其是中央。如果在中国自上而下地出修正主义，它的危险比自下而上地出修正主义要大得多，也快得多。：

“文革”开始那一年，毛泽东73岁。从上述可以看出当时的情形，从下文可以看出他的想法。《毛泽东传(1949—1976)》第三十五章中这样阐述②：

八届十一中全会，把全面发动“文化大革命”用中共中央《决定》的形式确定下来，在组织上也作了重大调整。毛泽东接着考虑的是：怎样采取果断有力的行动，更大规模地发动群众，形成席卷全国的风暴，猛烈地冲击一切在他看

①② 中共中央文献研究室主编：《毛泽东传(1949—1976)》，第三十四、三十五章，中央文献出版社2003年版。

来可能导致资本主义复辟的东西，开创一个新的局面。

依靠什么力量来实现这种疾风暴雨式的政治运动？毛泽东这时把主要希望寄托在青年学生，特别是那些高唱“革命造反精神”的红卫兵身上。这不仅因为毛泽东认为他们年轻、受旧思想影响少、朝气蓬勃、有一股不可阻挡的闯劲，而且还有更深一层的考虑。他曾对身边的工作人员说：

“‘文革’中这些群众主要是年轻人、学生，正是杜勒斯们寄托和平演变希望的最年轻的一代。让他们亲身体验斗争的严重性，让他们把自己取得的经验和认识再告诉他们将来的子孙后代，一代一代传下去，也可能使杜勒斯的预言在中国难以实现。”

“我考虑发动群众。我把批判的武器交给群众，让群众在运动中受到教育，锻炼他们的本领，让他们知道什么道路可以走，什么道路是不能走的。我想用这个办法试一试。我也准备它失败。现在看来群众是发动起来了，我很高兴，他们是同意我的做法的。”

“文革”中毛泽东犯的错误，金冲及在2009年第5期的《党史文献》中如是说[①]：

“文化大革命”是一次全局性的、长时间的“左”倾严重错误。在这个问题上，毛泽东负有主要责任。讲起“文化大革命”，这十年动乱给中国带来的伤害太大了，教训是令人刻骨铭心的。中共中央在《关于建国以来党的若干历史问题的决议》早已作出结论：“历史已经判明，‘文化大革命’是一场由领导者错误发动，被反革命集团利用，给党、国家和各族人民带来严重灾难的内乱。”同时，它又写道：“毛泽东同志的错误终究是一个伟大的无产阶级革命家所犯的错误。毛泽东同志是经常注意要克服我们党内和国家生活中存在着的缺点的，但他晚年对许多问题不仅没有能够加以正确的分析，而且在‘文化大革命’中混淆了是非和敌我。他在犯严重错误的时候，还多次要求全党认真学习马克思、恩格斯、列宁的著作，还始终认为自己的理论和实践是马克思主义的，是为巩固无产阶级专政所必需的，这是他的悲剧所在。”

“文化大革命”的沉痛教训，促使中国共产党和全国人民深刻地反思：问题究竟出在什么地方？怎样才能避免悲剧的重演？邓小平有一段深刻的话：“总结历史，不要着眼于个人功过，而是为了开辟未来。过去的成功是我们的财富，过去的错误也是我们的财富。我们根本否定‘文化大革命’，但应该说‘文化大革命’也有一‘功’，它提供了反面教训。没有‘文化大革命’的教训，就不

---

① 金冲及：“谈谈新中国的‘前30年’”，《党史文献》，2009年第5期。

可能制定十一届三中全会以来的思想、政治、组织路线和一系列政策。三中全会确定将工作重点由以阶级斗争为纲转到以发展生产力、建设四个现代化为中心，受到全党和全国人民的拥护。为什么呢？就是因为有‘文化大革命’作比较，‘文化大革命’变成了我们的财富。”①

为了更能明白金冲及教授的阐释，我们不妨重温一下1945年毛泽东与黄炎培在延安的一次对话。

1945年7月，黄炎培等7位国民参政员，应中共中央和毛泽东的邀请，到延安考察参观。看到延安的干部与群众关系融洽，人们气色红润，精神振作，一片祥和景象，黄炎培深切感受到延安浓浓的民主、和平气氛。于是，黄炎培和毛泽东长谈十几个小时。谈话中，黄炎培仍不无担心并直率地向毛泽东发问："无论一个人、一个家庭、一个团体、一个地方，乃至一个国家，往往‘其兴也勃焉’，‘其亡也忽焉’，最后‘人亡政息’，这简直成为一个历史的周期率，不少单位都没有能够跳出这个周期率的支配。当共产党执政后，没有了战争的压力，也没有反对党的监督，党员思想必松懈，继而形成惰性。当享乐成风之时，你怎么解决权力腐败，跳出这个政党存亡的周期？"毛泽东铿锵有力地回答："我们已经找到解决这个问题的办法，这就是‘民主’，即人民群众的监督。只有让人民起来监督政府，政府才不敢松懈。只有人人起来负责，才不会人亡政息。"②毛泽东的回答，黄炎培很满意。从延安回到国统区后，他发起成立了中国民主建国会，并写下70余页的《延安归来》。

从上述与黄炎培的对话，我们可以将其与那个特殊年代的历史进行对接，这些思想就是当时存在的历史因子。从这个角度考量，就很容易理解为什么要打倒"孔家店"，其目的就是要反封建文化之根，奠定新文化的基础。但是，这显然是个人在与中国几千年的历史文化作斗争。这种斗争注定要失败，因为没人能在和历史周期律的对抗中不失败的，人类历史只有时势造英雄，绝不可能是英雄造时势。事实的结果也证明的确如此。在当时的世界，恐怕没有第二个人敢如此挑战历史文化。中国历史上也只有一个人这么干过，那就是秦始皇，当然也是以失败告终。从这一层意义上看，这和当时的"焚书"异曲同工。有一点可以肯定，虽然都以失败告终，但对历史的演化都起到转折性作用。秦始皇焚书后约80年，汉武帝刘彻就确立"罢黜百家，独尊儒术"的治国

---

① 《邓小平文选》第三卷，第272页，人民出版社1993年版。

② 郑保卫："让人民起来监督——重温毛泽东与黄炎培的谈话"，《新闻与写作》，2005年第11期。

方略，中国自此强盛近2000年。

在这种历史背景下，因为民智层次、权力斗争、阶级斗争、内外部压力等因素搅在一起发酵，新中国建立后演绎出一场疯狂的运动也不难理解。但它对中国的伤害程度，在最后几年体现得淋漓尽致，教训深刻。然而，有一点我们也必须反思，改革开放三十多年来，我国在经济建设上取得巨大成就，但发展的一些弊端在胡锦涛总书记在建党90周年的讲话上有特别阐述："精神懈怠的危险，能力不足的危险，脱离群众的危险，消极腐败的危险，更加尖锐地摆在全党面前，落实党要管党、从严治党的任务比以往任何时候都更为繁重、更为紧迫。这些问题提得非常及时，我们也应该加大努力进行修正和调整。"①

中国未来的发展，应该反思我们的历史教训，根据我国国情，用成本最低和代价最小的体制改革，建立适合我国的人民民主监督机制，以保证我国的可持续发展与长治久安。就像胡锦涛总书记在建党90周年讲话最后总结时说的那样："勇于变革、勇于创新，永不僵化、永不停滞，不动摇、不懈怠、不折腾，不为任何风险所惧，不被任何干扰所惑，坚定不移沿着中国特色社会主义道路奋勇前进，更加奋发有为地团结带领全国各族人民创造自己的幸福生活和中华民族的美好未来！"②

同时，我们也必须警惕所谓的"清算论"，那将只不过是另一场灾难，中国必须坚决避免这种"瞎折腾"。

第二阶段

中国为什么选择改革开放

中国改革开放，是历史发展到20世纪70年代末大趋势下的必然结果，不能确定的只是时间问题。但很多人仍然对中国为什么选择改革开放、究竟为什么要改革开放而迷惑不解。笔者认为，中国选择改革开放，原因基于如下三点：

1. 基于历史发展规律，对外开放交流是人类发展的大势所趋

人类历史，就是从一个个小部落不断互相交流同化的过程。如今，世界同化的规模已经升级到"全球化"，地球已变成"地球村"，互相交流是人类进步的重要阶梯。作为一个民族和国家，要保持进步，就必须开放。只有开放，才能保持新陈代谢和内外经济文化的对流。一个封闭的国家、地区，早晚都会被外力打开。这一点，无论是闭关锁国的清王朝，还是闭关锁国的日本德川幕府，

①② 摘自《胡锦涛同志在庆祝中国共产党成立90周年大会上的讲话》。

最终都被西方炮舰轰开，就已经说明问题。

所以我们说，开放是历史大势所趋。就解放战争后的新中国来说，并非中国不想开放，而是先被西方经济封锁，后来又因为中苏关系恶化被苏联封锁。当时的中国，属于被封锁下的不得已。即便如此，中国和诸如非洲的第三世界国家交往还是非常频繁。

2. 基于内部发展的瓶颈

20 世纪 70 年代，中国开始遭遇自身发展的危机。工业化社会发展模式下，整个国家必须充分挖掘生产力和寻找更大的消费市场，同时还必须要有足够的资本和资源作为工业流动的血液和营养。在经过新中国近 30 年的发展之后，中国人口数量增长到近 10 亿，劳动生产能力极其巨大，且人口仍处在爆发性增加的过程中。

与此同时，并没有足够大的工业市场来充分利用这些劳动力，整个国家的财富更没有能力让中国继续维持更快速的工业发展速度和消费这些生产力。中国农业在完成中国的初级工业化后，再无能力支持工业的进一步发展和升级。

在这种背景下，改革开放，通过引进资金和技术，继续将工业化升级并继续追加投资，将富余劳动力转化成财富，就成为非常必要的历史选择。就当时来看，这是中国摆脱自身发展危机的唯一途径。

3. 基于当时外部国际政治环境的巨大变化，中国已具备改革开放的历史契机

关于这一点，在前面章节中有较为详尽的论述。就当时的世界局势来说，当中华人民共和国 1971 年取代中华民国成为联合国合法代表、中美关系在 1972 年彻底解冻后，这一历史条件就已经成熟。

中国经济发展能有今天的成就，除了新中国成立后头三十年打下国防、工业、农业、科技、教育、基础设施建设等全面有利于中国长远发展的基础，以及改革开放后各项政策有利于经济高速发展外，还有一个重要的原因是，中国人口数量 30 年间从新中国成立时的 5 亿增长到 10 亿。

改革开放最初的一二十年，主流学术认为，中国巨大的人口基数是中国的负担，致使人均财富极低。但事实上，人类社会经济的发展，最终必然要靠人来实现。没有足够大的人口基数规模，就不可能实现更大的跨越。

综观人类历史，若非在人类科学革命上有绝对的先发优势，就必须依靠足够大的人口基数实现更强大的生产力超越，在进入工业化社会后更是如此。

虽说人口基数大的国家不一定强大，但作为一个后发国家，人口基数不够，实现超越就很困难。

如今，中国已是世界第一制造业大国、世界第一大贸易国、世界第二大经济体……综合国力获得巨大提升，这都是拜巨大的人口规模创造的巨大生产力所赐。而对未来的中国来说，由于中国消费化仍然很低，中国经济发展还存在区域、结构的巨大不平衡，这使得中国在未来三十年仍有巨大的发展空间。而这一切，也是拜巨大的人口基数所赐。

中国改革开放已经进行了三十多年，中国经济仍然吃着巨大的人口红利，相比世界上任何其他国家的工业化发展历史，这使中国经济的发展周期总体都要更长。为什么世界上大多数经济学家都会对中国发展空间预测错误，包括我们自己都拿不准到底有多大潜力，这是因为，人类历史上还从未有超过10亿人口规模的国家进行过工业化、城市化。

基于上述，在笔者看来，如果中国经济不被特殊事件打断，未来仍然能够高速发展20年到30年。到2035年至2040年左右，中国将遇到如欧美国家那样极难突破的历史发展瓶颈。中国之所以有这样的发展持续力，最根本的原因之一，就是中国拥有巨大的人口基数，人口基数使得中国这个巨大工业化机器能够保持90年的高速发展，这也是笔者将新中国的发展分为3个30年的依据之一。经过如此高速发展的90年后，未来，中美经济规模之比较将犹如现今美、英经济规模之比较。

看到上述关于人口的内容之后，读者接着往往会产生另一个疑惑：为什么中国还要实行“计划生育”？

中国实行计划生育，是特殊历史时期的一种特殊国策。原因有两个：

一是新中国成立后，国家鼓励生育。20世纪五六十年代出生的大量人口，20世纪80年代开始进入婚育年龄，若继续按这样的速度增长，中国人口数量呈快速爆炸式增加，这无疑会加大整个国家在转型中的成本。

二是改革开放后，中国将进入一个高速工业化发展时期，在这种情况下，劳动力应该更多地投入到生产中，孩子多了，当然会影响整个社会的生产效率。计划生育，有利于调整这一未来的趋势。

这两大原因，促使中央下决心计划生育30年不动摇。从1980年开始，这一30年时间的决策应在2010年左右结束。如今，关于中国人口政策的讨论越来越多，主要在于，如果中国继续执行原来的计划生育政策，很可能面临未富先老的局面。其实，包括美国、日本等发达国家，之所以发生经济衰退，根本原因之一就是人口老龄化导致生产和消费能力下降，造成经济持续低迷、衰退。在工业化社会，由于工作和生活压力增大，生育率必然下降。

笔者建议，国家应调整计划生育的国策，将计划生育改为国家人口发展结构战略管理，尽量通过调整政策，熨平人口增长的大起大落，从而尽量减轻人口年龄结构给经济带来的波动压力。如今，从政策层面看，人口年龄结构预先的调整已经迫在眉睫。

中国改革开放之路与伟大崛起

对中国来说，对外开放是主动作出的历史选择；但站在世界的角度，中国的改革开放更是世界局势演绎到20世纪70年代，西方选择中国作为东西对抗突破口的历史契机。关于这部分内容，前面章节中也有详述。基于此，在中国确定改革开放的政策后，中美1979年1月1日建交，中国在1979年进入改革开放。之后，中美两国（当时的中美关系基本等同于中国和整个西方的关系）进入为期10年的关系“蜜月期”。

在20世纪70年代末至80年代末的10年当中，一方面，由于苏联的逐渐衰落，另一方面是中美关系的改善，使中国外部压力较小，主要压力来自于内部的发展问题。整个80年代，中国都是在摸索中前进，正如邓小平同志所说“摸着石头过河”。谁都没有这样的改革经验，也谈不上战略发展方向和布局，只能摸着石头过河，走一步、摸一步，一步步来。

20世纪80年代的中国，主要面临两个巨大难题：财政压力和就业压力。改革开放前，中央政府应对就业问题，采取的办法是“上山下乡”。自20世纪50年代末开始，大量城市中的青年人，被政策性下放到农村参加劳动锻炼。这样的政策主要基于三点：

1. 缓解就业压力。因为，当时中国的工业化程度和服务市场需求，根本无法满足巨大的城市人口就业压力。

2. 提高社会稳定性。若社会上出现大量赋闲人员，很容易出现动荡。

3. 支持农村建设。从城市分流出来的大量青年人，都具有极强的组织性。他们的到来，给闭塞的农村带去了文化知识，农民的文化素质得到很大提高。当时，中国农村遍布农田小水利、农机站、小广播、乡村教员、赤脚医生等，给农村面貌带来很大变化。

当然，这里面同样滋生出腐败现象。由于返城名额受当时城市就业岗位扩容速度限制，在工业规模和服务市场不能提供更多岗位的情况下，自然就滋生了基层官僚体系的腐败。很多下乡知青对这段历史不堪回首，很大程度基于这方面因素。

十一届三中全会后，为了提高人民群众的生活水平和就业，政府开始加大在消费品生产领域的投资，同时加大引进国外先进技术和设备的力度。由于政策从计划经济突然向市场经济转型，投资主要还是由政府主导，基于中国巨大的投资空间、潜力以及尚未开发显得过于狭小的市场空间，经济很快出现投资过热现象，政府财政严重赤字，市场物价飞涨，通货膨胀严重，贸易逆差扩大。在通胀压力下，1980 年，国家政策从“积极”开始走向“收紧”，一方面压缩基础建设规模，压缩国防、科研、教育、文化、卫生、体育等方面的开支(包括运 10、核潜艇等研发都是在那时开始陷入停顿的)，另一方面减少对于出口和对外贸易的财政补贴，调整进出口商品结构。同时，在消费领域增加农产品和日用品供给，增加农业、轻工业投资并提高农副产品收购价格。结果，中国经济增长率从 1980 年的 7.8%下降到 1981 年的 5.3%。

1980 年后，政府逐步放开知青返城限制，出现 20 世纪 80 年代初的知青返城高峰。于是，人们的生活里出现了一个新的词汇——“待业青年”。当时，中国政府面临着巨大的就业问题。在知青大规模返城的情况下，城市社会治安也面临严峻问题，于是就有 1983 年 8 月开始实行的全国性“严打”。

迫于经济增长的压力，1982 年，当局再次开始“刺激”政策，于是，1982 年 GDP 增长 9.1%，1983 年高达 10.9%。很快，中国再次暴露出市场规模小的弱点。1984 年，GDP 增长高达 15.2%，社会总供需再次失衡，经济再度出现过热现象。在投资消费高速增长的情况下，自 1985 年开始，物价大幅攀升，当年 CPI 高达 9.3%。与此同时，还有三方面因素加剧物价上涨：

1. 为了满足社会固定资产投资的增长要求，解决企业流动资金短缺问题，财政赤字不断扩大。为弥补财政赤字，央行不得不进行货币超发，具体政策如扩大银行的贷款自主权等。

2. 国家提高了企业发工资、发奖金的自主权，于是，很快出现企业突击涨工资的局面。

3. 自 1985 年开始，进行物价改革，中央调整、放开了农副产品的价格。

由于工资的增加，CPI 的上涨并未给居民带来太大压力。1985 年的高通胀，使当年经济增速开始放缓。1985 年和 1986 年，GDP 增速连续两年放缓，分别为 13.5%和 8.8%。1986 年，全民所有制企业改革启动。在经济增速放缓的情况下，1986 年的 CPI 下降到 6.5%。但是，接着的两年，GDP 增长再次加速到 11%以上。为加速市场化改革，1987 年，国务院在北戴河召开相关会议,决定实行"价格闯关",全面取消价格管制。1988 年 3 月,"价格闯关"首先在上海启动。很快,在全国范围内推广实施。结果,这一改革措施迅速演变成疯狂的抢购潮。

与此同时,当局对市场经济缺少把握能力,1988 年 9 月开始,再次"收紧"投资——直接停止 1 800 多项正在进行的建设项目,压缩消费,把专项控制的商品由原来的 19 种扩大到 32 种,全国性停发国有企业奖金,大幅提高存贷款利率,高档耐用消费品如彩电、冰箱、音响等,采用专卖和工业券等形式,经营不善的国有企业停止财政补贴,对落后小企业进行整顿或关停并转。

这一套组合拳下来,通货膨胀恐慌更加蔓延,物价不但没有被控制住,反而直接导致经济硬着陆。据当时的新闻资料刊载:人们像昏了头一样,见东西就买,既抢购保值商品,也抢购基本消费品,连滞销的商品也不放过。1988 年和 1989 年,中国通胀率分别达到 18.8%和 18%。而 1989 年当年 GDP 的增速,从上一年的 11.3%一下子降到 4.1%,1990 年更低至 3.8%。经济硬着陆的后果,就是可能导致内部矛盾激化。

1988 年的抢购风潮

与此同时,1989 年,国际局势出现剧烈动荡。1989 年,在苏联衰落、东欧经济趋于崩溃的大背景下,发生"东欧剧变"。西方乘机开始干涉包括东欧、中国的内政。那一年，中国同样因为外部大环境、加上内部经济硬着陆致使内部矛盾激化，出现重大政治事件。在这次事件后，中美关系大幅倒退。自此，中国和西方进入既互不信任、又互相借力发展的局面。

1991 年，在政治趋于稳定后，中国经济重新进入增长周期。当年，GDP 从上一年的 3.8%恢复到 9.2%。但是，对于改革的速度和步伐，邓小平同志不太满意。1992 年 1 月 18 日至 2 月 21 日，邓小平同志去南方视察武昌、深圳、珠海、上海等地，并发表重要讲话。

邓小平强调："改革开放胆子要大一些，敢于试验，不能像小脚女人一样。看准了的，就要大胆地试，大胆地闯。……没有一点闯的精神，没有一点'冒'的精神，没有一股气呀、劲呀，就走不出一条好路，走不出一条新路，就干不出新的事业。……恐怕再有三十年的时间，我们才会在各方面形成一整套更加成熟、更加定型的制度。在这个制度下的方针、政策，也将更加定型化。"①他还说："改革开放迈不开步子，不敢闯，说来说去就是怕资本主义的东西多了，走了资本主义道路。要害是姓'资'还是姓'社'的问题。判断的标准，应该主要看是否有利于发展社会主义社会的生产力，是否有利于增强社会主义国家的综合国力，是否有利于提高人民的生活水平。"②

邓小平同志的南方谈话，平息了当时社会上姓"资"还是姓"社"的争论，对中国 20 世纪 90 年代的经济改革和社会进步起到了关键的推动作用。1992 年，邓小平完成南方视察后，中国的社会主义市场经济体制改革目标确立。当年，GDP 增长速度高达惊人的 14.2%。

与此同时，通货膨胀也开始增长，从 1991 年的 3.4%跃升至 6.4%。1993 年，经济继续保持高速增长势头，GDP 增速高达 14%。通货膨胀再次因为投资过快增长而出现恶性通胀，当年，通胀率高达 14.7%。1994 年，GDP 增速小幅回落至 13.1%，而当年的通货膨胀率已达到更为惊人的 24.1%，其中粮食价格上涨高达 50%。在生活用品价格飞涨之前，全国早就刮起了如开发区热、房地产热的飓风，信贷扩张速度也极其惊人。

在这种情况下，1993 年 6 月，中央发布"十六条"。通过提高存贷利率和国债利率、限期收回违章拆借资金、削减基建投资、清理所有在建项目、重新审查开发区、停止地方部门向企业和农民集资等措施，调控经济增长速度和高涨

①②《邓小平文选》(第三卷)，"在武昌、深圳、珠海、上海等地的谈话要点"，第 372 页，人民出版社 1993 年版。

的物价。同时，国家还出台了“保值储蓄”的措施（所谓“保值”的意思是，3 年、5 年、8 年的定期储蓄到期时，银行除支付利息外，还要把存款到期日的物价上涨幅度与存入日的物价上涨幅度之比与利率的差额补给储户，保证存款不贬值）。在这一系列的措施下，1995 年，中国经济增速和 CPI 双双缓慢回落，GDP 增长率当年回落到 10.9%，CPI 回落到 17.1%。1996 年，继续缓慢回落，GDP 增速 10%，CPI 增速 8.3%。至此，中国基本上实现了一轮经济过热后的“软着陆”。

这次经济的“软着陆”，是在时任国务院副总理兼人民银行行长朱镕基直接领导下进行的。前世界银行副行长兼首席经济学家约瑟夫·斯蒂格利茨，在 2001 年获得诺贝尔经济学奖时评价朱镕基称：凭借 90 年代让中国经济从一个极过热状态，调整到“软着陆”的漂亮表现，朱镕基就有资格获得诺贝尔经济学奖。

1993 年 6 月，朱镕基全面接任中国经济管理工作。在实现中国经济软着陆的过程中，他还作出几件奠定中国未来十多年高增长、低通胀、平稳发展的政策和制度基础的改革。主要包括金融改革、财税改革、外汇体制改革、国有企业体制改革、建立现代企业制度、外贸体制配套改革，等等。这一系列改革措施，奠定了未来一二十年中国高速发展的坚实的制度基础。

金融改革，一方面有效抵抗了 1997 年爆发的亚洲金融风暴，同时也奠定了我国现代金融体制的基础。可以这样说，中国有今天的金融市场，是朱镕基当政时奠定的基础；财税改革，使得中央财政如今极其充裕，与 1994 年中央财政捉襟见肘、近乎失控不可同日而语，这也是朱镕基在任时实施财税改革奠定的基础；如今，中国国有企业有实力与世界巨头争锋，也正是那时候进行国有企业体制改革带来的成果。

对于人民币汇率改革，我们有必要详细论述。因为，这一举措直接使中国在不到二十年的时间内，一跃成为世界第一大制造国、世界第一大贸易国和世界第二大经济体。

朱镕基全面接任经济工作后，1993 年 12 月，国务院正式颁布《关于进一步改革外汇管理体制的通知》，具体采取如下措施：实现人民币官方汇率和外汇调剂价格并轨；建立以市场供求为基础的、单一的、有管理的浮动汇率制；取消外汇留成，实行结售汇制度；建立全国统一的外汇交易市场；等等。

1994 年 1 月 1 日，人民币官方汇率与外汇调剂价格正式并轨，我国开始实行以市场供求为基础的、单一的、有管理的浮动汇率制。企业和个人按规定向银行买卖外汇，银行进入银行间的外汇市场进行交易，形成市场汇率。人民币兑美元的官方汇率在1993～1994年一路贬值，从最初的2∶1跌至8.7∶1并稳定下来。

由于当时中国经济总体影响力仍然很弱，且存在诸多问题，而苏联的崩溃使西方正沉湎在胜利的狂欢中。因此，西方媒体对中国的兴趣仍然停留在“民主”、“人权”之类的话题上，都在预言中国什么时候会崩溃，而对中国这一汇率变化并没有太大关注。

此时，对于美国来说，正在开始将原来非美势力范围纳入美国统治的全球经济体系中，全球化浪潮滚滚而来。在这种大背景下，劳动力价格极低、资源丰富的欠发达地区，就成为发达国家资本抢夺的新市场。于是，大量发达国家的技术、资本开始向中国涌来。

发达国家的资本涌入，实际上给中国经济软着陆提供了部分支撑。虽然有人对此颇有微词，认为中国这是在出卖自己的廉价劳动力，但事实就是如此。发达国家既能生产如飞机、各种机器设备等高端产品，也能生产低端的消费品。但是，如中国这样的发展中国家，在有巨大劳动力冗余的情况下，大量商品没有能力生产或生产能力不足。这种落差，必然导致低端生产从发达国家转移到发展中国家。而发展中国家要想进入发达国家，也必然要经历这样的一个发展过程。什么时候、什么事情，都不可能“一口气吃个胖子”，人如此，国家亦如此。

1997年7月2日，亚洲金融风暴开始席卷东南亚。这场风暴虽然只局限于亚洲，但却可以称得上是20世纪30年代以来的最严重的经济危机。包括日本、韩国以及东南亚等诸国，都受到巨大影响。

1997年10月下旬和1998年8月，以索罗斯为首的国际炒家两次对香港进行攻击。由于香港1997年7月1日已回归祖国，在中国当局的大力支持下，香港最终击败索罗斯为首的国际炒家，索罗斯亏损20亿美元败退。但亚洲金融风暴并未就此结束，而是在1998年初登陆印度尼西亚，金融风暴彻底演化为经济危机。

在这次亚洲金融风暴中，中国承受着巨大的压力，坚持人民币不贬值。由于中国实行比较谨慎的金融政策，以及前几年采取的一系列防范金融风险的措施，在这场危机中未受到直接冲击，金融和经济继续保持稳定。当然，1998年中国的经济增速也放缓到只有7.8%。中国扛住了这次经济危机带来的市场压力，直接带来三个战略上的好处：

1. 在亚洲彻底取代日本的地位,中国成为亚洲经济的中心。首次东盟—中国领导人会议正是在1997年12月召开的,中国—东盟自贸区在金融风暴后的1999年开始由中国提出,2010年,中国—东盟自贸区建成。

2. 战略上给予中国以中国为中心,建立大中华经济圈的历史契机。如今,中国仍在为这一目标进行努力。

3. 中国制造业迎来战略机遇。在亚洲金融风暴发生后,亚洲四小龙、四小虎以及日本、韩国的大量制造业转移到中国。在此之前,中国虽然引进外资规模和进出口贸易额等都在高速增长,但在世界的占比仍然很小。而自1999年开始,全球中低端制造产业迅速奔向中国。新中国建立后一直困扰中国的流动性不足问题因为大量外资的涌入而彻底解决。

之后的经济发展不必赘言,自2000年开始,中国经济一路在低通胀、高增长的环境下平稳高速增长8年。2000～2010年这11年间,中国GDP增速年均达10.3%。

当然,这里也有必要指出,在一系列成功改革的同时,还有三项改革任务甚为艰巨:住房改革、教育改革和医疗改革。这三项市场化改革,在新一届政府当中并未得到有效纠正。就当时来说,由于中央财政匮乏,急欲摆脱包袱,病急乱投医,一股脑把这些负担全部扔给市场,但由于最初矛盾并不突出,所以在新一届政府手里并未得到有效纠正。待问题严重,迫切需要纠正之时,又恰遇世界性经济危机。

在这三个问题当中,住房方面:2010年开始,在政府加大力度进行保障房建设,并实施严厉调控的情况下,有望在未来5～10年有效缓解;医疗方面:在新的一轮医疗改革当中,基础医疗保险获得巨大发展,特别是覆盖到广大农村,但看病难和看病贵的问题仍待解决;教育方面:政府投入年年欠债,改革基本上处于裹足不前的地步,中国的教育成本很大程度上由家庭进行了承担。

2007年,"次贷危机"爆发,并在2008年演变成为金融风暴席卷全球,中国同样受到巨大影响,最终通过积极救市稳住了市场并率先复苏。如今,世界经济面临巨大问题。而对中国经济来说,则面临转型的战略机遇。同时,由于世界经济、局势动荡,中国也面临巨大挑战。

在这种背景下,中国进入伟大复兴的第三个阶段。这关键的三十年,将决定中华民族能否再次崛起。逆水行舟,不进则退。中国,正处在这样一个历史阶段。

针对这一点,接下来的一章要讨论的内容,也就是本书的核心——处在转型期的中国经济应对方略。

第十三章

货币战争背景下，中国经济与应对方略（四）

当前国际局势下中国经济应对之略

China and Currency Wars

本章视点

- ⊙ 世界地缘与币缘政治博弈的形态演化及未来趋势。
- ⊙ 为什么中国经济应内外双修?
- ⊙ 中国经济该如何内修?
- ⊙ 中国经济该如何外修?
- ⊙ 人民币为什么对外“升值”对内“贬值”?
- ⊙ 应如何破“外升内贬”的政策困局?
- ⊙ 货币战争中的战略关键。
- ⊙ 中国经济未来可能面对的困境及应对之策。

当前，世界局势基本受制于经济的发展。原因很简单，在人类高度资本化运行的今天，利益最终必然会统一到经济上来。正如马克思所说，经济基础决定上层建筑。经济状态，决定着生存基础和未来可持续发展的空间，这就是人类发展到今天的结果。

当今世界形势，与这次由美国“次贷危机”引发的世界性经济危机有着密切关系。这次危机，是自 1929 年以来最大的经济危机，从过去 4 年的演化来看，不排除其危害程度超过 1929 年经济危机的可能性。1929 年的经济危机，在巨大矛盾、贸易保护、局部战争中纠缠了 10 年之后，爆发了人类有史以来最大的一场战争——第二次世界大战。

这场危机，将演化到何种程度，现在还不能定论。但可以肯定的是，这场危机至少将持续 10 年甚至更久。2007 年危机爆发，很可能到 2020 年甚至以后若干年，世界演化出了新的游戏规则，或者有大国最终崩溃，才能真正结束。

1929 年开始的经济危机，最终，欧洲列强的世界霸权宣告结束，成就了之后美、苏的霸权。而如今的这场危机，必然也将以一个重大事件引发剧烈动荡，而后彻底结束。这一未来可能发生的重大事件，将会数十年甚至上百年影响整个人类社会的运行方向。

新中国建立后，经过 60 余年的高速发展，已经具备崛起的实力和基础。因此，对中华民族来说，这一轮动荡和博弈，是一次历史的契机，也是一次巨大的挑战。

契机在于，没有动荡就没有真正的崛起；挑战在于，若中国在这一轮博弈中成为输家，发展势头和未来的发展空间将受到重创，我国 60 余年的发展成果很可能付诸东流。若真是那样的话，中国最理想的结果充其量就是一个区域性大国而已，且是一个受制于他人的区域性大国。这种结局，是每一个怀有赤子之心的炎黄子孙都不愿意看到的。

笔者写这本书的初衷，正是基于自己是中华民族的一分子，希望更多的中国人能够了解当前的形势以及应对方略。对未来的发展少一些迷茫、多一些清晰的思路。中国之力，是 14 亿中国人合力的结果。虽然，每一个分力的大小无关大局，但如若每个分力都能向好的方向发展，将会迸发出巨大的能量。

未来三十年，是中华重新崛起最关键的三十年。处在中华崛起最关键的三十年当中，每个人都应该为不至于面对自己的子孙脸红而努力，都有责任和义务为中国崛起做点什么，不枉此生。

世界地缘与币缘政治博弈的形态演化及未来趋势

当前世界，合作中有竞争，竞争中有合作，大家都在为自己的利益最大化博弈。所有国家的争端，都不外乎生物最基本的生存取向。在如今的世界，这个生存取向主要体现在两个方面：地缘政治和币缘政治。

传统的地缘政治，主要以地理因素为基础，各国在经济、社会、军事、外交、历史、政治等方面进行博弈。而如今的地缘政治，不再局限于原有地缘范畴本身，还包括了生存空间各个范畴的政治博弈。譬如，现在的地缘博弈已扩展到太空，甚至包括一些虚拟空间。

币缘，则属于经济利益范畴。当产业资本、商业资本发展到金融资本后，从原来的地缘利益空间逐渐扩展到金融利益空间，最终将绝大部分利益体现在经济利益中。而这一切的权力，最终又都凝结在金融资本最基本的元素——货币上面。国家之间为争取这种利益，必然形成针对货币发行权的博弈和斗争。于是，相对于地缘演化出了一种币缘政治关系。

币缘政治，是经济发展到高度资本化的今天，必然形成的一种博弈层面。某种意义上说，如今，地缘政治上的利益之争，也会体现在币缘的经济领域。历史上的土地之争，如今更多地演变成全方位的利益之争。而全方位的利益之争，在高度资本化的今天，已经彻底体现在货币层面。这也是为什么很多战争元素，最终会深入到货币之间汇率博弈的根本原因。

历史上，币缘受制于地缘，即一国货币基本上完全属于区域货币，即使出现外贸交易，也都是采用真金白银的世界通用货币。譬如，我国清朝和清朝以前的对外贸易，主要使用白银和黄金。银票在没有建立金融信用联系的情况下，对贸易来说没有任何意义。纸币也好、银票也罢，都是在具备相应的金融系统后，才陆续替代真金白银。

后来，当如荷兰、英国这样的殖民者，在世界上开辟大量殖民地时，在殖民地之间陆续建立了金融体系，纸币在母国与殖民地、殖民地与殖民地之间逐渐可以流通。当时，各国基本上都是独立的金融体系，那时候所谓的“货币战争”，就是赤裸裸的贸易战争或直接军事战争，即通过扩大地缘空间来扩大货币的流通范围。

但是，这一格局在第二次世界大战前崩溃。崩溃的原因也非常简单。

1929 年世界经济危机爆发后，各国都采取以邻为壑的自保政策。货币竞相贬值、互相大打贸易战。这一历史演绎的结果，是世界经济的大萧条。而各国应对大萧条的对策，就是寻找更广阔的地缘空间。那时，地球上的陆地都已经被“发现”殆尽，根本没有什么新大陆可以开辟。在这种情况下，针对殖民地的争夺就成为各国的选择。最终，矛盾不可调和，第二次世界大战爆发。

在第二次世界大战濒临结束的 1944 年，美国作为盟国的首领，提出了以美元为核心的布雷顿森林体系，实行美元与黄金挂钩、各国货币与美元挂钩的“金汇兑本位制”(又称“虚金本位制”)。就是在以往货币各自为政的基础上，世界各国以一个货币当老大，大家都看着老大干什么，自己就跟着干什么。这是一个什么样的体系呢？信用体系。即大家的信用都是跟随美元。世界其他货币的信用基础一半是基于美元信用，美元信用是基于美国政府的信用，而美国政府的信用是基于美国创造财富的能力。

这一信用体系的弊端和问题，我们在前面章节有详尽讨论，这里不再赘述。但是，基于前面章节所述的原因，美国在 1971 年放弃金本位制。在这种背景下，世界货币之间就形成了一个浮动汇率机制。就像《西游记》中东海的那根定海神针，定海神针在，东海就不动荡。然而自从孙悟空拿走定海神针，东海三天两头发生海震，极不安稳。而汇率之间出现价格波动，其性质就有些像股票，有价格上的浮动，就有短期波动带来的差价。由于此差价中储藏着相应的财富，因此就可以通过货币的基本功能，从一方转移到另一方(货币的基本功能包括价值储藏、计量和财富转移等)。

在这种美国创造的条件下，出现了汇率投机。汇率投机的巨大利益，致使以国家为单位的、采取汇率手段掠夺他国的“货币战争”行为出现。以往通过地缘博弈才能实现的利益，在产业资本、商业资本发展到金融资本后，已经不必再通过传统的战争手段实现。此时，传统战争已退居为最后的解决手段选项之一，或作为保证币缘利益实现的工具。

实际上，这一自 1929 年开始逐步具备条件、到第二次世界大战结束时形成的信用体系，从 1971 年美元脱离金本位开始，就进入动荡时代。由于没有黄金本位的限制，美国开始大量发行美元。1969～2000 年，国际美元储备资产增长 20 倍，如今，这一数字更是惊人。自 1991 年苏联解体后，美国推行全球化战略再无障碍。在这种情况下，信用扩张的速度更是今非昔比。

从经济上来说，信用扩张并非只有坏处，它有利于资本进行扩张和投资，有利于经济发展。无论亚洲的日本、“四小龙”还是“四小虎”，再或者是中国，都是在这种全球化扩张中发展起来的。

作为最大的受益者，在这种扩张的过程中，美国是最大的资本释放者，也是最大的产品消费者，同时还创造了最大的资本市场。但是，号称“华尔街永动机”的资本市场，需要不断地加入新的能量才能运转。于是，我们可以看到，虽然美国总是打着民主、自由、人权的幌子，实际上他们只相信武力、强权、文化侵略和软硬兼施，而这一切，事实上都逃脱不了其内在扩张者的本质。第二次世界大战后，美国本身就是一个带有极强掠夺性的国家机器，在全世界不断发动货币战争、颜色革命或直接的侵略战争。

这种金融掠夺的规则，无非就是新兴经济体通过出口拉动经济增长，迫于汇率的升值压力，不得不将这些贸易的盈余一方面被动而另一方面主动地放到美国市场。主动，是为避免本国货币被美元替换；被动，是为避免本币升值，不得不在卖出更多本币的同时买入美元，以维持汇率平衡。

当然，买入的美元大部分也只能放在美国的资本市场。对美国来说，一方面，它需要发展中国家的廉价商品；另一方面，需要这些国家的贸易盈余作为新鲜血液输入美国，维持美国的经济运转。但是，长期持续这种结构，必然导致发展不平衡。美国为了让自己的经济体平衡，就要进行调整。最常用的方法，就是把手伸向新兴经济体进行“剪羊毛”。

我们看到，无论是日本、亚洲“四小龙”还是“四小虎”，都曾被“剪羊毛”，欧洲的德国同样被剪过羊毛。中国以前是将人口红利分给美国等发达国家，自2005年汇改以来，也一直在被“剪羊毛”。只是，相比美国的那把剪刀，中国国运昌盛，羊毛生长速度更快，且羊头上有角，不让美国肆意妄为，让自己能够维持继续的发展和经济膨胀而已。

美国不断地“剪羊毛”，还有另外一个重要因素，就是任何产业资本、商业资本，发展到一定程度，必然向金融资本转化。而这些金融资本一旦形成规模，就会挑战美国的金融资本。从长远战略利益考虑，美国必须不断地对可能形成挑战的力量“剪羊毛”或以其他方式进行打击，以削弱潜在对手的力量，实现自己地位的稳固。

20世纪末期，作为老牌西方资本的代表，欧洲加快了欧盟的整合速度，并于20世纪最后一年的1月1日推出了欧元。欧元与美元是主权货币不同的两种货币。欧元是区域性超主权货币，美元是准世界货币。欧元区国家的目标，是形成一个在经济、金融、政治和军事上整合的欧洲。这样，有利于欧洲在世界竞争中保持领先优势。这种整合，由于内部国家之间的利益矛盾，需要的时间较长。但是，一旦欧洲形成整体，欧元实力足以和美元抗衡。

美国和欧洲，虽说价值观有较大程度的相似，但从开始就不是一体。这一点从两次世界大战中就可以看出，特别是美国和法、德两国的关系，更是如此。历史上，英法、普法、英德都发生过多次战争，虽然，第二次世界大战后，美国和欧洲的关系因为共同的敌人——苏联——的压力，弥合在一起。但美国和西欧国家的紧密关系，在 1991 年苏联解体后，就开始瓦解。

自苏联解体后，欧盟开始加速内部整合的进程。美国为继续笼络欧洲，极力促使欧盟整合在北约框架下进行。因此，在过去的 20 年，欧盟东扩和北约东扩几乎同步。就欧、美双方来说，这实际上是互相借力。欧盟借美国之力加速欧盟的整合速度，美国试图继续通过增强北约实力，不但控制欧洲，更能继续控制整个欧亚大陆。

然而，图穷匕见，欧盟在 20 世纪末开始准备欧元之时，就已经挑明其野心；而美国针对欧元的货币战争，从欧元诞生之前，实际上就已开始。

在斗“法”的过程中，欧盟本来想借美国之力，完成对南斯拉夫的整合。但是，美国却主导了对南斯拉夫的战争，并最终将南斯拉夫彻底肢解。这严重损害了欧洲的战略利益，致使欧元的诞生被推迟两年。而且，由于欧洲安全环境因南联盟的解体趋于恶化，欧元诞生后就出现大幅价格折让，甚至一度跌至 1 欧元仅能兑换 0.8 美元。美国本来试图将欧元杀死在摇篮中，但最终欧元总算跌跌撞撞挺了过来。

如今，欧元诞生已经接近 13 年，两者的斗争仍在持续。对美国来说，消灭欧元仍是第一要务。因为，一旦欧元成功，亚元(人民币主导)、卢布(俄罗斯主导以前苏联的部分实力范围)、海元(海湾国家)、非元(非洲国家)、南美元(南美和拉美)等类似欧元的区域性货币，会如雨后春笋般出现。这种区域化货币一旦形成，哪里还有美元的生存空间？真到那时候，如果大量美元被逼回到美国经济体内，美国经济必然崩溃。好一点的结果，无非是大家慢慢消化美元。即便如此，美国也会逐渐被送回北美地区，成为一个区域性国家，而非全球性的大国。因此，美国无论如何都要逼迫欧盟回到美国主导的北约框架，决不能让欧元成为美元在世界货币市场的替代者。

美国一直试图将中国完全纳入美国的经济体系内，即在美国经济框架下彻底消化中国，建立与以往同构但方式上存在一定差异的关系，我们可称其为“金融殖民”。美国给中国开出的条件是“美国版的 G2 集团”，奥巴马一上台就来中国向中国兜售 G2，最终被中国明确回绝。

于是,奥巴马回国后,美国对中国的围堵一轮接着一轮。美国同时也不断威逼利诱欧盟,同美国一起发动针对发展中国家的全面货币战争,试图通过全面的货币战争实现经济危机的转嫁。

当然,作为博弈一方的欧盟也很明白,美国最大的目标仍然是欧元,一旦欧盟对以中国为首的发展中国家发起攻击,中国率先反击的对象很可能就是欧盟,美国作为领导国,很可能反手一击,借发展中国家之力,解决掉欧元。

至于俄罗斯,其国家经济的核心是能源。一个以能源为核心的经济体,却用美元计价,结果必然是受制于人。从俄罗斯的角度考量,早一些结束美元独霸天下的时代,关乎俄罗斯的国家战略利益。2008 年,俄罗斯打击格鲁吉亚时,俄罗斯官员曾建议中俄一起抛售"两房债券",推倒美元本位制。[①] 鉴于中国在美元上的巨大利益,以及人民币并未做好国际化的准备,北京对俄罗斯的建议予以拒绝。而美国人对俄罗斯的报复是,将原油价格一口气打压到 30 多美元一桶。

美国的这一招,直接导致俄罗斯 2009 年一度资金极其短缺,这直接迫使高傲的俄罗斯不得不拿原油向中国换贷款。憋闷气的俄罗斯为出这口恶气,在 2009 年 2 月,击沉一艘在塞拉利昂注册、挂塞拉利昂国旗的中国货轮"新星"号(俄罗斯人打的是擦边球,因为货轮并非挂的中国国旗,此事迅速招致中国抗议)。[②]

有不少专家认为:中国拒绝和俄罗斯一起出售美债的举动,是错失和俄罗斯一起卖出美债的机会。这种想法,一方面缺少对金融和资本市场更深层的理解,另一方面也欠缺对整个全局的考虑。试想,在人民币没有国际化的情况下,卖出美元国债,如此巨大规模的外汇怎么处理?保留美元现金?那只会亏损更甚;换成什么资产,什么资产就涨翻天。更何况,这个世界也没有立刻可供中国买到的如此大规模的资产。

更全面地考虑,如果中、欧、俄当时合力推倒美元,全面替代美元的就是欧元。由于中国还没有人民币国际化的足够准备,根本拿不到多少世界货币市场的市场份额。在人民币不能拿到足够市场份额的情况下,美元储备的巨大损失当然就无法弥补。结果就是中国被俄罗斯和欧盟当枪使,没捞到任何好处。因此,从战略上说,美元本位制逐渐坍塌,比一下子崩塌更有利于人民币。

---

① 《东方早报》,2010 年 2 月 1 日。

② 《环球时报》,2009 年 2 月 20 日。

人民币的国际化，也正是在这种背景下得以加速。

鉴于美国自身的巨大危机，未来至少10年，美国经济不可能有太大起色，美元必然长期处于弱势。一个长期弱势的美元，意味着美元信用的逐渐丧失。我们知道，美元霸权最重要的支柱，就是美国的军事霸权。但是，随着美国经济能力走弱，军事霸权必然趋于衰弱。与此同时，中国和其他国家的军事能力则在持续增长。在这种情况下，美国军事神话一旦被打破，美元信用体系必将崩溃。

最近数年，中国战略导弹打卫星、中段反导试验、载人航天、北斗定位系统、J20四代机试飞[①]、探月工程、国际空间站工程以及航母试航等，都表明中国综合国力不断增强，也着实打破了美国的军事神话。而且，这种神话预计在未来几年还会继续被打破，美国有的中国也已经或马上就会有。从某种意义上说，正是在国防实力这一后盾的支撑下，人民币才真正有能力和有实力开始向外迈开步子。

因此，未来10年，中国的国防事业必然继续飞跃。美国如果要和中国进行一场拉开一个或两个代差的军备竞赛，一方面时间来不及，另一方面经济耗不起。非要走这条路，结果很可能变成美国重复苏联的老路。相反，如果不继续拉开代差，美国的军事强权泡沫必然就被刺破。一方面是欧元直接对美元霸权的挑战，另一方面是中国的崛起。美国的外部压力可想而知。

正是在这种背景下，美国用尽其能在全球穿梭，但结果总是不如意。美国看似处在主动进攻状态，实际上却是不得已而为之的防守；处在守势的欧盟、中国和俄罗斯，看似守势，实则是不断地进攻，只不过，攻击的程度仍然基于自身势力范围的拓展。而美国防守的边界，也在于维持原有的、美国版的世界秩序。

如今世界之格局，与中国战国末期的合纵连横非常相似。战国末期，一个蒸蒸日上的秦帝国连横破合纵，吞并六国。如今的美国，则是日薄西山，以连横破合纵，相比战国末期的秦国来说，难度可谓太大。

在笔者看来，只要世界上中、欧、俄、美四个大国“棋手”中，中、欧、俄三国不出现战略性误判，美国可能在未来20～30年内被迫退出欧亚大陆。如果美国在持续无法取得突破的情况下，依然大量消耗战略资源，这个时间点可能会来得更快。

---

① 《参考消息》，2011年1月16日

但是，我们也必须清醒地认识到，美国依然是一个超级大国，世界还没有真正进入多极化。从战略上说，虽然美国开始从优势转入劣势，但总体仍然处于优势。在这种博弈过程中，只要中、欧、俄，特别是中、欧中的任何一方出现战略性误判，则合纵将被连横击破。那时，将是一场世界性大"混战"，世界格局就很难预料。

自世界金融危机爆发以来，中、俄已经逐渐形成战略上的默契，无论在联合国、上合组织、金砖国家还是G20，两国在政策上大都选择共同进退。虽然在北冰洋、南海、中亚等问题上还存在着些许利益摩擦，但双方共同利益远远大于分歧。且，由于两国在经济上高度互补，至少在美国撤出亚洲之前，双方这种战略互信关系不会动摇。特别是2012年，普京几乎必然当选总统并很可能将再连任两届总统，未来12年，双方的关系总体有望保持稳定。

如今，最大的不确定性仍然在欧、美，而欧、美的最大战略不确定性在欧盟。美国的战略毫无疑问是维护其美元霸权，只不过战术选择可能不同。由于战略上变化空间有限，美国不可能自愿出让势力范围。由于欧盟内部本身分歧较大，如果中国出现破绽，不排除欧盟会和美国一道攻击中国的可能。但就欧盟现在的政策取向来说，欧盟试图在中美之间通吃，尤其在欧债危机愈演愈烈的情况下，更是如此。同时，至少表面上，欧债危机要比美国严重(欧债危机之所以严重，最根本的原因就在于没有统一的财政和金融权)，这都会带来更多的不确定性。

因此，站在中国的战略角度考虑，中国必须基于自身做好一切准备，而非寄望于欧盟是否战略误判。打铁还需自身硬，做好自身的准备，哪怕欧盟误判，中国至少能保证自身不蒙受太大的损失。而且，从战略角度来说，准备得越充分，越容易遏制对手的误判，特别是针对我方的误判行为。毕竟，任何时候，博弈拼的都是实力，特别是长期的博弈更是如此。

基于上述考量，笔者认为，中国经济应做好内外双修的战略准备。

中国经济需内外双修

何谓内外双修?

为搞清楚这个问题，我们先作个简单的比喻。内外双修，和中国传统武术相似，所谓"内练一口气，外练筋骨皮"。内练一口气，是为运行内部的气力，使其随时到达需要的位置，这一口气是功力深浅的关键标志；外练筋骨皮，目的是强健躯体。练武，除了一口气之外，要将功力释放于外，必然要通过“筋骨皮”。当然，就练武本身来说，置身的阶段和外在环境不同，侧重点也不同。

一国之经济，就像一个工厂。工厂需要各种生产资料，生产出来的产品要销售，通过销售产生利润，这个企业才能有效运转，继而发展壮大。这些，都属于外部修炼。由于企业个体内部市场空间太小，产品太单一，因此，从经济运行发展角度来说，企业的生产发展行为都属于外部修炼。一国之经济，与一个工厂的不同之处在于，工厂生产出来的产品只能外销，工厂的工人不可能消化掉自己生产的产品。国家则不同，由于社会分工细致，国家这个“大工厂”中，各“小工厂”生产出来的产品，完全可以部分、大部分甚至全部内部消化。因此我们说，单独一个企业不能进行经济内循环，但一个国家的经济却可以进行经济的内循环。因此，就国家层面来说，其经济内需部分大都属于经济的内循环，外需部分则主要属于外循环。经济主攻内需，这是内修；主攻外需，就是外修。就如同一个人，不可能不修炼“筋骨皮”而练成高深武功(外修)，但却可以内练一口气强身健体(内修)。如果一个人只是外练“筋骨皮”，而不内练一口气，结果必然是伤身、伤神、伤气，功夫可能有，但失去健康(最典型的例子就是功夫巨星李小龙。所以经济也不能只注重外修，必须内外兼修)。

与练武一样，一个国家的经济也要根据其所处的发展阶段与发展环境，综合考量发展策略，阶段性地侧重。

譬如，新中国成立后，中国除曾经接受过苏联的援助、借助苏联的外力之外，由于西方国家的封锁，以及后来苏联对中国的孤立，中国必须基于自身，进行内部自我修炼。但是，在人类社会处在资本主义游戏规则的前提下，内部修炼到一定程度，如果没有外力推动进行更大的发展，体系就可能崩溃。因此，一个国家在发展过程中，除了内部修炼外，还必须进行外部修炼。拿中国作为例子，改革开放前的三十年，主要是进行内部修炼；改革开放后的三十年，大部分时间都在进行外部修炼。最终，从一个半殖民地、半封建、半资本主义的社会，发展成为如今的中国。

当前的世界，是博弈的世界，各国之间除了合作就是竞争，世界各国仍然延续为生存而战的丛林法则。基于此，如果一国之经济只考虑内修，以图安稳，肯定不行。就像清朝的闭关自守一样，最终以国家崩溃结束。在这种情况下，正确的战略是：根据自身情况以及所处的发展环境和发展阶段，综合考量。

如今，中国是世界第二大经济体、世界第一大贸易国、世界第一大制造业大国。而当下世界形势，欧美发达国家正在遭受债务危机，需求减弱，且这一周期未来至少将持续十年。过去三十年，在外需强劲的情况下，中国经济高速发展，从经济弱国变成一个经济强国，从初级工业化发展成为具有较为完整的、局部领先但整体技术仍然落后、自身创新能力仍显不足的工业体，同时还是一个老百姓收入远远赶不上经济发展速度、内需相对于经济发展速度来说长期处于较为疲软状态的经济体。

根据中国当前的现状、外部市场的变化以及内部市场的空间，中国经济已处于必须进行经济结构转型的节点。也就是说，中国经济必须由原来的外向型经济向内外平衡型经济转变，从只注重外修到内外兼修。

或许有人会问，为什么中国必须兼修而不是全部转向内修？道理也很简单，就像开车一样，需要转弯或掉头的时候，总是要先减速，然后才能平缓转弯或掉头。经济这辆车也一样，不能随便玩“漂移”。中国必须在保证外向型经济平稳的情况下，加大内需经济的刺激；在保证外修的同时，加紧内修。而且，从实际操作中来说，要将外向型经济转化为内外平衡，首先需要外向型经济保持稳定，才有内向型经济转型的空间。因为，劳动者的收入毕竟都是来自于生产。而且，外修对内修不但无害反而能够促进，当然可以内外兼修。完全专注于内修，一般都是在迫不得已的情况下才会如此。

事实上，转外修为内外兼修，是政府将经济发展的成果在利益分配上开始转入向境内劳动者让利，刺激内部需求，以加速经济内循环。而加速经济的内循环，就是内修。

就当前世界经济运行模式来说，大的经济体之间必然存在互相争抢市场的竞争。这种竞争最激烈的部分，就是贸易竞争和货币竞争。大的经济体对小经济体必然有一个吸附作用，那么，几个大经济体之间就肯定存在对小国经济体的竞争与抢夺。这些竞争，还包括如资源、市场等层面的一系列的争夺。

基于此，当中国商品已经大面积占领世界市场之后，中国应该继续进行工业化升级，即在高端工业品上继续争夺市场。同时，在货币层面，人民币必须加速国际化，争夺更多的货币市场。只有如此，整个中国经济这个巨型机器才能健康、持续地发展与运转。而这一切，都离不开经济在转向内修的同时，必须兼顾外修。

所以，从战略角度考量，就当前中国所处的发展阶段、所具备的发展条件以及外部发展环境，中国经济必须进行战略上的内外兼修。只有通过内外兼修，才能继续进行产业化升级，才能从外向型经济平稳过渡到内外发展均衡的经济体。

基于中国的人口规模与市场空间，一旦在高速发展中完成经济的内外平衡，中国必然是世界第一大经济强国。而从中国的长远利益考量，也只有在高速发展中进行经济战略转型才最为有利。

笔者认为，只要中国能够在兼顾外修的同时，加强内修的转型，未来近三十年时间内，中国经济仍然可保持高速发展。

中国经济的内修

众所周知，中国经济发展主要靠三驾马车：出口、投资和消费。三驾马车中，前两者最近三十年一直表现强劲，唯独消费远远滞后。之所以如此，在于我国改革开放以来，特别是20世纪90年代后，为加速发展，一直通过占领外部市场来实现内部的经济发展。在这个过程中，国民收入增速远落后于GDP增速。与此同时，由于医疗保障、养老保障、住房保障、教育保障等相应福利制度的不完善，加上中国人量入为出、有备无患的传统，全民习惯用储蓄防老、防病、防重大开支，这又进一步遏制了消费的发展。这种格局，在中国经济还不够强大、商品市场占有率还不够高的情况下，有发展空间。但当欧美市场的商品大部分被中国商品占据、本身市场空间已经接近饱和的情况下，以固定资产投资和贸易出口拉动为主的发展模式就遇到瓶颈，且难以维持，当然就到了必须调整经济大结构的发展阶段。

恰在这个时候，世界金融危机爆发，世界经济开始走向衰退，以投资和贸易出口为主的中国经济受到巨大影响。中国的外贸出口在短期内大幅下滑，固定资产投资由于房地产投资占比过重、房价过高，严重透支、抑制了百姓的消费能力。在这种情况下，依靠出口和原有投资模式拉动的经济增长，就不再具有可持续性。

鉴于此，中国经济的内修，一定要从长期、战略的高度考量，从发展规律去考量。就现在的形势和条件来说，笔者认为主要基于以下几个方面：

1. 保证经济继续保持平稳增长

这个道理很浅显，在健康发展过程中，转型的痛苦最小，成本也最低。就像一个人，在身体出现亚健康征兆或刚出现病症时就注意休息、调理，身体恢复会比较快，且痛苦也小，不会酿成什么恶果；相反，如果非要等病倒时再去医治，那就是大麻烦，恢复过来的时间很长，成本也大，甚至是无法恢复。

因此，一定要在发展中解决矛盾。一旦矛盾激化，致使大乱，不但发展停滞，以前的发展成果也很可能付之东流。新中国成立后，国内局势数次动荡，每一次乱局，都导致一定程度的恶性消耗。最终，邓小平同志总结出两个血的教训：稳定压倒一切；发展是硬道理。

基于上述两个经验教训，我们看到，2008 年出现世界性金融危机后，中国当局针对出口、投资和消费的一系列经济刺激政策出台。而且，根据历史经验，中国经济增长一旦低于 8%，就会出现大量失业，以及因失业导致社会不稳定。这也是为什么政策面一定要在 2009 年实现经济“保八”的原因。

但是，我们也应该看到，2008 年，为刺激经济发展，由于控制不当，部分措施也带来一些市场恶果。笔者认为，2008 年的政策瑕疵在于，政府对房地产刺激过猛，致使之后不得不在 2010 年 4 月出台历史上“最严厉”的房地产调控政策。即使如此，房价已经是 2007 年时的近 1 倍，本来已经畸高的房价，如今更甚。据媒体后来报道，至少近 3 万亿信贷资金流入房地产市场，再加上其他方面的资金，流入房地产市场的资金将比 3 万亿更高，这给中国经济实际上带来了巨大的系统性风险。

对中国宏观经济来说，房地产是中国宏观经济中最大的风险。而且，由于 2009～2010 年房价疯涨，房地产行业堆积了大量货币流动性，这某种程度上也成为通胀压力的重大推手；另一方面，房价畸高，很大程度上拉大了贫富差距，增加了社会不稳定因素。2008 年的救市政策总体正确，但最大的瑕疵就在于针对房地产的刺激政策过头。这实际上也伤害了房地产业。就因为过度的热炒，房地产业在 2010 年不得不黯然退出国民经济支柱产业，同时也不得不遭受“最严厉”的市场调控。可以预见，未来数年内，一旦经济出现硬着陆，房地产市场将可能出现阶段性崩盘，很多中小房地产商估计就要消失在市场的长河中了。

就我国的国情来说，未来十年，将是进行经济结构大调整的十年。这十年，政策上最重大的任务之一，就是谨防经济大起大落，让整个社会经济发展模式的转变，在经济总体平稳中过渡，是最理想的发展状态。

2. 必须针对经济结构和区域经济的不平衡进行战略转型和调整

改革开放已 33 年，其间中国 GDP 增速年均近 10%，这是一个很不错的成绩，也可以说是很伟大的成就。但对中国来说，发展成这样是应该的，发展不成这样是不应该的。发展到今天，中国经济开始遇到新的瓶颈，这一点毋庸置疑。从某种意义上说，若中国经济再不进行改革和调整，后面就很可能要走下坡路。这就如同火箭第一级燃料基本耗尽时，必须启动第二节燃料才能继续飞行的道理一样。

在笔者看来，在未来的近三十年时间内，能够带动中国经济增长的主要动力源基于以下几个方面：

1. 城市居民消费与农村居民消费

人类社会的经济发展，就是在生产、消费二者之间循环。原始社会，人类大都是靠大自然。天地生产，人来消费，是人与天地的关系。随着人类社会的发展及智力水平的提高，人们在天地之间创造出了新的生产和消费模式，即通过人的劳动，利用自然资源，通过人与人之间的关系来完成自我生产和消费的过程。在这种背景下，只要这种生产和消费正常循环，经济发展就正常。

资本主义发展起来以后，随着工业化大生产，经济进入工业化时代。而工业化的生产能力，在循环体内部根本无法消化，于是，逐渐发展起世界性贸易。这种贸易的竞争，同时也是对殖民地争夺的竞争。正是在这种背景下，引发了第一次世界大战、第二次世界大战。

直到第二次世界大战后，世界开始进入信用经济时代，产业、商业资本才真正发展成为金融资本，世界性投资大潮、经济全球化就是在这种背景下展开的。经过数十年的发展，我们可以看到，美国这样的发达国家，基本是在消费，自己不怎么生产，主要靠金融手段对其他国家进行殖民来获得营养；而诸如中国这样的后发展国家，必然遭受剥削。因此，改革开放三十多年，中国经济虽然获得了长足发展，但中国的消费经济却一直相对比较萎靡，发展得不是非常充分。

基于这种历史条件，在如今发达国家陷入衰退之中的情况下，我国如果想保持经济循环的正常运转，就必须把更多的产能释放在国内，通过国内的消费继续进行经济发展。这就是说，中国在基本完成工业化后，进入消费化是唯一出路，也是唯一正确并让老百姓享受发展利益的举措。

中国有近 14 亿人口，在人类历史上，还不曾有哪一个国家发生过如此人口规模的工业化，更不曾实现过消费化。试想，美国两三亿人口尚且迸发出如此巨大的消费能力，中国近 14 亿人口会是什么情况？基于此，从某种意义上说，中国只要调整好经济发展的节奏，建设一个新的经济循环体系，单凭这 14 亿张“嘴”，就能给中国经济带来巨大的发展空间。

遗憾的是，很多政府官员并没有认识到消费给经济发展带来的好处，无论是给老百姓减税也好、刺激内需也罢，做得仍然不够。特别是很多地方政府，仍然局限于土地财政，通过进一步透支老百姓的消费能力，提升当前 GDP 的发展。在如今的形势下，这个方向完全不正确。为保证经济可持续发展，中国必须加速提高中低收入者的收入。只有把如此巨大人口的消费能力给激发出来，中国经济因出口增长变缓失去的那部分增长动力，才能从内需中补回来。

因此，笔者建议，中央政府应在做好更广泛的社会保障的同时，做好转移支付和收入分配的调整工作，这将关乎中国未来二三十年的经济发展和人民福祉。在这方面，最近两三年，我们看到不少可喜的动作。

但是，从公开媒体报道以及各种资料上看，很多地方政府在思想上仍然没有走出过去经济发展的思维模式，特别是在增加中低收入者收入、加强中低收入者相关保障方面，做得仍然不够，而且态度也不是很积极。这种思维惯性，将会在未来 5～10 年显现出发展差距。那些思维相对超前的地方政府，当地的经济发展将在未来 5 年内进入良性循环；相反，那些思维相对滞后的地方政府，当地经济将会在 5 年后出现严重的发展瓶颈。同时，由于人才的流动趋势必然是向着机会更多的区域，一旦地方出现这种情况，大量人才会流向发展机会更多的地区。

2. 中西部地区、广大农村的基础建设投资

改革开放三十多年中，中国东部获得了长足发展，各方面基础建设都较为完善。相对来说，中西部的基础建设就要差很多，特别是西部的基础建设，极为薄弱。

因此，从战略高度考量，中国在经济转型的过程中，有必要将沿海的一些制造产业逐渐向中西部转移。一方面，是基于国家的战略安全；另一方面，是基于经济发展的规律。即产业资本和商业资本发展成为金融资本后，必然要向外输出资本，输出资本可以是向其他国家，也可以向国内其他欠发达地区输送。就我国国情来说，应该将我国大量资本一定程度地引导到中西部欠发达地区。

最近几年，我国出现诸如温州炒房团、炒煤团这样的私有资本群体，这些资本的无序流动，对经济发展并未带来什么好处，反而形成特有的资本食利阶层。在笔者看来，应该对这些资本加以引导，通过合理的渠道，引至国家经济建设需要中来。这既有利于中国整体经济发展，也可以提高资本的有效利用率。

笔者认为，中国资本的流通渠道仍然不够畅通，特别是资本向欠发达地区

流动这个问题，更是差强人意。如此，既不利于中国进行经济结构转型，还会阻碍整体经济发展效率。而解决这一问题，一方面在于制度、政策的约束和引导；另一方面在于投资环境。而投资环境的主要障碍是基础建设的薄弱，特别是交通、通信等基础建设。

另一方面，我国广大农村的基础建设相对较为薄弱，特别是公路、桥梁、通信、电力、农耕机械化程度等，都有巨大的投资空间。农村，很大程度上同样存在资本短缺的问题，因此，应加强农村基础建设和资本供给。而且，在完成农村基础建设的同时，当地农民的收入也随之增长，经济发展的条件也跟着改变。就中国的条件来说，不可能是全部人口都进大城市的发展模式，必然是以大城市为核心的城市群，这就决定了中国必须进行农村的基础建设投入。

对中国经济来说，这两个方面的基础设施投资和建设，也将是拉动中国未来二三十年经济增长的重要引擎。如何利用好其间存在的投资机会，是当局应该重点考量的问题。

3. 国家工业体系的升级

人类社会，每一次技术革命都会改变人类的发展轨迹，也直接影响到整个人类社会的发展格局。譬如，一个小小马镫的发明，就改变了人类战争的模式，人类的历史也随之改写。可以说，没有马镫，就没有游牧民族的崛起；没有游牧民族的崛起，如今的世界绝不可能这么快就进行全球化的大融合。

近几百年来，技术革命对人类发展的历史影响更大。第一次工业革命发生在英国，于是，英国很快成为“日不落帝国”，全世界遍布大英帝国的殖民地；第二次工业革命主要发生在德国，结果，虽然总体实力仍然弱于英国，同时又因拿不到更多殖民地、在与英国竞争中输掉第一次世界大战，但也仅仅不到20年后，德国就再次成为工业强国，并在希特勒主导下发动起第二次世界大战，在第二次世界大战时，德国的科技水平仍然世界领先；美国，在19世纪末期具备了一定的资本积累后，吸收了大量第二次工业革命的成果，适时介入第二次世界大战，一举成为世界霸主。

第三次工业革命，实际始于第二次世界大战。基于战争的需要，各国均投入大量人力、物力进行新技术研发。特别是当时的德国，在第三次工业革命中，实际处于领先地位。但由于总体实力偏弱，以德国为首的轴心国最终战败。当美国和苏联分别攻入德国后，美国人首先做的就是把大量德国的高技术人才抢掠一空；苏联人稍晚一步，在基本无人可抢的情况下，控制了大量德国第一手高科技资料。在之后的东、西对抗中，我们可以看到，世界科技以美、苏最为领先，这里面重要的原因之一，就是美国控制了德国的人才，苏联拿到了大量德国技术研究的第一手资料。当然，美国本身的科技在19世纪末就开始赶了上来，到第二次世界大战时已经较为领先。

第二次世界大战后，世界实现了以原子能技术、航天技术、电子计算机的应用、人工合成材料、分子生物学和遗传工程等高新技术为代表的第三次工业革命的突破。第三次工业革命的突破及其巨大发展，主要体现在美国和苏联。某种程度上，这是在德国遗留下来的技术资料的基础上，结合自身技术发展出来的技术革命。20世纪70年代初期，第三次工业革命达到高潮，也成为美、苏的一个分水岭。

20世纪70年代以后，美国在科学技术应用上，出现号称"第四次工业革命"的"新科技革命"(之所以是号称，是因为这次革命实际上是第三次工业革命的延续，而非真正的第四次工业革命，第四次工业革命的称呼并未获得一致认可)。这次革命主要包括：计算机更广泛的应用、通信技术的革新、生物工程基因工程的发展等，而这些主要发生在美国。这使得美国自20世纪70年代已经在科学技术上超过苏联，在双方对抗中占据优势。

如今，我们生活中大量的技术应用，都是在第三次工业革命的基础上发展起来的，而这些先进技术，大部分都掌握在美国手里。之后，20世纪末期，在计算机和互联网革命的基础上，美国进一步推动、促成信息技术的革命，使得美国在21世纪的竞争中处于技术优势地位。

综上所述，我们知道，技术对于一国经济发展之重要。作为在世界主要国家中进行工业技术革命最晚的国家，中国的工业基础是在新中国建立后逐渐建立，改革开放后得以进一步完善，到如今21世纪，才基本上完成整个工业链的建设。如今，就中国来说，在完成工业链建设的同时，必须进行工业化进一步升级以及进行新的技术革命，才能延续长期的发展。

当前，对中国来说，工业化升级主要包括两个方面，一是原有工业体系的升级，二是新兴科学技术的研发。

原有工业体系的升级主要是指，以提高生产效率和生产工艺为主的升级。这种升级，能更大程度提高生产效率，也就能大幅提高生产力。对中国来说，经济之所以还有巨大发展空间，其中一方面就是因为中国的生产效率仍然相对低下，中国的生产工艺总体仍处于较低水平。这两方面的提高，当然就能够提高中国的整体生产力。

同时，我们也必须明白，在继续开发现有工业基础潜能的同时，还必须进行更多的新技术研发。只有在科技上处于领先地位，才能使经济发展保持可持续性。如此，就有必要加大研发力度，进行新技术的研究。2010年，中国当局确立七大战略性新兴产业，包括节能环保、新一代信息技术、生物、高端装备制造、新能源、新材料和新能源汽车七个产业。这七大产业中，除了新能源外，没有一个是突破性的产业，但都是中国当前经济发展所需要的。

就笔者看来，中国一方面要加大对这七大产业的投入，加大研发和应用速度；同时，也应在新的领域进行更多的研究和探索，在科学技术方面有更多新的突破。对一国之经济来说，科技领先，就意味着发展领先。有了新的经济增长点，才会有新的经济发展和膨胀。“科学技术是第一生产力”的内涵在于，科学技术将引导新一轮的生产力革命。如果“第四次工业革命”发生在中国，结合中国现有的经济优势，未来数十年甚至上百年，中国都可以领先世界。

4. 经济功能区的划分

如果说苏联在哪方面最值得学习，笔者认为，就在于苏联在经济规划上的长远战略眼光。这种战略眼光，体现在苏联对国家各地区在工业化体系中的功能划分。各地区根据自身的资源特点，发展适合自己区域的相关产业。在规划之初就考虑到长远发展，如此，就可以降低一国之内各地区经济的同质竞争，增加国内经济的互补性，使得整个国家的经济发展效率非常高。这其实也是为什么苏联在综合国力不如西方的情况下，仍能在冷战中保持四十多年平衡的根本原因之一。

我国在新中国成立最初的三十年发展，实行计划经济，各个区域基本上是按照规划发展，区域间同质竞争的情况基本不存在。但改革开放后，这方面问题越来越严重，很大程度上导致一个经济体内的恶性竞争，形成地方保护主义，最终阻碍经济的发展。近些年比较典型的例子是，在确立发展中国—东盟自贸区后，北部湾的几个城市间出现同质性竞争，为一个项目打得头破血流，直到国家在政策上实行北部湾经济区域整合，才逐渐开始各司其职，有序发展。

如今，中国所处的发展阶段，基于成本因素、经济发展平衡因素以及经济升级因素等，中国东部沿海的一些制造业应部分向内陆转移。而进行产业转移，如果各地没有规划地无序转移，其结果就是导致中西部各省市、地区的同质竞争。这样的无序，不但可能造成恶性开发，还会导致地方之间经济的互补性降低，形成更严重的地方保护主义。如此，必然大幅降低整个内部经济的活力和合作性，大量精力被内耗掉，结果则是阻碍经济整体发展。

笔者认为，中国经济，各区域应结合自身区域特点，进行区域经济定位和整合。譬如，新疆应定义为中国与中亚、欧洲经济交流中心，重点发展贸易、物流、服务等行业。而相对靠中部、人力资源丰富的大省，可以发展以制造业为主的产业链。东部更为发达的大城市，可以发展以服务业、高新技术研发、高端制造为主的相关产业链。如此，各区域根据自身条件，发展适合自身的相关产业，大幅提升整个国家的经济效率，有助于提升综合国力和人民福祉。

中国经济的外修

在笔者看来，中国经济的外修主要包括五个方面战略：政治战略、军事战略、能源战略、贸易战略和人民币国际化战略（还有一个更重要，那就是文化战略，但这里不便展开，就不再赘述）。这五个战略并非各自孤立，而是相辅相成。只有强有力的军事能力，才能拥有足够的政治地位；只有足够的政治地位和军事能力，才能获得足够的能源；只有获得足够的能源，才能保证经济发展；只有经济具备长远发展的空间，人民币才有国际化的内在力量。至于外贸战略，中国依然需要继续推广中国制造。因为，中国制造一方面可以创造外部收入、消化中国经济大量产能，同时还可以为人民币进一步国际化提供战略条件。

政治战略

如今，中国经济已经发展到一定规模。经济规模发展到一定程度，就要有足够匹配的政治地位及政治战略。中国有必要通过软实力，逐渐提高自身的国际地位与声望，通过承担更多的责任，展现大国地位。这样以来，就可以获得足够多的中小国家的支持，在国际事务中就能获得更大的支撑和空间。譬如，中国要为利益相关方提供足够的政治利益保护。至于那些直接关乎自身利益、关乎中国未来发展的事情，姿态必须强硬。譬如，在能源方面，中国必须保证自身的发展。

另外，在经济上，对友好国家给予更多的合作，带动支持者发展，是一个大国应该做的事情，这是获得长久政治利益的前提。大国，一方面要展现胸怀，另一方面要展现实力。以往，中国大部分是在展现胸怀，却很少彰显实力。未来，中国应进一步在政治上彰显实力，这是国家的战略需要。

国防战略

中国的国防战略，仍应以防守为主，首先保证自己的安全、不受外来威胁，以及保证中国稳定的社会经济发展环境。中国有 18 000 公里的海岸线，有 300 万平方公里的海洋国土，这些都需要有足够强大的军事能力去保卫。中国在海外有大量经济利益，也需要保证其足够安全。我们反对霸权主义，反对单极化的世界格局，我们的国防要为多极化世界的发展作贡献，军事战略要以保护祖国安全以及未来经济发展为己任。

核战略是中国确保安全的最大资本，也是避免被核讹诈的最基本条件。因此，保证核威慑仍然要摆在第一位。另外，中国需要建立更强大的海军和空军，这是中国未来经济发展的需要。另外，必须加强中部与西部的交通建设，一方面，可以提高西部的经济发展能力，以及与东－中－西部的经济发展联系；另一方面，有助于增强西线的战略补给能力。

最近几年，中国在军事科技发展上做得非常优秀。战略导弹打卫星、中段反导、J20 四代机、航天工程都取得巨大突破，战略导弹技术的进步、无人机成体系的面世以及各种新型军舰和航母的下水等，都为中国未来保护自己的战略经济利益和保护国家安全提供了实质性支撑。

资源战略

发展需要资源，特别是能源。能源是经济发展的必需，也是经济发展的保证。没有能源，经济发展就无从谈起。能源既关系到经济发展，也关系到国家安全，这是发展的前提。2008 年，中国经济之所以遇到如此大的困难，最重要的两个原因就是原油价格高企与美元的贬值，这使得我国经济运行的成本大幅增加。因此，必须从更高的层面去认识能源战略。

由于国家大、人口多，中国的发展需要大量的石油和其他资源。当下，我们的石油对外依存度超过五成，如果没有足够安全的能源战略，一旦爆发大的战争或出现重大变故，后果将不堪设想。那时，中国经济发展将受到极大的遏制，甚至因此错过战略发展机遇。

我国的石油进口通道仍然主要通过海上运输。当前，美国海军控制着全球海洋运输线，印度海军控制着印度洋运输线，这些随时都会威胁到中国的能源航运。同时，俄罗斯虽然加大了对中国原油出口的力度，但历史证明，一旦被俄罗斯卡住脖子，就将付出惨重代价。更何况，中、俄两国至今仍未达成关于天然气的供气价格。与此同时，俄罗斯正试图成立天然气“欧佩克”，意欲控制全球天然气价格。俄罗斯对盟邦白俄罗斯尚且采取粗暴手段，强逼供气涨价；对欧盟断气的制裁也记忆犹新。倘若中国受制，结果可想而知。

因此，中国未来的油气来源，必须走多元化路线。

通过查阅、分析相关资料，中国未来获得石油的通路主要有如下几条：

1. 海上航运。包括东海和南海的海上运输线。海上航运是当前的主要方式，在其他方式建立之前，必须确保。即使其他方式逐渐建立，也需要海上这个大通道继续进行海上石油运输。这就需要我们建立强大的海军，保证中国的航运。另外，其他进出口贸易，也需要强大的海军作保障。但是，相比陆路，对中国来说，海上运输线也容易受制于人。

2. 东海油气与南海油气的开发。这是我们的潜在资源，也是中国有待开发的巨大资源宝库。由于距离近，这些资源相对来说较为容易获得安全保障。

3. 中巴石油管线和铁路运输建设。巴基斯坦是我国潜在的可以从中东建立石油输送渠道的重要出口，也是美国控制中东后对中国的战略缓冲要地。同时，由于巴基斯坦濒临印度洋，我们不但可以从中东运送石油，还可以从非洲运送石油。

4. 中缅石油管线及中缅交通建设。缅甸具有丰富的油气资源，中石油已获得一些勘探开采权。中、缅两国正在铺设一条穿越两国之间的输油管道，直通重庆，预计输送能力在 2 000 万吨。由于缅甸濒临印度洋，这条石油管道还能起到缓解中国石油“生命线”过度依赖马六甲海峡的作用，中国油气航运可以部分不通过马六甲海峡就输送到国内。同时，也应该加强中缅公路、铁路运输建设，以扩大中缅的交通线。

5. 中哈油气管线及中土油气管线。中哈油气管线已经在运行中，首期油气管道的运输能力为 1 000 万吨，二期工程也在勘探和准备中。土库曼斯坦具有丰富的油气资源，2007 年 5 月 15 日，中国石油天然气集团发布公告，其全资子公司长庆石油勘探局已经与土库曼斯坦签订天然气井的钻井服务合同，分羹世界最大气田——位于土库曼斯坦的南约洛坦油气田，预计储量为 7 万亿立方米，几乎是俄罗斯什托克曼天然气田储量(3.7 万亿)的 2 倍，是目前已勘测出的全世界最大的天然气田。预计中、土两国也将铺设油气管线，向中国输油、输天然气。

6. 俄中油气运输线。2008 年，俄罗斯准备向中国供油 2 000 万吨，如今，在供油价格上双方已达成协议并正在供油。俄罗斯主要通过两个渠道：一是通过连接中哈线的阿塔苏—阿拉山口石油管道向中国运油；二是从俄罗斯经蒙古对中国进行铁路运输供油。目前，中、俄两国正在就建设输油、输气管线问题展开谈判，不过进展较为缓慢。

7. 东南亚油气及运输线路。包括柬埔寨油气田、海上运输线或陆路运输线以及印度尼西亚等东南亚国家的油气。美石油巨头雪佛龙(Chevron)公司在柬埔寨南面海域上发现了巨大的石油和天然气田，储量估计约为7亿桶原油，远超过早前估计的4亿桶。而在柬埔寨另一处油田中，法国道达尔石油公司(Total SA)和中国国家海洋石油公司是最主要的竞争者。柬埔寨可能总共拥有高达20亿桶石油和10万亿立方英尺的天然气。由于和柬埔寨一向友好，中国获得柬埔寨油气田具有天然优势。未来，柬埔寨的部分油气资源可通过海洋运输或者其他运输方式到达中国。同样，印度尼西亚也有丰富的油气资源，考虑地缘因素，对中国有利用价值。

8. 非洲、中东、大洋洲油气来源及海上运输线。目前，中国在尼日利亚、苏丹等诸多非洲国家拥有油气田的勘探开采权。中、非有着传统的友谊，中国需要能源，非洲需要经济发展，非洲具有成为中国能源战略后院的潜质。从非洲运输石油，可通过马六甲海峡运往中国，未来也可通过中缅管线、中巴管线或从缅甸、巴基斯坦陆路运往中国。

目前，中国石油的主要来源仍是中东。中国在伊朗有很大的石油权益，沙特等国家则是中国的最大石油供应国，仅沙特一年就向中国输送石油超过2 000万吨。中国石油天然气进口部分的60%来自海湾地区，沙特、俄罗斯和伊朗是我国最大的三个石油来源国。目前，中东原油运输主要是通过海运，将来则可通过中巴管线、中缅管线或通过巴基斯坦、缅甸，陆路运往中国。中国与大洋洲、南美洲也有很大的资源供应合同，与委内瑞拉、厄瓜多尔等国家有油气供应合同，与智利铜矿、巴西铁矿以及澳大利亚煤矿、铁矿、铀矿等有供货合同，这些均是通过海洋运输线运往中国。

为保障石油等资源的安全，中国必须扩大资源供给线路，保证资源供应安全。这是中国未来发展的基础，也是必备的条件，战略上要高度重视。

对外贸易战略

很多学者、媒体时常攻击中国以外贸出口为导向的经济，甚至否定之前发展的成果，这种极端且欠缺历史眼光的观点，笔者以为不足取。经济转型不可能一蹴而就，中国经济在加大调整内修的同时，还要保持外修的发展，这是保持充分就业以及产业转型的基本条件。只有稳定，才能发展。没有稳定，就没有转型的时间和空间。目前，中国处在工业化升级的关口，仍然需要外部市场维持产业的进一步发展，只有在发展中才能继续完成产业升级。

我们也必须明白，经济从产业化、商业化资本向金融资本过渡，必然需要一个过程，而这个过程需要在外贸保持发展一定速度的情况下，才能完成。当然，我们必须给中国制造重新定位，进行产业升级。以往，我们更多的是“三来一补”的经营模式（来料加工、来样加工、来件装配和补偿贸易），但这些“打工式”的经营方式，已经不能满足我国的发展，我们生产一件东西，别人赚八九成、我们只能赚一两成的历史，必须揭过去。在以后的发展中，中国要有自己的品牌，把另外的八九成大部分赚回来。只有这样，才能使中国企业有更大的发展空间，中国经济也才会有更大的发展空间。

人民币国际化战略

与此同时，我们还应充分认识到，在从产业资本、商业资本向金融资本的转型过程中，中国经济仍然需要中国的商品继续在世界上占领更多市场。道理很简单，中国进行资本输出，从战略的角度，必须以人民币为基础，不能当美元或欧元的“二道贩子”，受制于人。人民币要进行国际化，其前提条件是成为储备货币；而要成为储备货币，首先必须成为贸易结算货币。

基于上述因素，中国必须保证中国商品在世界的强势地位。只有具备这样的地位，才有人民币国际化的基础。而且，一国之经济，一旦失去贸易优势，国内的投资机会就会越来越少。即便是美国，在第二次世界大战后制定完全有利于自己的经济规则、美元成为准世界货币的情况下，仍然难逃这样的衰退规律。如今，美国经济长期陷入衰退，最重要的原因之一，就是美国国内没有经济增长点。没有经济增长点，就没有投资机会，而经济本身此时又充满着诸如债务泡沫、房地产泡沫和美元泡沫，在这种情况下，美国当然会走向衰退。

中国没有美国可以制定规则的优势，更没有美元准世界货币的优势，当然更加逃不过这一规律。因此，诸如建议中国自废武功、放弃贸易出口之言，若非短视，就是别有用心。

中国经济，如果不通过这样的外修继续拓展自己的发展空间，在未来三十年，将会面临巨大的发展瓶颈，如果持续无法突破，很可能会出现内部崩溃的局面。

因此，从战略的角度考量，中国必须继续加大经济外修的深度和层次。通过外修的深度和层次，保证中国的可持续发展。

人民币为什么“外升内贬”

经常看到这样的疑问：为什么人民币对外升值，对内却持续贬值？这是很多非经济研究者一直搞不清楚的问题，也是很多所谓的经济学家一直回避甚至经常歪解的问题。

为了说明这个问题，我们有必要对汇率、币值进行阐述，然后再剖析人民币当前的“外升内贬”。

首先，我们谈币值。币值，在学术上的解释是：货币的价值，货币购买商品的能力。购买商品的能力如何量化？这种解释含糊不清。币值是一个需要量化的工具，学术上却是对其功能的解释，南辕北辙。

简单直白地说，币值，就是一国经济价值总量除以货币发行总量，即单位货币中包含的经济价值量。货币作为价值储藏工具，把经济价值储藏在货币中。于是，人们就可以用货币进行交易、储藏或投资。

在一个封闭的经济体系内，货币的币值是否稳定，取决于货币和经济价值总量之比是否稳定。也就是说，经济增长多少，就发行相当数量的货币，理论上，币值就稳定不变。基于此，只要货币发行量与经济增长速度相适应，在一个封闭的经济体系内，就不会出现通胀或通缩。这里，我们需要阐明，不管这个货币是黄金、白银或是其他替代品，只要货币与经济发展不相适应，币值必然会发生变化。货币量大于经济增长量，币值下降，就出现通胀；反之，币值上涨，就出现通缩。这就是为什么以往无论金本位或是银本位，都会因为生产的原因出现通胀或通缩的根本原因。不过，相对信用货币的容易获得，金属货币由于其稀缺性和不易获得性，通胀爆发的可能性相对要小很多。

接着，我们再谈汇率。在现代金融规则完善以前，大家都使用真金白银进行贸易，世界贸易根本不存在汇率问题。汇率，准确地说，应该是在大英帝国建立金本位制后才开始。1816 年，英国率先实行金本位制以后，到 1914 年第一次世界大战之前，主要资本主义国家都开始实行金本位制，而且是典型的金本位制——金币本位制。也就是说，纸币可以兑换相对应币值的黄金，各国货币之间的比值，实际上就是拿黄金作为参照物。

1914 年，由于第一次世界大战爆发，为筹集庞大的军费，各国纷纷发行不可兑换黄金的纸币，禁止黄金自由输出，世界金本位制就此终结。第一次世界大战后，自1924～1928年，资本主义国家发展相对较为平稳，生产得以恢复。于是，各国试图恢复金本位制。但是，由于金铸币流通的基础已经被破坏和削弱(实际上是各国此时的黄金储备太少)，在无法恢复金本位制的情况下，大多数国家采取折中方案，实行没有金币流通的金本位制，也就是金块本位制和金汇兑本位制。在1929～1933年的世界性经济危机的冲击下，这一体系也陆续被各国放弃，大部分国家基本上都采用不可兑现的信用货币制度。直到1945年，第二次世界大战结束，确立以美元为核心的国际货币体系，即美元本位于黄金，其他货币全部本位于美元，这就是金汇兑本位制。到1971年，由于美国放弃金本位，金汇兑本位制货币体系随即崩溃。于是，世界各国的货币之间就出现浮动汇率。

基于上述，我们可以知道，在经济全球化、货币信用化的今天，所谓汇率，就是两种货币之间的比较关系。这种关系，与我们自身在国内使用的货币币值根本就是两码事。也就是说，人民币对内贬值，是货币对内的购买力降低，即单位货币的经济价值量降低；而对外升值，则是人民币与其他货币之间的比较关系，与对内购买力没有任何直接关系。

综上所述，我们再来看人民币“外升内贬”的缘由。譬如，人民币兑美元升值，意味着人民币兑美元比价上涨。与此同时，我国却因为出口创造大量外汇美元。当出口商将大量美元通过商业银行卖给央行时，央行就要发行相等的人民币给出口商，这意味着央行向市场投放了大量基础货币。与此相类似，需要兑换的还有外国对中国的FDI投资(即“对外直接投资”)，进入中国炒作人民币升值、投资股市或楼市的热钱等，这又会增加央行大量投放人民币基础货币。由于内部经济价值量增加的规模小于货币规模，就会造成货币对内贬值。与此同时，由于美元的贬值以及美国华尔街资本推高大宗商品价格，中国这个需要进口大量大宗商品的经济体，不得不承受生产成本的增加；生产成本增加，物价自然上涨；物价上升，相当于币值变相贬值，这也是货币对内贬值的一个重要因素。

两个重大因素结合在一起，人民币当然会对内贬值。这就是为什么人民币对外升值、对内贬值的根本原因。

应如何破“外升内贬”的政策困局

一国之货币，对外升值、对内贬值，对经济显然有伤害，这一点毋庸置疑。由于中国经济强劲，美国经济疲软且发行天量美元，人民币无疑面临巨大的升值压力。再加上巨大的出口能力，人民币又面临巨大的发钞压力。在这种局面下，中国该如何应对在美元巨大流动性背景下人民币“外升内贬”的困境呢？

笔者认为，应对这一困境，应两条腿走路：

一是人民币国际化。

加速人民币国际化，不仅是当前之需，也是中国长远战略之需，更是缓解人民币外升内贬的长远解决办法。因此，中国应加大力度，推进人民币国际化进程。

但是，我们必须看到，人民币国际化是一个长期战略，而人民币“外升内贬”是眼前的市场压力，远水解不了近渴，“外升内贬”的困境短期内仍然无法解除。在这种情况下，我们就必须为治本之策配置一种既可以治标，又有利于治本，且没有副作用的办法。

二是发行大量钞票，让人民币同样贬值。

由于美国经济一方面疲软，另一方面又发行过量美元，因此，美元单位货币中所储藏的经济价值必然越来越低。相反，中国经济高速增长，人民币单位货币中储藏的经济价值在不断升高，人民币当然会面临对美元的升值压力。

美联储发行过量美元，其目的就是用自己毫无价值的美元，去吸附其他经济体中的经济发展价值。中国无法阻挡美联储发行过量美元，但却可以控制人民币的发行量。用最简单的算术方法解决这道难题，就是直接印制更多的人民币，让人民币同样和美元一起贬值，就能抵消这种压力。说得更白一点，就是中国提前将自己的币值调整到和美元币值平衡，美元就无法对中国生产发展的经济价值进行吸附和掠夺。

但是，这里又存在一个巨大的悖论，那就是，美元是准世界货币，美联储发行的大量美元，由于并不在美国经济体内流通，因此美国货币滥发并未给美国带来太大的通胀压力。而人民币由于并非国际货币，在内部发行如此巨大数额的货币，必然造成通胀压力。在过去七八年的时间内，大量货币被房地产市场和股市吸收，但仍然有大量货币在流通市场，带来通胀压力。

因此，对中国来说，必须考虑，将发行的大量货币放在哪里，才不至于引发严重通胀，以及如何降低通胀压力给经济和社会带来的巨大负面影响。

笔者认为如下两种手段有效可行，不但可以消除人民币升值压力，还可以增加人民福祉、降低通胀压力，消除通胀对经济发展和社会稳定的危害。

第一种手段，以人民币升值成本换全民社会保障。具体方法为：

由国务院协调财政部，向金融机构发行特别国债进行特别融资，资金来源由央行降低公开市场操作和降低存款准备金筹得。这部分资金，专款专用于建设中国的社会保障体系，比如医疗、养老、住房、教育等。

经过科学手段将这一部分资金进行有效分配后，在向企业购买建设社会保障制度资源的时候，对资金的使用方式、流通路径等进行限制，采用会计手段特殊处理。更直白点说，就是这部分资金暂时不能作为流通资金随便在社会上流通，而是作为一种债券形式，存在于单位或企业的资产负债表中，但必须储存到参与特别国债融资的商业银行中。

如此，这部分资金以特殊用途、在特殊的渠道流通，同时施以特别期限处理。降低资金流动速度，也就能降低通胀的压力。这有点类似于一种金融掉期交易。但是，这部分资金既促进了企业生产，同时还给中国老百姓提供了足够的社会保障。实际上，是我们借外来的汇率压力，通过财政、金融手段，将这些对外的让利用在国内的社会保障上。这种做法，客观上是将过量发行的货币，专款专用在全民保障。这样一来，虽然货币对内贬值导致货币币值的损失，但社会保障方面的投入，远远不止弥补这方面损失。如此，既可以使人民币升值压力降低，还可以让全民享受到中国经济发展的成果。不但能提振经济发展，还非常有利于内部社会的和谐。一举多得。

当然，仅靠建立社会保障体系，其花费还不足以完全释放人民币兑美元的升值压力。于是，我们可以采取第二种手段。

第二种手段，以人民币升值成本，换全民收入分配的平衡。具体方法为：

通过财政、金融和企业工资制度等手段，将央行增发的人民币转移到大量中低收入者家庭手中。这样一来，中国近些年收入分配越来越不公平的问题将得以缓解，社会矛盾将很大程度减少。与此同时，由于收入增加，中低收入者的消费能力也将会大幅提高，加上社会保障制度的完善，将显著提高中国经济内部结构转型的速度，有利于中国经济的长远发展。

上述两种手段，客观上都属于“劫富济贫”的操作方法。但是，最近一二十年，中国社会整个经济运行模式何尝又不是“劫贫济富”呢？

譬如，中国油价长期低于国际油价。由于收入越高能源消耗量越大，压低能源价格，不客气点说，就是“劫贫济富”。中国让人民币升值，而民企主要是出口，进口主要归国企，升值对民企出口造成损失，却对国企有利，这也是变相的“劫贫济富”；在我们这个社会，越有钱，越会受到各种更高的礼遇，包括银行、电信等行业都是如此，这都是变相的“劫贫济富”。

这个社会，有利于“劫贫济富”的规则大量存在，但却很少看到“劫富济贫”的举措。所以，有一两个劫富济贫的规则并不为过。而且，由于发行的这部分人民币占整个经济总量的比例仍然很小，“劫富”的程度也相应很小，甚至感觉不到。与此同时，由于中低收入者收入大幅增加以及社会制度的完善，中国老百姓的消费能力会明显提高，经济会变得更有活力，富人未来反而可以获得更大的商业利益。

这样惠民、利民的措施一旦实施，从长远来说，中国经济未来将会更光明，更多境外资本会因为中国经济的长期发展空间而涌入中国，中国经济、中国资本市场也将会更有活力。而且，中国普通老百姓抗通胀的能力将会大幅提高，当局控制通胀的政治压力和成本也会随之降低。这些钱从哪里来？无非是从人民币的升值成本中支付而已。

当前，大量经济研究者和媒体，将矛盾对准中国当局的货币滥发，却对美元滥发、人民币升值压力等问题束手无策，最终，将矛头直指让中国经济崛起的对外贸易。这是典型的被表面现象迷惑，没有看透现象背后事物本质的本末倒置。结果，要不开不出药方，要不就乱开药方，这些都是典型的“削足适履”思想下产生的自残行为。

在美元滥发的世界大背景下，包括欧元、日元都在大量发放货币，有中国经济强劲增长作支撑的人民币，岂能任由别人通过金融手段掠夺？如今，货币过量发行，是中国在目前所处位置的一种无奈选择，这取决于当前世界经济的游戏规则。抓住货币过量发行这一表象不放，却拿不出对自己有利的策略，这是中国的政策困境。

因此，在笔者看来，问题不在于过量发行货币，而在于怎么处理和使用这些过量发行的货币。笔者抛出不同的思路，供管理层和经济研究者参考商榷。

货币战争中的战略关键

如今，美国展开针对世界的货币战争，主要目标有两个：一是欧元，二是人民币。

欧元是美国的直接威胁，所以，美国的首要目标就是欲置欧元于死地。在没有竞争货币的情况下，迫使人民币升值，是美国转嫁危机的最佳手段。因为，中国持有的美元资产规模是除美国外的世界第一，而美元在中国的投资规模同样可观。迫使人民币升值，一方面可以稀释中国持有的大量美债和美元，另一方面还可以在币值上提高美国在中国投资的美元账面盈利。再加上，一旦人民币升值到一定幅度，中国经济体内的大量获利资本，就可能逃离中国市场，奔向币值更低的美国。当然，人民币兑美元升值，还会提高人民币对美国出口商品的购买力，提振美国制造业，刺激美国经济。

正是因为这诸多好处，美国不遗余力向人民币施压升值。而自 2005 年人民币开始升值以来，中国经济就开始进入不稳定期，特别是通胀压力越来越大，这和人民币兑美元升值有很大关系。试想，我国持有的大量美债、金融资产相对于人民币贬值，虽然说在美元账面上不显示资本缩水，但在兑换成人民币的预期上却绝对缩水。央行资产负债表不可能长期保持这种不平衡状态，而央行调整这种不平衡状态的手段，就是让人民币对内贬值。如果，这种对内贬值的钱用在中国人自己身上那还好，可就像宋鸿兵先生说的那样，如今这种兑美元升值相当于“中国国内的储蓄被美国剥夺，是国家财富直接受到损失的问题”。

针对人民币升值，许多专家和学者给出的理由，非但不足以成立，甚至荒谬、可笑。

譬如，人民币升值可控通胀论。事实是，自从人民币开始升值，中国就面临一轮接一轮的通胀，事实已经不止一次摆在面前，却仍然有人信口雌黄。人民币兑美元升值，相当于中国境外资产的缩水；而人民币对内的贬值，却相当于货币价值对内的缩水。人民币升值所带来的额外购买力，又成为华尔街炒高大宗商品的噱头。人民币那一点点升值，根本就不可能控制通胀。这种言论基本上都是那些被西方庸俗经济学洗脑的经济学家给出的谬论。但正是这种谬论，如今却在经济学界大行其道。

再譬如，人民币升值可加速经济结构调整。这种言论也极其欠缺说服力，甚至是无聊。加快经济结构调整，完全可以通过提高人力工资、减少出口退税等政策手段，干吗非要以向美国人送钱的方式来完成？通过提高工人工资抬高人力成本，从而加速经济结构转型，难道不更好？简直莫名其妙。

在管理层看来，可能担心人民币升值带来人民币升值预期，进而加速人民币国际化。但事实是，汇改六年多以来，人民币国际化举步维艰。人民币升值，除了招来大量热钱外，对人民币国际化的好处并不多。人民币国际化真正打开局面也并非因为人民币升值，而是2008年世界性经济危机。更何况，留着预期、多做准备，对人民币国际化只会更有利。

但是，既然人民币已经开始升值，且已经升值了四五年，再来说人民币不应该升值，已经没有意义。笔者认为，在这种情况下，人民币必须避免两种情况的发生：

1. 人民币升值过快

笔者认为，人民币兑美元最好不要升值，即使升值，每年最多不要超过2％～3％。这样的幅度不会影响大局，也不会对中国出口造成太大影响，同时还有利于加强人民币长期升值的预期，加速人民币国际化，继续吸引国际资本进入中国市场投资。然而，一旦升值过快，不但导致大量热钱套利后撤离中国，还会使大量长期投资中国的资本因为对未来贬值的担心和短期内大幅的获利而撤离中国。这样惨重的代价，中国负担不起。

2. 人民币兑欧元和美元同时升值

这个问题一定要避免。事实上，在过去的三年当中，我们做的恰恰相反。最近三年，人民币对欧元升值超过20％，对美元升值超过9％，这种做法非常危险。因为，这意味着中国在帮助弥合欧元和美元不可调和的矛盾，同时将两者矛盾的压力反过来自己承担。中国这样的做法，对自身非常不利，最终，还可能演化成欧元和美元一起展开对人民币的攻击。那时候，中国经济将会面临巨大压力。

因此，笔者在这里提醒相关部门，对这方面一定要加强控制，坚决避免人民币兑欧元和美元同时升值。

中国经济未来可能面对的困境及应对之策

2011年10月11日,美国国会参议院通过《2011年货币汇率监督改革法案》。这个法案,显然是针对人民币而来。一旦这一法案在众议院获得通过,并经过总统签署,中美必然会面临一场贸易战。如今,虽然美国总统奥巴马和美众议院议长发表声明反对,而且这一轮法案获得通过的可能性也并不高,但这并不代表他们会永远反对,该法案也不是第一次被提起。从形势发展来看,事态越来越严峻。毕竟,美国总统奥巴马是第一个说出中国操控人民币汇率的外国总统。

客观地说,站在居安思危的角度,中、美未来仍然有打一场贸易战的风险,而一旦贸易战打响,节奏和过程就很容易失控。世界最大的两个经济体打响贸易战,影响的绝不仅是中、美两国,而是引发整个世界的经济动荡。1929年那次世界性经济危机发生后,各国就是从贸易战开始,最终引发人类有史以来最惨烈的战争——第二次世界大战。

如果美国展开对中国的贸易战,中国该如何应对呢?

可以预见,如果贸易战打响,不会是一蹴而就地非常激烈,而是你来我往拉锯进行。但,在这种事情发生之前,必须要做好一旦对方做出误判,就要有重击手段反击的举措。同时,一旦两国走上这条路,就如武林高手拼内力,不分出胜负,肯定不可能罢手。由于中国海军力量相对较为薄弱,中国海上的出口、进口很可能会面临不安全甚至是被封锁的局面。如若海上贸易通道受到巨大影响甚至被封锁,无论中国对外出口,还是中国从外部获得原油或其他资源的能力,都会受到严重影响。

针对这种可能存在的困局,中国必须做好启动近海石油开采的准备,并尽量加大从中亚、俄罗斯获得原油的能力。同时,还要开辟从巴基斯坦通道获得中东原油的能力,加大对东南亚原油的获取能力,尽最大努力保证经济内部正常运转的资源需求。

我国海洋装备制造业标志性工程、备受世人瞩目的首艘深水半潜式钻井平台"海洋石油981",已经于2011年8月起航奔赴南海,准备开始在深水探油,就是中国所采取的积极布局和相应措施。耗资60亿元人民币的"海洋石油981",对我国来说具有战略意义。这是我国首座自主设计、建造的第六代深水半潜式钻井平台，最大作业水深 3 000 米，钻井深度可达12 000米，平台自重超过 3 万吨，它标志着我国深水油气资源的勘探开发能力和大型海洋装备建造水平跨入世界先进行列。以后，中国不但可以在近海进行探油，还可以到印度洋、大西洋开探石油。

中国未来数年内，在加强上述几个方向获取石油能力的同时，还应加大国防建设，特别是海空军的建设。中国只有在具备保护自己能力的情况下，才能遏制列强打劫中国经济发展成果的念头，保证中国长期、稳定的发展。

一旦贸易战开打，对中国的出口贸易来说，也将面临空前的打击。中国很可能将丧失美国的出口市场，甚至丧失包括欧洲在内的部分出口市场。在这种情况下，中国当前必须加大内部经济结构调整的力度，一旦外需市场因为贸易战丧失，中国一定要有启动内部需求、消化巨大工业产能的能力。就中国当前经济的整体情况来看，中国有这样的能力和空间，但必须做好相应的战略准备。

在货币政策方面，如果因为美国打响贸易战，而演化成世界性的贸易战，中国有必要将原有兑美元或兑欧元升值的部分一次性货币贬值，或者干脆贬到更低，用这种对一方货币大幅贬值的战略，锁定其在华的资产，同时重置对方的经济运行成本、融资成本等，实现打击对方经济运行的战略目的。

目前，媒体、学者普遍认为，中美不可能发生贸易大战。对于这种对未来过于乐观的估计，笔者认为非常不可取。自 2008 年爆发世界经济危机以来，各国虽然未发生真正意义上的贸易战，但在过去的三年中，贸易保护主义明显抬头，且有愈演愈烈之势。包括美国、欧洲，甚至印度、巴西、阿根廷都已经不止一次地出台针对中国的贸易保护政策。如今，美国参议院通过了针对人民币的法案，这难道还不应该引起我们警醒？还不应该针对可能发生的战略风险做出预案和战略准备？

因此，笔者在这里提醒管理层，中国有必要做出更多的战略准备，以应对越来越严峻的世界形势。

中国的最高战略就是和平崛起、和平发展，各国和平共处、平等交往、共同发展。2011 年 9 月 6 日，中国政府适时发表《中国和平发展白皮书》(以下简称《白皮书》)，向全世界表明中国和平发展的良好愿望。

《白皮书》中给中国制定的和平发展道路是："科学发展、自主发展、开放发展、和平发展、合作发展、共同发展。"给中国制定的和平发展目标是："对内求发展、求和谐，对外求合作、求和平。具体而言，就是通过中国人民的艰苦奋斗和改革创新，通过同世界各国长期友好相处、平等互利合作，让中国人民过上更好的日子，并为全人类发展进步作出应有贡献。”制定的对外方针是：“推动建设和谐世界，坚持独立自主的和平外交政策，倡导互信、互利、平等、协作的新安全观，秉持积极有为的国际责任观，奉行睦邻友好的地区合作观。”《白皮书》第一次明确了中国的国家核心利益：“国家主权，国家安全，领土完整，国家统一，中国宪法确立的国家政治制度和社会大局稳定，经济社会可持续发展的基本保障。”最后，《白皮书》还解释了为什么和平发展是中国历史的必然选择。

之所以说《白皮书》发表的适时，是因为世界正处于危机的纷乱当中，世界已丧失方向感。在这种时候，表明中国和平发展的主张，对世界有着重要而积极的意义。最关键的是，《白皮书》表明了中国的诉求，阐述了中国的主张，并第一次给中国国家核心利益画出红线。这就意味着，未来一旦触碰到这些红线、影响到中国国家核心利益，中国将会用一切手段予以维护。

从中国战略角度来说，中国不希望与任何国家发生冲突，中国已经向世界表明自己和平发展的愿望。但是，如果有人胆敢展开对中国人民的掠夺或战争，中国必然有胆识、有魄力予以强有力的回击。

自 1840 年鸦片战争，中国被西方、日本残酷掠夺百年，中国人民为此付出惨重的代价，中国也从清末世界上最富有的国家变成新中国成立前的“一穷二白”、民不聊生。直到新中国建立，中国人民经过六十多年的风风雨雨，人民群众吃苦受累，才终于有了今天的经济成果。站在中国人的立场上，谁想掠夺中国，中国人就有勇气向谁开战、有勇气向任何国家举起中国人的“猎枪”。

最后，用电影《上甘岭》的主题歌《我的祖国》中的一句歌词作为本章的结尾：朋友来了有好酒，若是那豺狼来了，迎接它的有猎枪。

第十四章

当前世界局势与世界的未来

本章视点

- ⊙ 为什么伊朗是大国的战略博弈角力点?
- ⊙ 利比亚为什么会成为北约打击对象?
- ⊙ 欧美联手做掉卡扎菲,下一个目标是谁?
- ⊙ 未来世界局势和经济的演化趋势。
- ⊙ 个人该如何应对当前动荡的世界大形势?

伊朗——大国的角力点

当前，包括中、欧、俄、美在内的四个大国(地区),全球战略着力点齐聚中东。这是世界博弈的必然结果。道理很简单,由于美国过度的贪婪和消耗,已让世界无力可支,各国必然会出现针对这种压力的反作用力。这种反作用力,会随着美国实力的下降不断增强。对美国来说,其控制世界的着力点就在中东,在于石油美元结算的捆绑,美国的战略核心是中东,这决定了世界大国战略博弈的着力点必然也在中东。这是由世界各国的利益取向决定的,同时也源于欧亚大陆聚集了世界上最多的人口和最大的经济规模。

我们知道,为了更加强有力地统治世界,20 世纪 90 年代,美国发动了针对伊拉克的海湾战争。之后,在 21 世纪,发动了阿富汗战争和伊拉克战争。而其下一个目标,就是伊朗。一旦伊朗被颠覆,美国就可以掌控整个中东,也就等于遏制住全球各国的咽喉。以美国的实力,完全可以通过经济、金融、军事等强力手段,稳稳当当地享受世界人民创造的经济价值。

但是,这个世界除了美国以外,还有如中、欧、俄这样的大国(地区),还有追求平等、自由和友爱,不甘于被压榨的各国人民。人类如今的社会制度,就是以自我的方式统治别人。正所谓,哪里有压迫哪里就有反抗,美国这种一味试图统治别人的做法,自然会遇到抗争。

于是,在美、英等国为发动伊拉克的侵略战争做准备时,2003 年 2 月 9 日,伊朗前总统哈塔米发表电视讲话时宣布,伊朗已在雅兹德地区发现铀矿并已成功提炼出铀,伊朗将开采铀矿并将建设铀转换和铀浓缩设施,以建立一个完整的核燃料循环系统。很快,2003 年 3 月 20 日,以美国和英国为主的联合部队正式宣布对伊拉克开战。

美国拿下伊拉克后不到半年,2003 年 10 月,伊朗方面透露,德黑兰核研究中心曾进行钚回收试验。国际原子能机构估计伊朗已经分离出 100 克的钚,如是,伊核问题重新浮出水面,成为各大国中东角力的着力点。

一直以来,伊核问题都无法获得解决。其关键在于,从战略上说,这个着力点是地区大国抵抗美国进一步控制中东,进而彻底控制中、欧、俄的支点。如果伊朗被美国颠覆并控制,美国就可以通过军事将欧亚大陆分成数块,从而彻底控制中东。对美国来说,如果彻底控制了中东,就控制了欧亚大陆;彻底控制了欧亚大陆，就控制了世界权力的中心地带；控制了世界权力的中心地带，就基本上控制了世界经济和各种权力。在美元石油绝对化的捆绑下，将会建立人类历史上第一个“地球帝国”，美国也将是“地球帝国”的绝对统治者。只要控制了石油，美国就可以控制世界货币的发行权，继而控制世界经济、能源输送的走向。

这样的格局一旦形成，如果中欧不听话，美国就可以通过疯狂抬高油价进行打压；如果俄罗斯反抗，就通过打压油价进行制裁。因此，伊朗是中、欧、俄保证自己利益的桥头堡。

从2003年一直到今天，八年多时间，围绕这个桥头堡的博弈，不但没有任何进展，反而在两场战争的拖累下，把美国拖向下坡。综观当今世界，各地区的问题，本质上都是围绕伊核问题的博弈，也是各国结合自身利益进行的位置调整。虽然，这些问题最初爆发出来的原因可能和伊核问题没有半点关系，但由于如今世界博弈核心在伊核问题上，于是这些问题最终也从属于伊核问题，或受到伊核问题的左右。这些矛盾的激化、发作甚至爆发战争等，都是各派势力围绕伊核问题展开的自我调整，或受伊核问题影响而做出的被动反应。

远的不说，诸如朝核问题、“阿拉伯之春”运动、利比亚战争，甚至伦敦骚乱、“占领华尔街”运动等，都是博弈力量在伊核问题上碰撞后，在各领域形成的爆发点。

了解到这一点，再看伊核问题、中东问题，甚至世界问题，思路就更为清晰。

从物理学的角度来讲，要撬动一块巨大的石头，一般需要一个支点、一个着力点和一个杠杆，大国博弈也是如此。无论中、欧、俄、美其中任何一家，在中东都有其战略支点、着力点和杠杆。

先说中国，从前面章节阐述中国发展起来的历程，我们可以知道，新中国建立后，高速发展60余年，最近10年才真正在国际上体现出综合国力（包括经济、政治、军事和文化），真正进入国际博弈的核心区域。当然，欧、俄也是在最近10年才真正达到这一层次。如此格局，一方面，是因为美国战略实力的下降，以及其他大国实力的提升；另一方面，是中、欧、俄出于对自身未来的担心，不得不为之。

伊朗是中国经济在战略上不受制于人的友邻。正是源于此，中国在战略层面的安全才更有保障。中国的战略杠杆，是和伊朗接壤的巴基斯坦。巴基斯坦对中国来说，是重要的战略走廊。至于着力点，由于世界局势的动态演化，中国在中东并没有可以充当着力点的战略盟友，必须根据国际形势演化，随时寻找动态的着力空间。正因为缺少固定的着力点，中国虽然是中东博弈的最重要力量之一，却也仅是力量一方，甚至更多地还要靠联合国发挥影响，对中东局势当然就没有特别强大的左右能力。这也是为什么长期以来，中国一直以太极为主，借力打力，关键领域不做任何让步的根本原因。

由于东、西对抗背景，以英、法、德为主的欧洲诸国，第二次世界大战以后一直是受美国保护的群体国。英、法、德三国中，英国在第二次世界大战后将“第一把交椅”让给美国，长期跟在美国屁股后面或充当马前卒。因此，英国在第二次世界大战后一直狐假虎威，维持自己在国际上的影响力。法国一直和美国有着这样或那样的矛盾，因为，历史上，高卢雄鸡就曾有一个大欧洲的梦想，并因此和英国争战数百年。拿破仑时代，高卢雄鸡功败垂成。德国也是如此，自普鲁士开始强大以来，就有统一欧洲的梦想。第一次世界大战，是德国崛起后的开辟之战；希特勒发动的第二次世界大战，是德国梦想的第二次开辟。英法、英德、德法之间，也一直存在着这样或那样的矛盾，随着近数十年的国际形势演化，在20世纪末，这种矛盾和合作的纠结，最终达成欧洲要强大必须走向一体化的共识。如今，国际形势加上欧洲诸国自己的力量，已经不可能让这些国家中的任何一国成为欧洲的统一者。在这种情况下，各国只能通过彼此和解，完成欧洲一体化。欧洲一体化正是在这样的过程中，不断演化、推进。直到今天，欧盟国家联盟越来越大，经济、政治、军事正在走向统一。

但是，如果脱离美国的控制，一个统一的欧洲，对美国来说是战略伤害。因此，从战略上考虑，美国千方百计要让欧盟在北约框架下发展欧盟一体化，而不是独立自主。鉴于本身的实力以及欧盟一体化还需要极长的时间，欧盟最初都是按照美国的要求行事。但最近十多年，随着欧美利益的分化，欧盟与美国逐渐分道扬镳。对欧美来说，分道扬镳最重要的原因在于，其共同的威胁和敌人——苏联，已不复存在。

和欧盟不同，中国无论是战略支点还是战略杠杆，都是长期以来靠自己创造的；而欧盟的战略支点和战略杠杆不固定，且不完全受自己支配，这是由于近几十年欧洲在政治和军事上主要受制于美国所致。不过，欧盟的优势在于，其战略杠杆、支点和着力点并非单一，而是数个。

譬如，欧盟的战略支点包括中东和平进程、叙利亚、伊朗等，杠杆包括北约、欧盟成员国、土耳其等，着力点更是不固定。这些杠杆、支点、着力点，在欧盟成员国内部都不稳定。因此，欧盟要想达成目的，往往无法完全靠自己的力量实现，必须借助如中、俄、美的力量，才能撬动世界局势，这是欧盟的短板。当然，欧盟的优势也在于借力机会比较多，即杠杆和支点都较多。对欧盟来说，游戏玩得好，就能在中、俄、美之间通吃；玩不好，就是众矢之的。

与中、欧又不同，俄罗斯由于经济结构单一（只有能源经济一个命脉，其他军工还算可以，但毕竟不能作为主流经济），且这种单一经济形态不像中国有调整空间，也不像欧洲有整合空间，对俄罗斯来说，唯一的出路就是要保证自己的能源战略利益以及对能源的控制力。未来，俄罗斯具有潜在战略发展空间的行业是物流，即充当联通中、欧的物流中转，但这都还是后话。俄罗斯增加对中东的控制，更重要的是为在全球能源战略中增加话语权，通过这个话语权，保证自身的战略利益。

对俄罗斯来说，在中东的战略支点同样是伊朗。原因在于俄罗斯的杠杆，除了靠自己的集安组织，最大的杠杆恐怕就是联合国、上合组织、金砖国家等，这些对中国来说只能算作附属杠杆的范畴。如果俄罗斯能够彻底控制格鲁吉亚、阿塞拜疆和亚美尼亚，就根本不需要杠杆。可惜在这三个国家中，俄罗斯只和亚美尼亚的关系还算不错。由于没有更多国家杠杆可借，俄罗斯只能通过中国这样的国家进行杠杆撬动。俄罗斯的着力点也不多，这主要是因为俄罗斯自身也是世界最大能源提供国之一，这就和中东诸国构成“业务”竞争的关系，加上俄罗斯自身经济规模太小所致。俄罗斯在中东唯一的重大着力点是叙利亚，这也是为什么俄罗斯在叙利亚问题上不能有闪失的根本原因。

相对于中、欧、俄来说，美国的支点、着力点、杠杆都多很多。正因为如此，在苏联解体后，美国在世界具有绝对话语权。但是，美国最近 10 年来，随着自身实力的下降，很多原来的支点、着力点、杠杆都出现问题，最典型的就是北约。

美国在中东的支点，是美、以关系。美国通过“巴以和平进程”左右中东，通过对中东的掌控，形成对世界的掌控力。再通过诸如北约、美日联盟、美韩联盟、美欧联盟等等来控制世界。美国的杠杆同样不少，包括各种国际或区域组织、盟友等，国家中如沙特就是美国在中东的杠杆之一。着力点就更多，美国的中东盟友、北约成员国都在此列。

但是，美国很多做法也引起盟国的不满。因为，美国为了自身利益，从来不惜损害盟国利益。这么多年来，包括欧盟、日本都是受害者，更别提其他国家。用完就出卖的政权，就有如萨达姆政权、穆巴拉克政权、本阿里政权、卡扎菲政权，等等。所以，随着实力的下降，各种杠杆美国虽然都在利用，但没有一个能够真正起到阻止美国衰退的作用。包括和美国关系最密切的中东盟友以色列，最近两年都在加强和中俄的关系。而且，以色列在很多事情上的做法也并非完全按照美国的意思，譬如在争议区修建定居点等问题，在回到 1967 年的边界问题，等等。

虽然支点有不稳定因素，但美、以支点暂时仍牢不可破。然而，这个支点的另一半——巴、以和平进程，已经出现问题。对美国来说，撬动中东的最大杠杆无疑仍是北约。所以，对美国来说，最重要的事情就是怎么恢复北约这个最长杠杆的内部团结，即和欧盟的团结。近期的一切世界局势，很大程度上都是围绕着修复北约这个杠杆。

要恢复这个杠杆，美国必须拆解中、欧、俄在伊核问题上战略利益的一致性。在中、欧、俄三家中，经过多轮针对中、欧、俄的试探，美国发现，最可能被拆的仍然是欧盟。而且，拆解伊核问题的突破口，首要就是先拆掉叙利亚。叙利亚对俄罗斯最为重要，其次是中国，再其次才是欧盟。美国把利益交换的目标选择为欧盟的重要原因之一就在于此。当然，这里也有美、欧本来就是盟友的历史因素。这种交换，直接决定 2011 年利比亚战争的进程。

利比亚为什么会成为北约打击对象

利比亚为什么成为北约打击对象？要弄清楚这一点，就需要了解两方面内容：一是世界局势的演化，二是卡扎菲的前世今生。

关于世界局势的演化，本书前面章节以及本章都有相关阐述。在 2008 年全球联合“救市”后，世界经济大局虽然暂时稳住，但内在的债务黑洞并未解除。美国必须将这个危机转嫁出去，才可能解除自己的危机。因此，在博弈、挤压的过程中，必然会出现爆发点。一般情况下，任何爆发点，都会发生在矛盾焦点区域最薄弱的部分。

就当前世界形势来说，全世界的博弈虽然各个层面都有，但终归聚集在两个领域：一是经济之争，其最直接的体现就是货币的竞争；二是地缘博弈之争，这个利益点就在中东方向，大国角力的焦点就是中东。

中东虽然是角力的焦点，但并未到彻底激化、撕破脸皮的地步。因此，基于当前自身的实力，作为最大的博弈方，美国一定不会直取博弈核心伊朗，而是尽量逐步分散拆解。既然中东方向最核心的部分暂时不可能成为爆发点，最薄弱的环节当然就成为爆发点。

就中东来说，近些年的经济危机，已经对这些国家造成巨大影响，特别是贫富差距拉大、分配不公等，导致内部张力急剧增加。在这种情况下，又恰逢美国在战略上需要一个突破口。于是我们看到，与西方亲近的突尼斯、埃及、也门等国最先动荡。接着，2003 年投降西方的利比亚开始内乱。这场内乱，被称为“阿拉伯之春”。它的爆发，是在当前世界大背景下，内外交困和大国需要下产生的必然结果。

在这方面，美国基本上是两个标准：对突尼斯、也门、利比亚、埃及这些虽然亲美，但并不绝对属于美实力范围的国家，主张政府下台；而对于巴林、卡塔尔等这样的绝对盟友，则相对宽容。譬如，2011 年 3 月，巴林发生骚乱，遭到当局的镇压后，美国不但没有任何谴责，反而在当月委派国防部长盖茨访问巴林和中东盟国。很快，沙特等国以海湾合作委员会的名义发兵巴林，稳住了局势。作为美国的盟友，埃及虽然不够贴心，但也已经维持二十多年。因此，美国最终抛弃盟友穆巴拉克。可怜的穆巴拉克，为美国当了二十多年的跟班，最后被扔进铁笼子里受审判。

从美国国家战略角度来说，让阿拉伯出现混乱，有损美国国家战略利益。但要知道，除了国家利益，美国还有资本利益，而且国家利益和资本利益之间已经形成较为对立的矛盾，而这种较为对立的矛盾正是美国危机的根本。为了将这种矛盾转嫁出去，美国不得已冒险而为。原因很简单，2009 年围绕中国的压力，没有让中国屈服。在没有任何成果的情况下，欧洲又不给予足够的配合。于是自身压力越来越大，美国不得已选择冒险。

事情演绎的结果也让美国不如意，最终，“阿拉伯之春”不但没有让最大的目标伊朗乱起来，反而有引向美国中东最铁的几个盟友的可能。在这种背景下，在法国总统萨科齐的领导下，欧洲抓住机会，把枪口对准对欧洲来说至关重要的利比亚。

为什么是利比亚？因为利比亚对于欧洲的“地中海经济圈战略计划”极为重要。而美国，为了得到欧盟在战略上的配合，半推半就。一方面，帮助欧盟实现战略；同时，也试图通过利比亚拖住欧盟，以实现自己的战略要价。因为，就当时的情形来说，如果不依靠美国，欧盟基本上无力独自完成针对利比亚的战争。一旦欧盟陷入这一泥潭，美国就有机可乘收编欧盟。

对利比亚来说，成为如今世界大背景下欧美的第一个目标，核心原因在于，卡扎菲虽然号称“狂人”、“强人”，但实际上，他表面虽然狂，但“强”却是装出来的。

2003 年，美国发动伊拉克战争后，由于害怕美国下一个推翻的就是自己的政权，卡扎菲投机取巧，投靠欧美，以图对利比亚的长期统治。为了向欧美表达衷心，"狂人"卡扎菲发表声明，对洛克比空难承担责任并道歉；接着，又自废武功拆除核设施，放弃利比亚的核计划；2003 年后，利比亚最主要的石油供应地区就是欧盟，利比亚的大量资产也存入欧美国家……为表示对卡扎菲的嘉许，2004 年，卡扎菲获邀访问欧洲；2007 年，更破天荒地被法国总统萨科齐邀请访法。访法期间，两人亲密如"战友"，法国甚至允许卡扎菲在下榻宾馆门前支起帐篷，任其说一些带有侮辱性的言行。甚至，在北约空袭利比亚前半年的 2010 年 9 月，卡扎菲还获邀访问意大利。卡扎菲做梦也没有想到，半年后，欧洲就翻脸不认人，来个一百八十度大转弯。在欧美的交易中，卡扎菲政权灰飞烟灭，卡扎菲本人则家破人亡，落得和儿子暴尸街头的结局。

2007 年卡扎菲获邀访问法国，和萨科齐亲密如"战友"(图片来源于新华网)

事实上，对欧美来说，卡扎菲一直都被视为异类。几十年来，卡扎菲一直是反欧美的先锋。投靠欧美后，欧美一方面在传媒上对其国内民众进行"自由化"造势，一方面在西方培植反卡扎菲的势力。半年前，卡扎菲还是欧洲政要的座上宾，还是利比亚的伟大领袖；半年后，就成为被推翻的独裁者。这，就是政客的嘴脸。

在利比亚国内，卡扎菲拥有大量支持者，作为非洲经济最富有的国家，他的确做得不错(根据联合国数据,2010 年利比亚的人均 GDP 达到 15 000 美元)。譬如,利比亚人可以获得政府提供的免费医疗、免费住房,不工作就能获得政府的补贴(这也是为什么中国在利比亚的工程雇不到本地工人的原因),每个家庭可以有两个政府资助到国外留学的名额,等等。但是,卡扎菲政权在利益分配上存在着较大的不公平,首都的黎波里和班加西的差距就非常明显。

更重要的是,卡扎菲当局没有一个真正支持自己的大国。为了讨好欧美,他甚至一度向中国下黑手。譬如,让"台独分子"陈水扁访问利比亚,并指派其儿子接见。2006 年,中国政府召开盛大的"中非合作论坛北京峰会",其他非洲国家都是领导人出席,只有卡扎菲为了羞辱中国,仅派一名副部长出席。更可恶的是,卡扎菲还附和欧美,在国际上大声疾呼中国"殖民"非洲。他以为,投靠欧美,就等于获得了安全背书。这种想法,充分暴露其政治的幼稚,也使他在 2011 年付出惨痛的代价。

经过博弈,欧盟最终选择对欧盟来说战略位置极其重要,但政权又不太听话、军事实力较弱的卡扎菲动手,也就一点也不令人奇怪了。这个世界,反美、反西方的政权,大都过得好好的,就连在美国旁边的委内瑞拉都无比安全,而这个投靠欧美的卡扎菲,却最终被其主子出卖。这就是国际政治的残酷,哪怕再小的国家,也必须具备战略性思维。

欧美联手做掉卡扎菲,下一个目标是谁

卡扎菲政权被颠覆,是必然,也有其偶然性。如果没有卡扎菲自己埋下的祸根,如果卡扎菲内部的工作再做得好一点,如果卡扎菲不弃核,如果卡扎菲在国防上加强投入……就利比亚的整体经济实力来说,第一个被外力战争抹掉的政府绝不会是利比亚卡扎菲政权。如果说是因为卡扎菲政权的不民主,为什么不如利比亚民主的沙特、阿联酋、卡塔尔、巴林等国没有被颠覆?而 20 世纪末被美国干掉的南斯拉夫,就是一个实实在在符合西方标准民主选举出来的政权,最终还是被美国做掉。因此,颠覆叙利亚与所谓的"民主"没有任何关系,关键在于大国博弈总是要有突破口,而卡扎菲由于内外交困,恰好成为突破口而已。

2011 年 2 月初,与埃及、巴林相比,利比亚的国内示威并没有什么特别之处。但很快,局面趋于失控,卡扎菲当局展开残酷镇压,数百名示威者在镇压

中丧生。2月底，形势更为严峻，利比亚当局的外交部长叛变。之后，有欧洲背景的利比亚反对派领导人开始形成气候。于是，内部骚乱的性质发生根本改变，利比亚内战爆发。

2011年3月10日，法国就迫不及待地承认反对派。3月15日，政府军在对利比亚反对派的战争中胜利在望，以法、英为首的欧盟国家再也坐不住。3月17日，在法、英、美、部分阿拉伯国家和其他一些欧美国家的支持下，联合国安理会通过针对利比亚设立禁飞区的决议（这充分显现出小国需要有大国作为依靠的重要性，如果有一个老大保护，至少这个借口就不能成立。后来，针对叙利亚的制裁被中俄否决。）。3月19日，以法国为首的欧美和部分阿拉伯国家的联合部队，发起了针对利比亚代号为“奥德赛黎明”的侵略战争（联合国的制裁是设立禁飞区，但欧美将其解读为可以狂轰滥炸）。

在这一战争中，美国很狡猾，自己不牵头，目的就是先把欧洲送入战争，再做进一步打算。于是我们看到，2011年3月19日开始袭击，4月2日美国就陆续撤出空袭行动。在美国撤出的情况下，多国部队陆续轰炸到2011年6月，卡扎菲虽然遭遇重创，但仍未被打败。

在这种情况下，美国开始着手拿对欧盟来说至关重要的利比亚利益，交换欧盟在叙利亚、伊朗问题上对美国的支持。2011年7月11日，美国国务卿希拉里·克林顿，在与欧盟外交和安全政策高级代表阿什顿举行的联合记者会上说：“从我们的角度看，阿萨德已经失去合法性，美国的政策目标是叙利亚发生民主转型。”“阿萨德总统并非不可替代，美国绝对不会为他继续当权而花费精力。”这是美国对欧盟提出的要价，即配合美国展开针对利比亚的攻击行动。

欧盟反应积极，在3天后的2011年7月14日，就通过媒体放风：鉴于叙利亚政府继续对要求改革的民众进行镇压，并鼓动阿萨德的支持者袭击美国和法国驻叙使馆，欧盟准备对叙利亚采取更为严厉的制裁行动，而采取集体行动召回驻叙大使则是重要选项。与此同时，德国国防部长德迈齐埃也访问了以色列，并表示希望扩大与以色列的军事合作。

急于交易的美国，第二天就向欧盟支付针对这笔交易的“首款”——承认利比亚反对派。2011年7月15日，美国承认利比亚反对派为利比亚合法政府。但之后，欧盟在进一步动作上比较犹豫，并没有如美国所愿。原因很简单，欧盟在叙利亚有很大的经济利益，叙利亚大部分石油出口到欧盟。美国虽然承认利比亚反对派为利比亚合法政府，但在针对利比亚的轰炸方面并没有实质性动作，单靠法、英等欧洲国家的力量，根本无法在利比亚战事上取得突破。磨蹭半个月后，欧盟终于给美国一个答复：欧盟在8月1日扩大了对叙利亚的制裁，又有5名叙利亚军方官员和政府官员的财产遭到冻结。同时，欧盟还向他们发布旅行禁令。法国当天表示，欧盟还将“很快”对叙利亚发起进一步制裁。8月2日，意大利外交部宣布，鉴于“（叙利亚）针对平民的恐怖镇压”，意大利将召回驻叙利亚大使。意大利还建议欧盟所有国家都从大马士革召回大使。法国的言下之意就是，若想交易，美国就需要继续拿出更多的诚意和筹码。意大利言下之意则是对法国的补充，即显示欧盟已经表示出诚意。

在意大利宣布撤回驻叙利亚大使的当天，俄罗斯联邦委员会国际事务委员会主席米哈伊尔·马尔格洛夫针对欧美的动作，于8月2日提出警告：西方采用类似在利比亚那样的行动解决叙利亚问题将导致大规模战争。这里的内涵更加丰富，所谓大规模战争，是指战争可能引向整个中东。

2011年8月4日，迫于内外压力，叙利亚当局总统巴沙尔·阿萨德签发总统法令，允许叙利亚实行多党制。欧盟在8月2日对美国示好后，8月4日就又开始向美国提出要价。据“德国之声”网站8月4日报道，欧盟外交和安全政策高级代表凯瑟琳·阿什顿的一名发言人宣布，欧盟正在考虑，是否也对叙利亚石油生产领域的头面人物发出不得入境的禁令。当月7日和8日，美国中东盟友沙特和科威特分别从叙利亚撤回大使。8月12日，美国国务卿希拉里·克林顿在与来访的挪威外交大臣斯特勒会谈后举行的联合记者会上，呼吁相关国家断绝与叙利亚的商业关系，寻求向叙利亚总统巴沙尔·阿萨德施加更大压力。

2011年8月18日，欧美双方终于达成利益一致。美国、英国、法国、德国及欧盟领导人当天发布声明，要求叙利亚总统巴沙尔·阿萨德下台，为暴力镇压示威者负责，并加强对叙利亚的制裁。白宫同时宣布，对叙利亚政府实施新一轮制裁，包括冻结该国在美资产，并对当地实行石油禁运。欧盟外长阿什顿、英国首相卡梅伦、法国总统萨科齐和德国总理默克尔随后发表声明，强烈谴责叙利亚当局血腥镇压违反人权，要求巴沙尔·阿萨德以国家利益为重下台。阿什顿警告，欧盟27个成员国，将考虑加强对叙利亚政府的制裁。同一天，瑞士撤回驻叙利亚大使。

在双方达成一致后，在美国退出空袭后，僵持四个多月的利比亚战事马上取得突破。2011年8月20日，利比亚反对派切断首都的黎波里所有输油管道并发起总攻。22日早晨，反对派占领首都的黎波里。23日，攻占卡扎菲大本营。同一天，联合国人权理事会在日内瓦举行第17次特别会议，以33票支持、4 票反对、9 票弃权的结果，通过由波兰代表欧盟提出的向叙利亚派出独立国际调查团的决议。该决议谴责叙利亚当局侵犯人权，呼吁叙利亚当局立即停止该行为，保护平民。在对该决议的表决中，俄罗斯投下反对票。2011 年 9 月 2 日，欧盟做出实质性行动，发表决定针对叙利亚实施石油禁运制裁的声明。该决定不仅包括禁止进口叙利亚原油及石油产品，还包括对叙利亚石油出口相关的融资和保险进行制裁。

这是欧洲国家首次针对叙利亚的石油工业实施制裁。欧盟希望通过制裁，限制叙利亚当局的资金来源。欧盟统计显示，若按 2010 年数字计算，禁运将影响叙利亚约 45 亿美元的原油出口。叙利亚目前的石油产量为每天 38 万桶，其中约 15 万桶用于出口，95%出口到欧洲。2010 年，叙利亚的石油贸易盈余为 5 亿美元。这次制裁，实际上是欧盟为美国协助利比亚反对派拿下首都的黎波里支付的对价。

为了继续控制利比亚局势和内战节奏，美国在 2011 年 9 月中旬向利比亚首都的黎波里派遣地面部队和特工。美国之所以违反之前奥巴马“绝不派地面部队”的“庄严”承诺，最根本的原因是美国要利用自己的势力控制利比亚内战的节奏和局势。美国的目的是，若最终不能从欧盟那边达成目的，就扶植卡扎菲旧部分裂利比亚，以此为要挟，继续向欧盟提出更多交换条件。

2011 年 9 月 15 日，在欧盟决定对叙利亚当局实施制裁的十多天后，叙利亚反对派在土耳其最大城市伊斯坦布尔宣布成立一个由 140 人组成的全国委员会，并称委员会领导人将在今后两周内由选举产生。10 月 2 日，叙利亚反对派正式宣布组建“叙利亚全国委员会”，政治目标由原来“要求政府实施改革”改为“推翻总统巴沙尔·阿萨德领导的政府”。此外，巴沙尔·阿萨德政府的主要支持者、全国逊尼派穆斯林最高级别教士大穆夫提艾哈迈德·巴德尔丁·哈松的一个儿子，当天遭暗杀。

在欧盟实施针对叙利亚的实质性严厉制裁后，美国向联合国安理会提出针对叙利亚问题的决议草案。该草案虽然在听取俄罗斯和中国的意见后，作出一定修改，但在 10 月 4 日的表决中，俄罗斯和中国仍然投了反对票否决了提案。

针对否决议案，俄罗斯外交部副部长加季洛夫说，西方国家提交的决议草案可能使叙利亚受到制裁，草案中没有不干涉叙利亚内政、不允许外部势力武力干涉叙利亚内部事务的相关条款，也没有要求叙利亚政府与反对派进行政治对话的相关内容，这是俄罗斯不支持该草案的主要原因。中国常驻联合国代表李保东在表决后作解释性发言。李保东说:“中国高度关注叙利亚局势的发展,我们呼吁叙利亚各方保持克制,避免一切形式的暴力行为和更多流血冲突。我们希望叙利亚政府落实有关改革承诺,也希望由叙利亚主导的、具有包容性的政治进程尽早启动,推动局势尽快走向缓和。”

美国常驻联合国代表赖斯,对决议草案被中俄联手否决表示“极度愤怒”和“失望”。10 月 5 日,气急败坏的美国国务卿希拉里·克林顿在参加一个区域经济会议时,向媒体指责中、俄,称中、俄两国“未能与和平示威者站在一起”。她还称,“那些选择否决票的国家必须为叙利亚人民、为自由和人权而战斗的人们,拿出他们的解释”,“那些反对决议草案的国家必须给叙利亚人民一个答案”。

之所以气急败坏,是因为美国已经向欧盟支付了利比亚的控制权,协助欧盟和反对派攻下的黎波里。但是,美国进一步加强针对叙利亚的制裁议案被中俄联手否决,意味着美国在作出针对欧盟的战略让步后,并未获得任何“预期收益”。至于欧盟,无须对此“交易”胎死腹中负责,能做的只是和美国代表一起愤怒离席。

利比亚反对派占领首都的黎波里后,战事并未结束,卡扎菲老家苏尔特持续一个月都未能拿下。令人称奇的是,卡扎菲不但能从各种渠道发出声音,还能躲在全国都是沙漠、找个掩体的地方都困难的利比亚本土,让反对派和北约地毯式的搜索都找不到。很快,有消息传出,称卡扎菲很可能会在利比亚南部建立新政权分裂利比亚。奇妙的是,转机就在传言出来后不久出现。

2011 年 10 月 18 日,美国国务卿希拉里·克林顿突访利比亚。当天,与利比亚“全国过渡委员会”执行委员会主席贾布里勒在的黎波里联合举行新闻发布会。希拉里在发布会上表示,美国已经拨款 4 000 万美元帮助利比亚当局维护军火库的安全。同时,呼吁利比亚当局尽快组建国民军队和警察,并表示美国将在此方面准备提供帮助。希拉里还说“美国希望卡扎菲被尽快杀死,或被抓住。”贾布里勒说,利比亚执政当局官员和希拉里在当天商讨了一系列问题,包括双方建立最高联合委员会,以此推动两国关系进入新阶段。但这些其实都是表面文章,真正的“文章”在两天后发生。

在希拉里喊出“美国希望卡扎菲被尽快杀死、或被抓住”两天后,2011 年 10 月 20 日,卡扎菲受伤被俘。很快,前方又传来消息,称卡扎菲因伤重不治身亡,与其相隔不久身亡的还有他的一个儿子,他们全部被武装分子抓住后射杀。据俄新社援引路透社 10 月 21 日消息,利比亚“过渡委”一名高级官员承认，卡扎菲是被抓获他的"过渡委"武装蓄意击毙。

卡扎菲之死，本质上与以往相同，又是一次欧盟和美国的私下交易。这一点不仅仅体现在两个月来一直失踪的卡扎菲和他的儿子在希拉里突访利比亚两天后就都被击毙，更是体现在之后的一些国际事件的诡异演化上。①

在卡扎菲被击毙消息传来当天，笔者就曾给出卡扎菲之死对世界局势的影响。当时笔者强调，卡扎菲之死是欧美的又一次私下交易，虽然具体交易内容还不得而知。但可以确认的是，中、俄中的一国或两国，将在未来很短的时间内面临巨大压力。这些压力，将体现在中国周边的局势上，甚至不能排除欧盟和美国一起展开针对中国的经济和金融攻击。

果不其然。一系列围绕中国的事情开始发生。

2011 年 10 月 18 日，菲律宾一艘炮艇在南海礼乐滩附近，撞击一艘正拖曳 25 艘小船航行的中国大型渔船。菲律宾外长德尔·罗萨里奥 20 日却对媒体说，菲律宾政府无需就此向中国道歉，也不曾道歉。菲律宾这样的动作，摆明是恶心中国。当然，从美国的角度说，如果能因此激怒中国就再好不过，美国可以在南海方向牵制中国力量。

2011 年 10 月 21 日下午，中国国务院总理温家宝应约与欧洲理事会主席范龙佩紧急通电话。范龙佩说，当前欧洲处于应对债务危机的关键时刻，我与巴罗佐主席近日将参加欧盟国家领导人的一系列会议，因此需要推迟来华出席原定于下周举行的第十四次中欧领导人会晤，对为此给中方带来的不便表示歉意。欧方高度重视欧中合作，感谢中方长期以来的支持，愿与中方加强沟通协调，共同应对挑战，推动欧中关系不断取得新的进展。

欧盟的这一推迟，意味着中欧合作进程的推迟。早前，中国已经提出中方立场。如果欧盟没有做好这方面的准备，推迟也就顺理成章。同时，鉴于欧盟和美国可能存在针对叙利亚和利比亚的交易，与中国保持距离避嫌也是一个重要的考量。当然，那个时间点，欧盟的确是在因欧债危机开会，选择内部开会、避开和中国会面，至少说明，欧盟暂时要尽量将欧债危机在欧盟内部解决。

---

① 关于卡扎菲的死，英国保守派报纸《每日电讯报》10 月 23 日的消息印证了笔者第一时间的分析。消息表明，是从 6 000 公里外起飞的美国无人机展开对卡扎菲的袭击。这就百分百确认，这是美国和欧洲的一次交易。试想，欧洲早就想干掉卡扎菲，但在攻陷的黎波里差不多两个月内都没有卡扎菲的行踪，希拉里访问利比亚当局后两天卡扎菲就被干掉。这种情报能力，这个世界恐怕没有第二个国家能做到。这必须"GPS＋间谍卫星＋无人机＋地面情报人员"引导才能完成，这也可以确认美国一直掌握卡扎菲的行踪。

2010年10月20日，美国国务卿希拉里·克林顿在结束对利比亚的访问后，就奔向巴基斯坦。希拉里在会见巴基斯坦官员时威胁说，如果巴基斯坦不能有效地打击境内的武装分子，将会为此付出“巨大代价”。不过，鉴于国家主权利益考虑，巴基斯坦方面对美国的威胁要求予以坚决拒绝。同一天，英国《每日电讯报》报道说，根据巴基斯坦军方的可靠消息，美军在阿富汗东部靠近巴基斯坦边界地区集结了大批部队和军事装备，其中有多架武装直升机和重炮，还有数百名美军以及部分阿富汗部队。这在巴基斯坦北瓦济里斯坦地区引起惊恐，在该地区首府米兰沙赫的当地部落武装认为，这是美军为越界进入巴基斯坦在做最后准备。巴基斯坦军方还表示，巴基斯坦方面已做好应对准备。

这一系列动作，意味着美国要加大对巴基斯坦施压。所谓的反恐，就是要巴基斯坦保障阿富汗后勤补给通道安全的同时，继续保持和美国的战略一致。巴基斯坦对此保持高度警惕。因为自2008年以来，美国一直挑拨印巴关系，试图挑起印巴再次的战争。2011年5月，美国更是在不通知巴方的情况下，擅自展开猎杀本·拉登的特别军事行动，以证明美国拥有控制巴基斯坦核武器的能力。

2011年10月20日，韩国联合参谋部宣布，韩国军方将于10月27日～11月4日，举行包括陆军、空军与海军在内的联合军事演习，同时在半岛西部的黄海海域举行演习，其中包括韩、朝局势紧张的海上分界线地区。

2011年10月21日，美国总统奥巴马宣布，美军将在2011年底前全部撤离伊拉克，结束这场持续近9年的战争。而之前，美国一直威逼利诱伊拉克当局“挽留”美军，伊拉克当局迫不得已在2011年8月同意美军留下少量部队训练伊拉克军队。而实际上，10月20日，土耳其已经派遣大批地面部队越过边境进入伊拉克北部，清剿库尔德工人党武装据点。土耳其军方当天发表声明说，共投入22个营兵力，在土耳其和伊拉克边境5个区域展开清剿。

在笔者看来，奥巴马的这次宣布，可能有两个战略意图：一方面，拿撤军作为威胁（就伊拉克当局的掌控能力，伊拉克存在分裂的风险，库尔德工人党一直是美国人扶植的一个势力，伊拉克内部更是派系复杂），谋求伊拉克当局对美军的大规模“挽留”，做最后一搏（美要求伊拉克给予美军司法豁免权）；另一方面，如果真的撤军，美国极有可能将撤出的军队补充到阿富汗或美国中东的其他军事基地，为展开其他军事行动做好准备。

如今，欧美交易的底牌还没有亮出来，但针对中国、遏制中国的布局已经展开。笔者分析，未来一个阶段，中国周边必定面临较大的军事压力，同时也将面临“台独”、“藏独”、“疆独”三股分裂主义和恐怖主义势力抬头的可能。

但是，笔者认为，中国真正的危险和压力主要来自于四个方面：

一是欧、美联手，展开针对中国的经济和金融攻击。

二是美国有可能行使针对巴基斯坦核设施的“斩首行动”。针对这一点，2011 年 10 月 18 日，巴基斯坦一名高级官员表示，巴基斯坦政府打算培训 8 000名以上从事核保安的工作人员，强化军方确保其核武器和材料免遭盗用的能力。实际上，巴基斯坦早在 2008 年已经部署万名士兵，专门保护核设施。

三是在美国针对中、俄完成压力布局后，突然由美国亲自或由代理人以色列发起针对叙利亚或伊朗的空袭。针对这一点，2011 年 10 月 23 日，就有进一步的消息。据俄新社 10 月 24 日消息，美国参议院议员约翰·麦凯恩 23 日建议称，北约在利比亚的行动已接近尾声，应当对叙利亚进行军事干预来保护平民。这很可能就是美国当局向欧盟的要价。即在利比亚战事完成后，调转枪口对准叙利亚。当然，欧盟是否支持这一点，一方面需要观察，另一方面也还需要博弈。

四是美国继续挑起印巴内部和印巴之间的矛盾，最好制造印巴战争，然后将中国拖入战争泥潭。而在这方面，中印、印巴虽不断加强沟通，尽量避免误判，但印度仍然在不断试探。据美联社 2011 年 10 月 23 日消息，巴基斯坦军方官员说，巴基斯坦 23 日迫使一架印度军用直升机降落，机上 4 名人员被拘押，该直升机涉嫌侵犯印巴克什米尔争议地区的巴方领空。而在 2011 年 5 月，印度军方的官员就扬言，印度也有能力如美国扳倒巴基斯坦境内“反恐”。

截止到 2011 年 10 月 25 日，还无法知道欧美交易的具体内容。但可能会涉及中国，且对中国不利。鉴于此，中国有必要做相应的布局，以应对突发事件。

而在这之前，美国已经做好了如下两方面的准备：

一是 2011 年 10 月 11 日，美国司法部长霍尔德亲自举行新闻发布会，宣布美方挫败一起由伊朗精锐部队伊斯兰革命卫队参与、阴谋刺杀沙特阿拉伯驻美国大使朱贝尔的恐怖案件。

当天，伊朗外交部发言人梅赫曼帕拉斯特就否认美国方面提出的有关伊朗伊斯兰共和国参与暗杀沙特阿拉伯驻美国大使的指控，并指责这是美国“预先编造的阴谋”，是“荒谬可笑的表演”，旨在地区、国家之间制造不和。伊朗总统内贾德说：过去美政府宣称伊拉克有大规模杀伤性武器，拿出许多文件证明并取得世人信任。最终事实是，美伪造文件，萨达姆根本没有什么大规模杀伤性武器。

当前，中东伊斯兰宗教主要分为两派：什叶派和逊尼派。什叶派以伊朗为首，逊尼派以沙特为首。虽然教派之间存在矛盾，但就目前的国际形势来说，伊朗没有任何动机去刺杀一名无关紧要的沙特驻美大使。相反，事情发生在美国，美国则有挑拨伊朗和沙特关系、促使双方发生矛盾甚至战争、从中渔利的嫌疑。美国总统奥巴马声称，对伊朗不排除采取任何行动。然而，沙特对此却一直保持沉默。直到一个星期后，沙特才将球踢给联合国安理会，由安理会进行调查、裁决。对沙特当局来说，当然知道其中的利害关系。一旦沙特顺着美国的逻辑造势，沙特很可能将会被迫陷入一场自己根本承受不起的战争。

据此，不排除美国会在某个时机点，联合欧盟一起展开对伊朗的大规模制裁。

二是在美国的鼓动下，2011 年 10 月 16 日，美国的中东盟友沙特、卡塔尔、阿联酋、巴林、科威特等六国在阿盟各成员国的外长在开罗总部举行的闭门会议上，提议将叙利亚踢出阿盟。虽然最终未获通过，但至少表明美国的中东盟友有展开对叙利亚进一步行动的意愿。

基于上述分析，笔者认为，美国很可能将在下一步打击叙利亚或伊朗，特别是叙利亚。最大的可能是，在欧美达成一致后，通过北约，绕过联合国，展开对叙利亚的攻击。从战略上说，这次美国向欧盟出让的利益不小，虽然美国给自己留了一个眼(卡扎菲的若干儿子仍然在逃)，但利比亚已经基本上进入了欧盟的控制范围之内。

对欧盟来说，一旦完成地中海经济圈的整合，就会重新返回来展开针对中东美国势力的进一步蚕食。因此，站在美国的角度，必须利用各种手段，迫使欧盟在针对叙利亚和伊朗的问题上进一步妥协。为此，最近半年以来，美国在金融上对欧盟实施巨大压力。当然，利比亚局势并非欧美能完全左右，中俄同样可以通过相关渠道影响利比亚的国家形势。但就现在的发展状况来看，未来数年，非洲经济最好的利比亚，将会逐渐伊拉克化。这一点，在卡扎菲死后的 4 天后就呈现出来。据法国媒体报道，10 月 24 日晚，利比亚前领导人卡扎菲的家乡苏尔特发生爆炸，造成 150 多人死伤。利比亚执政当局“过渡委”军事指挥官利思·穆罕默德 25 日证实说，当地时间 24 日夜间，苏尔特一个燃料仓库发生巨大的爆炸，并引发火灾。事件总共造成 100 多人死亡、50 人受伤。

不过，卡扎菲被击毙过去了一周时间，欧盟只是推迟了中欧峰会，至今并未采取特别的配合措施，这说明至少欧盟在做出配合措施上是非常犹豫的，同时从美国的反应上看又是无比急躁的。

与此同时，据《中国日报》(*China Daily*)周三(10 月 26 日)报道称，欧盟决策层有消息人士表示，中国和其他主要新兴经济体已同意通过国际货币基金组织(IMF)向欧盟救助基金提供资金支持。该消息人士还表示，欧盟或将在周三欧洲领导人峰会的最终文件中纳入上述协议。像中国这样的国家与欧盟的立场大致相同，这种共识将会反映在周三欧盟峰会后的最终文件中。《中国日报》还称，中国财政部副部长朱光耀日前表示，有关通过 IMF 向欧洲提供资金支持，帮助其解决债务危机，进而稳定金融市场的讨论一直在进行。全国政协主席贾庆林当地时间 24 日晚出席了希腊工商界欢迎晚宴并发表重要讲话。贾庆林指出，中国和全世界都应该对欧洲经济摆脱困境、走向振兴抱有信心。中国也是欧洲主权债务市场的长期投资者，今后将一如既往地支持欧洲与欧元。

这说明包括中国在内的新兴经济体都在支持欧盟和欧元，这变相提高了美国和欧盟进行交易的门槛。未来，不排除美国支付的这部分战略利益只能换回欧盟的一张如制裁叙利亚那样的空头支票，这样的空头支票最终也很可能因为俄罗斯等国的力量而彻底变成空头支票。

不过，对于欧美的私下交易，我们务必进一步予以关注，因为美国绝不会善罢甘休，或继续加大筹码交易，或通过其他方式逼迫欧盟。总之，美国一定会做出更大的交易努力。至于我们，要尽最大努力拉高双方交易的门槛和成本。

未来世界局势和经济的演化趋势

根据当前的世界形势，美国在国际政治和军事上已经到了迫不及待想要破局的地步，甚至不惜向欧盟出让大量战略利益。这只能说明一个问题：美国内部的危机已经到了爆发的边缘，这一点在另外两个方面也得到体现。

一方面，2011 年 9 月，美国针对国债进行扭曲操作，减持短期国债、增持长期国债。这说明，美国必须继续维持宽松，并压低长期利率，避免国债出现危机。这意味着，相比以前，美国继续量化宽松、向世界释放美元的能力减弱。因为，全球无法达成一致救市，美元不太容易释放到其他经济体。在这种情况下，美国出台量化宽松，将面临美元流动性反噬美国经济的风险，这是美国内部出现巨大争论的根本原因。因此，美国只能向欧盟出卖战略利益，以图欧盟在其宽松政策方面帮其释放美元。而根据美国前期的一系列政策，其所谓的QE3也将被切成很多小块的QEn，并不断QE下去，直到难以为继为止。

另一方面，自2011年9月17日，美国爆发"占领华尔街"运动，在一个多月的时间内已经大面积扩散。据报道，已经波及美国的数百个城市，甚至连意大利、德国、英国、韩国、澳大利亚等国都受到影响，意大利的罗马甚至发生较大规模的骚乱。这意味着，美国人民与资本方的矛盾已经到达激化的边缘，如果美国的危机还不能快速向外转嫁，美国现有政权的运作模式将很有可能受到挑战和冲击。

在这种背景下，美国很可能以身试险，这也是为什么美国迫不及待、不惜代价和欧盟进行交易的原因。而试险的主要方向，分别包括针对叙利亚、伊朗或巴基斯坦的直接动用武力。中国要对此做好相应措施，防患于未然。

接着，美国最大的行动方向可能有两个：

一是在欧盟的配合下，采取针对叙利亚或伊朗的军事行动。

二是欧盟作出针对中国的误判，与美国一起展开针对中国的经济和金融攻击。但是，一旦中国展开反击，欧盟和欧元都有解体的风险。因为，相比中国来说，欧元比人民币对美元更具威胁性，一旦中国反击，美国很可能会顺势解决掉欧元对美元的威胁问题。也正是基于此，欧盟在这方面误判的可能性较小。因此，美国通过北约展开对叙利亚的攻击，或在中东的伊朗和其他国家之间挑起战争的可能性最大。

但是，作为反击，伊朗不但可能直接反击以色列或美军的中东基地，甚至不排除伊朗实施和朝鲜一般的核爆炸。一旦伊朗踏入核门槛，中东必将进入核竞赛。

关于这一点，2011年6月底，沙特图尔基亲王访问英国时曾给过警告。据英国《卫报》2011年6月29日的报道，图尔基亲王当月早些时候访问英国，在一座空军基地秘密会见北大西洋公约组织高级官员，谈及沙特对中东无核话题的观点。图尔基说，一旦伊朗拥有核武器，"将迫使沙特……寻求政策，继而产生某种说不清的戏剧性后果"。与图尔基亲王亲近的一名沙特官员告诉《卫报》记者，亲王的态度已相当明确，即"如果伊朗拥有核武器而我们没有，我们无法生存在这种环境中。就这么简单，如果伊朗发展核武器，对我们而言，那无法接受，我们会紧随其后。"一旦中东那些富国都发展起核武器，现有的世界游戏规则必将改变。而如今的世界游戏规则,是以美国为首的西方制定,因此欧美会极力避免这一情况出现。

据此推理,美国最可能发起攻击的目标就是叙利亚,而叙利亚是俄罗斯在中东的着力点。为了防止美国展开对叙利亚的空袭,据俄罗斯《消息报》2011年9月5日报道,就在北约可能发动军事进攻的前夕,叙利亚国防部代表团近日将应邀参加在俄罗斯境内举行的独联体国家"战斗协作—2011"大规模防空演习,现场观摩如何击落飞机和导弹,为将来反抗北约空袭吸取经验。

至今,叙利亚仍是近东和北非地区俄制武器最大的进口国。近年来,俄国向叙利亚数次供应大批武器装备,其中包括6套2S6"通古斯卡"和36套"铠甲—S1"弹炮合一防空系统,18套"山毛榉—M2E"防空导弹系统,一批"针"式便携式防空导弹及其"射手"发射装置,以及直升机和作战飞机模拟训练系统。

为了稳住俄罗斯,在希拉里·克林顿突访利比亚的当天,美国国务院负责军控和国际安全事务的副国务卿陶谢尔在华盛顿智库"大西洋理事会"发表演讲时说,美国在欧洲部署的反导系统不是针对俄罗斯,"各级官员公开和私下都强调过这一点,我们准备把它写下来"。但她又称,由于必须紧跟不断变化的安全威胁,美国"不会提供具有法律约束力的承诺,也不会同意限制拦截导弹的数量",俄罗斯只能通过与美国并肩合作,用"眼睛和耳朵"亲身感受美国反导系统的技术能力及战略意图。

第二天,暨2011年10月19日,俄罗斯外交官员通过《国际文传电讯社》作出回应称,美国仅就反导系统不针对俄罗斯给出书面保证不够,俄需要的是法律保障。同一天,俄罗斯常驻北约代表罗戈津对记者表示,俄美导弹防御系统问题谈判彻底陷入僵局,莫斯科因为担心本国安全不会让步。2011年10月21日,即卡扎菲被击毙的第二天,俄罗斯外长拉夫罗夫在俄罗斯之声、俄罗斯广播电台、莫斯科回声电台与听众电话访谈交流节目中表示,俄罗斯不想看到在没有得到明确的不针对俄罗斯的保证的情况下,共同发展欧洲反导系统的结果出现。拉夫罗夫称,俄罗斯正就欧洲反导系统进行磋商,并将继续进行下去,但其看不到在没有得到任何法律上明确规定不针对俄罗斯保证的情况下,在此领域进行任何合作的可能性。

美国试图稳住俄罗斯,欧盟也有同样的动作。2011年10月21日,欧盟委员会(European Commission)表示,欧盟和俄罗斯已解决俄罗斯加入世界贸易组织(World Trade Organization,WTO)相关的最后几个双边问题,为该国年底前加入WTO铺平道路。如果俄罗斯同意,美国显然可以向俄罗斯发放

WTO门票。但这些,不足以让俄罗斯自废武功,在自己的核心利益上作出让步。

与此同时,2011 年 10 月 18 日,白宫宣布,总统奥巴马将遣国家安全顾问托马斯・E. 多尼隆于本周访问中国和印度,以在 11 月召开的东亚峰会上确保美国的利益。声明称,多尼隆将于周五在北京会见中国决策领导层,包括国务院副总理王岐山和国务委员戴秉国。多尼隆与北京方面将就双方共同关心的全球性和区域性议题,进行广泛深入的探讨。白宫称,可能还将包括美中两国最近关于后者是否操纵人民币汇率的一些争论。

卡扎菲死后,掌握实权的美国总统委派国家安全顾问立刻访问中国,无非是摸中国的底,同时还要看中国的态度,根据态度作出自己的决策。但不管怎样,中国近期必将遭受来自内部与外在的巨大压力。如果中国扛过这些压力,美国付出的战略利益将"竹篮打水"。否则,这种力量就将反弹到中国身上。因此,中国一方面要冷静应对各种挑衅;另一方面,在核心利益以及关键节点上,不但不能半分退让,还要随时准备强势反击。对中国来说,只有做好百分之一百二十的充分准备,才能避免更多的被动。

作为多尼隆此行第二站的印度,有媒体曝光说美国很可能会提出美、中、印的 G3 管理全球模式。不过,这充其量只是一出闹剧,G2 中国都不同意,当然更不可能同意 G3。

但无论如何,根据目前国际形势的演化趋势,未来数年内,整个世界安全将趋于恶化。关于这一点,我们可以看看各国的军演以及战争上的准备就知道了。相比以往,世界局势更为复杂,且安全性正在降低。

当然,考虑到世界大国之间的核平衡,短期不会发生大的战争,但类似利比亚的局部战争随时都有可能爆发。综合当今各种因素,下一个最大的目标就可能是叙利亚。但这个过程应该还会有反复,美国如果通过北约军事打击叙利亚,估计还要向欧盟出让更多战略利益。不过,即使北约真的对叙利亚进行军事打击,更可能的结果是,美国再次陷入新的战争泥潭。不能排除欧盟会像美国在利比亚战争中那样,战争开始后不久即撤出。对美国来说,再打一场战争,战略风险将会非常大,何况叙利亚背后还有大国的支撑。如果出现战争久拖不止的情况,美国内部矛盾会不会被直接激化都很难说。

当前世界的经济危机,表面上主要集中在欧债危机上,实际上,最大的问题在美债。这里,我们对这两者分别进行阐述。

首先,为救助欧债危机,自 2011 年 10 月开始,欧盟成员国就进入密切磋商期。经过半个多月的磋商，根据彭博社 10 月 22 日的消息，欧盟可能会用 9 400 亿欧元（1.3 万亿美元）应对债务危机。此举是为打破法德之间的僵局。因为这两国之间的僵局，领导人们在 4 天内开了两次峰会。10 月 23 日，有消息称，法德在救助欧债危机问题上已经接近全面达成一致。

有趣的是，据英国《卫报》和《每日电讯报》报道，在 23 日的欧盟峰会上，萨科齐指责卡梅伦“干涉了会议”。他说：“我们已厌倦了你（卡梅伦）的指手画脚。你表示不赞成欧元，不愿加入欧元区，但现在又想干涉我们的会议。”这充分说明一个问题，欧盟诸国仍然未就危机达成妥协。

欧盟诸国的分歧点主要在于权力，各国都想保留更多财政权力。而经济最好的德国，则主张收回更多财政权力。也就是说，欧盟的经济整合要靠德国的经济实力，而德国要求各国让渡更多财政权力给欧盟（实际是德国）。在欧盟当中，德国的政治诉求是掌握更多的财权，法国的诉求是掌握更多的政治和军事权力，英国的诉求是掌握更多的金融权力。这种权力之争，使欧盟诸国在救助协议上迟迟达不成协议。但这也从另外一个方面说明，欧盟的债务危机并未到生死关头。否则，大家也就没心情吵架。

可以预见的是，只要不出现战略性失误，经过博弈后，欧盟内部将逐渐取得一致。取得一致后的欧盟，就有更多精力展开针对外部的博弈，将会在未来的欧亚大陆占据更多的主动权。

比欧债危机更为严重的是美债。美国虽然用新会计准则、加上美元的准世界货币地位优势，暂时掩盖住美债危机，但债务黑洞本身并未真正消失。站在美国的立场，如果美国资本利益不向老百姓让渡更多利益，而内部危机又无法转嫁出去的话，结果将很可能是矛盾激化。笔者认为，在矛盾激化前，美国一定还会继续宽松，继续为转嫁危机做最大的努力。

美国之所以在利比亚方面大幅度向欧盟出让战略利益，某种意义上说，就是内部矛盾张力过大、危机爆发已时不我待，不得已而使出的“昏招”。个人认为，这种招数不但无法解决美国的危机，反而有可能因为美国手里的战略筹码越来越少，最终不得不选择投鼠忌器的招式。

就欧盟来说，基于欧债危机以及自身战略上的利益，很可能会送美国走一段。然后，在美国无法后退的情况下，拖其后腿。至于说是美国把欧盟哄上车后彻底捆绑，还是欧盟故意上车再半路下车，这取决于双方的博弈以及中俄的选择。就笔者观察，美国并没有绝对的手段捆绑欧盟，反而可能因为过于积极，致使自己在中东战略利益不断损失的情况下，战略上、经济利益上都无法获得收益。如此,则可能会加速美国的衰落进程。

2011 年 10 月 21 日,卡扎菲死后第二天,美国总统奥巴马宣布 2011 年年底前撤出在伊拉克的“全部”驻军。与之前美国的态度相比,可谓是一百八十度大转弯。

自 2011 年上半年,美国就开始施压伊拉克当局,要求伊拉克当局“挽留”美军。最后,迫于美国压力,2011 年 7 月,伊拉克各派政治势力和当局达成一致,同意美国在 2011 年后继续驻扎伊拉克 2 万军队。美国对此仍不满意。之后,2011 年 8 月 3 日凌晨,伊拉克副总理鲁什·努里·沙维斯宣布,伊拉克各派经过讨论后,决定同意美军在年底期满后继续在伊驻扎,条件是美军只承担训练伊拉克安全部队的任务。当时正在伊拉克访问的美军参谋长联席会议主席迈克尔·马伦,在同一天举行的新闻发布会上说,如果美军继续留守,伊拉克必须给予美军司法豁免权。但是,伊拉克最终没有给美军以司法豁免权。

即使美国真的撤出驻扎在伊拉克的 5 万美军,也不太可能真正撤出中东,这近 5 万军队,很可能会被分散到其他中东的军事基地。最可能的去向有两个:一方面有可能被转入阿富汗军事基地;另一方面为展开其他军事行动做准备,投入到中东相关的其他军事基地当中。因此,驻扎在伊拉克的 5 万美军的动向,很值得关注,这关系到美国下一步的战略动作。

就现在的格局来说,2012～2013 年,欧美在经济上最大的可能是继续保持货币宽松政策。在这种情况下,世界经济将会迎来一轮较 2011 年更为严峻的通胀压力。这其中的变数在于,欧盟到底会将宽松政策进行多久？因为,无论是基于国家战略利益,还是基于通胀压力和经济增长压力,欧盟都可能较美国更早撤出宽松政策。当然,这样做的前提是,中欧达成战略协调,即在经济上,欧债获得中国战略支撑。与此同时,2012～2013 年期间,在中东方向,很可能再次爆发局部战争。

就现在形势来看,美国将自身危机转嫁他国的努力并未有太大进展。由于债务危机无法及时转嫁,加上美国内部已趋于激化的矛盾,在 2013 年前后,很可能爆发新一轮、较 2008 年更大的经济危机——国家主权信用危机。在这个危机过程中,未来数年,美元很可能逐渐丧失信用,各国的贸易有可能形成以货易货,或以某区域中大国货币为主形成的区域货币作为结算货币。一旦如此,美元本位制将很可能在未来数年内终结。

但我们也要明白,这一切并非绝对水到渠成。国际形势的演化仍然存在着很大的变数,各种突发因素都可能改变局势演变的进程。作为中国,在战略上应该做好针对各种系统性风险的应对预案。

个人在当前大形势下的应对策略

我们每个人，生活在这个现实世界，都必然受到大趋势的影响。面对这种极其复杂且不断演化的世界局势，我们必须做好未来10年世界进入动荡、经济可能硬着陆的准备。这些准备大概包括如下几条：

第一，要做好经济方面的准备。这种准备包括，2012～2013年，世界经济可能会出现新一轮资产价格泡沫和恶性通胀。在这轮资产价格泡沫中，股市如果出现阶段性行情，可借势进行资产的保值、增值。在这种形势下，若非人民币国际化取得重大突破，不要寄望于股市能够走出大牛市。而一旦人民币国际化取得快速重大突破，且在政策面当局确立做多趋势，就可以考虑长期做多。当然，即使这样长期做多的机会出现，也要保持足够的理性和清醒。未来两三年时间内，世界很可能出现更大的经济危机。一旦世界经济硬着陆，所有的资产价格泡沫都将经历一轮灰飞烟灭。因此，在国际局势无法调和的情况下，一旦矛盾趋于激化，就可能是世界经济硬着陆的信号，所有的投资类产品都应考虑快速撤出。这个时候，投资者应把投资的大部分换成储蓄和实物。

第二，房地产已经不再是一个好的投资品种。未来5年(包括2011年)，中国将投入巨资建设3 600万套保障房，这将会加大住房供给。与此同时，中国有数千万套空置房，这些炒作的资金会因为调控而撤出房地产市场。未来数年，二手房卖压将会很大。更重要的是，房地产行业已经退出国民经济支柱产业。自2010年4月，房地产商获得资金的难度越来越大，成本越来越高。如果仍然寄望于政府救房市，必然会随着资金链压力的加重而卖房套现。更重要的是，一旦遭遇新一轮经济危机，房价还有出现暴跌的风险。在这方面，中国银行系统已经做好准备。2011年8月，商业银行做过房价跌幅超过60%的压力测试。2011年10月，时任银监会主席刘明康明确表态，中国商业银行系统完全可以承受房价下跌40%。这些都决定了今后数年，房地产都不再是一个好的投资品种。同时，一旦未来10年中国城市化高峰过去，中国住房的刚性需求将逐渐下降。因此，住宅商品房市场投资的黄金期已经过去。

但是，鉴于中国经济未来的发展空间，以及中国经济未来的消费化趋势，商业地产仍然有较大的投资空间。不过，在时机选择上，个人认为，应该等待世界经济出现大问题时，投资者可考虑在下跌后出手。特别是，如果世界经济出现硬着陆，那么，硬着陆后资产价格暴跌时，就是适当的介入时机。

第三，做好心理准备，即使以后出现更重大的经济危机时，不要匪夷所思，更不要惊慌失措。未来数年甚至十几年，世界都可能是在这场危机中挣扎，不管是否接受，每个人都必须面对这场危机。而世界的新秩序，也将伴随这场危机逐渐形成。这次世界性的经济危机，演变成如第二次世界大战的可能性较低，但局部战争以及不断的经济动荡，随时都可能出现。

鉴于中国的经济发展阶段以及发展趋势，在此阶段，我国经济有望在转型中不断出现新的机会。面对这种机会，笔者给读者的建议是：平时尽量降低资金链的长度，保持稳健。一旦看到可靠的机会，就稳、准、狠地介入。在未来10年，第一核心一定是求稳。当看不到机会时，宁愿耐心等待，为新的机会做好准备，切忌盲目出击。与此同时，做好各方面的知识储备，对未来个人的发展将非常重要。

中国，乃至每一个中国人，若能在危机到来时做好相应储备，安全度过这场危机，一旦危机过去，必将一跃而起，龙飞九天。因此，面对危机，我们一定要保持足够的耐性和坚韧。

永远记住一点：谁若能活着度过危机，谁就将成为危机的最大受益者。